BOB MARLEY

LE DERNIER PROPHÈTE

Page précédente : Au Roxy de Los Angeles, le 26 mai 1976.

« Nous, êtres limités à l'esprit infini,
sommes uniquement nés pour la joie et
pour la souffrance. Et l'on pourrait presque
dire que les plus éminents d'entre nous
s'emparent de la joie par la souffrance ».

LUDWIG VAN BEETHOVEN
(LETTRE À MARIA VON ERDÖDY – 1815)

SOMMAIRE

En 1975. © David Burnett

AVANT-PROPOS

Le reggae est une musique créole apparue entre la fin des années soixante et le début de la décennie suivante en Jamaïque, île des Caraïbes d'une superficie équivalente à celle de la Corse et d'une population estimée à environ 3 millions d'habitants. Dans ce contexte le mot « créole », plus souvent relatif à la linguistique, signifie le fusionnement entre des caractéristiques venues de l'aire culturelle africaine et un ensemble d'éléments, tant musicaux que technologiques, propre au monde européen. Car l'histoire de cette musique prend racine dans un contexte social et historique bien précis marqué par la brutalité d'un passé colonial qui dès la fin du XVIe siècle a vu des milliers d'Africains faire l'expérience de la captivité, de la transhumance forcée et de l'esclavage dans les plantations de canne à sucre. Plus de trois siècles après son abolition, les conséquences de ce que l'on a appelé la « traite négrière » se traduisant par l'extrême pauvreté et la discrimination raciale endurées par les descendants d'esclaves, le reggae s'est chargé de véhiculer les sentiments d'une génération en quête d'une identité africaine volontairement refoulée par des institutions coloniales, principalement scolaires et ecclésiastiques, pour qui seules les valeurs et le mode de vie européens étaient acceptables. Ainsi naquit une véritable contre-culture dans la jungle périurbaine que constituent les différents ghettos de Kingston, la capitale, dont Trench Town a été longtemps le plus dangereux et fécond de tous. La vocation profonde du reggae fut dès ses balbutiements de restaurer cette part africaine absente que partageaient tous les naufragés de l'histoire que compte l'île, à savoir l'immense majorité de la population, quitte à faire remonter à la surface les épisodes les plus douloureux et tragiques de cette odyssée. Pour comprendre cet attachement viscéral à l'Afrique d'une diaspora qui s'en sent orpheline depuis trois siècles, il faut invoquer ce que l'on appelle le « syndrome du membre fantôme »

Au milieu des années soixante-dix. © Everett Collection

que connaissent beaucoup d'amputés. Cette sensation de sentir « physiquement » une main, un bras ou une jambe manquants qui ne vous laissent jamais en paix. Ce que traduit nettement une psychologie propre à nombre de chansons du reggae. Aux traces culturelles de cette lointaine origine, conservées par une frange de la population – essentiellement les tambours et les chants –, vinrent d'ailleurs s'ajouter des rites ancestraux, vestiges de pratiques animistes tribales, ainsi qu'une nouvelle religion, le rastafarisme, soit la réinvention du christianisme par le prisme de l'afro centrisme. Mais bien évidemment le principal attrait de cette musique reste malgré tout son rythme facile à danser, quoique joué à contretemps, et cette façon bien particulière de *« s'emparer de la joie par la souffrance »*. Ce contretemps qu'il faut comprendre comme la réappropriation par ceux qui en avaient été spoliés d'un temps spécifique, au sens temporel du terme, non productiviste, non utilitariste. Autant dire, africain. C'est en raison de cette dimension multiple à la fois historique, spirituelle et divertissante que le reggae devint l'une des musiques les plus complètes de son époque. Raison pour laquelle, au cours des années soixante-dix, elle réussit à gagner un large public sur les cinq continents. S'emparant d'autant mieux des corps et des imaginaires qu'elle arriva à un moment particulier de l'histoire, à une époque de grands renversements géopolitiques, avec la fin de la guerre du Vietnam et la défaite américaine, de remises en cause des rapports de force entre pays dits développés et les autres dits « sous-développés ». Sortir du mimétisme culturel imposé à tous les peuples par l'Occident, reprendre son destin en main, se réenraciner dans sa propre histoire. Tels ont été les enjeux d'un courant qui, dans le même temps, a jeté des millions de personnes sur les pistes de danse. Or dans cette conquête inouïe, un cheval de Troie a été nécessaire. Son nom : Bob Marley.

Bob Marley n'a pas à proprement parler inventé le reggae (comme le fleuve Nil, cette musique découle de plusieurs sources). Il en reste néanmoins la figure de proue, l'icône et le principal vecteur de sens. D'ailleurs, tout fait sens chez lui dans la mesure où il se situe à l'intersection de plusieurs problématiques, historiques, raciales, culturelles. Fils d'un colon blanc et d'une paysanne noire, issu d'un milieu pauvre, lui qui aurait dû grandir à l'abri du besoin, il incarne mieux que quiconque ce métissage intégral dont le genre musical qu'il a aidé à faire connaître est l'exacte restitution sonore. Bob Marley est aussi le fruit d'une expérience marquée par le déracinement et le rejet. Aussi définit-il parfaitement l'artiste à l'identité brisée, au moi fractionné, qui par sa musique a cherché à retrouver coûte que coûte une unité intérieure, et jusqu'à ce *« rêve impossible d'une fraternité universelle »* dont parle Sartre. Cet effort l'a amené à vivre des moments exceptionnels, glorieux ou périlleux. Elle lui a fait vivre en trente-six ans plus que ne pourraient vivre beaucoup en cent. A fait de lui un roi, lui, né clochard. L'a promu apôtre, lui, grandi voyou. Et à la fin, l'a fait embrasser la destinée humaine avec des expédients de baladin. Si ses chansons sont toujours vivantes aujourd'hui, alors que lui ne l'est plus depuis trente-neuf ans, c'est qu'elles nous faisaient déjà regarder le monde qui venait avec cette lucidité à laquelle nous obligent les innombrables crises qu'il traverse aujourd'hui. D'où ce titre, *Marley, le dernier Prophète*. Au chaos des appétits qui entretiennent les égoïsmes, les haines, la misère et la violence, lui, opposait des chants de rédemption et une foi en un Dieu, Rastafari, d'une religion sans dogmes, sans prêtres, lien direct de la fraternité des hommes à la paternité divine. En écoutant aujourd'hui n'importe laquelle de ses chansons, *Get Up Stand Up*, *War* ou *So Much Troubles*, on a le sentiment qu'elles ont été écrites ce matin même, qu'elles ne viennent pas du siècle passé mais de notre temps. D'où la permanence du phénomène Bob Marley dans la culture contemporaine et sa singularité : comparé à la plupart des autres grandes figures de la musique disparues, Beatles, Hendrix ou Doors, elle est totalement épargnée par la nostalgie. Sinon pourquoi chaque nouvelle génération l'adopterait-elle ?

Mais l'histoire de Bob Marley, c'est d'abord et surtout une aventure. Et même une odyssée au sens où elle s'inscrit désormais dans la grande lignée des mythes contemporains, à l'égal d'un Che Guevara, d'un Gandhi ou d'un Nelson Mandela, figures avec lesquelles il partage cet éternel combat visant à terrasser l'oppression sous toutes ses formes. C'est aussi une véritable « passion » au sens christique et tragique du terme. Cette histoire incroyable, ce livre se propose de vous la raconter.

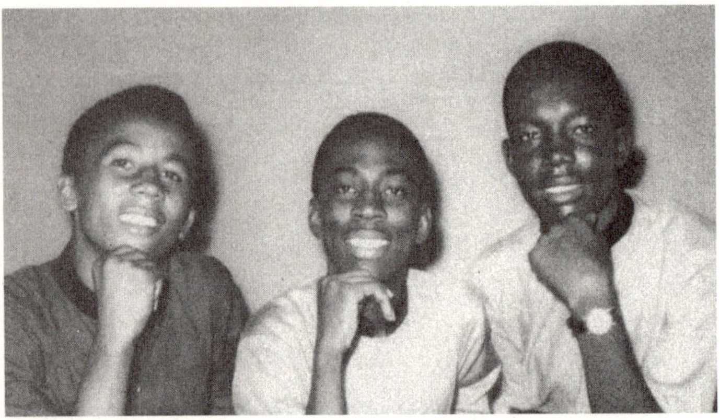

CHAPITRE 1

NINE MILES UNE ENFANCE JAMAÏCAINE

Bob Marley est né le mardi 6 février 1945 à 2 h 30 du matin dans la maison de son grand-père maternel, Omeriah Malcolm, située à Nine Miles. Comme son nom l'indique, ce hameau appartenant à la commune de Rhoden Hall, dont la population n'excédait pas quelques dizaines d'habitants à l'époque, se situe à 9 miles anglais de la localité la plus importante des environs, Alexandria. Le tout fait partie de la paroisse de St Ann qui constitue une frange du littoral nord de l'île de la Jamaïque. Dans cette région au paysage composé d'une multitude de petites collines recouvertes d'une végétation abondante, la terre est extrêmement fertile. La culture du maïs et de l'igname — ou « yam » — légume racine à la base de l'alimentation dans de nombreuses zones tropicales, et notamment en Afrique son continent d'origine, fait de cette contrée une véritable corne d'abondance. Paysan prospère, Omeriah Malcolm possédait plusieurs parcelles – dont une de 120 hectares appelée « Smith » – sur lesquelles il cultivait à bon rendement l'une et l'autre de ces denrées essentielles. Il produisait également en bonne quantité du café, des bananes et du piment rouge. Mais ce qui faisait de lui un notable, autant que sa maîtrise à fructifier la terre, c'était son rôle de chef de village, fonction plus symbolique qu'officielle reposant essentiellement sur son charisme et son sens des responsabilités. Ainsi, si beaucoup dans la petite communauté l'appelait « Ma Amy », contraction de « Maître Omeriah », la majorité lui donnait en le croisant du « Custos », terme d'origine africaine qui désigne un chef traditionnel. Il n'est pas anodin que la seule figure

Les Wailing Wailers au début des années soixante.
De gauche à droite : Bob, Bunny & Peter. © Tous droits réservés

paternelle à laquelle Bob Marley ait pu se référer au cours de sa petite enfance fut cet homme autoritaire, robuste et vigoureux en tout, dont l'exploitation était la plus généreuse du district. Un homme qui cultivait tout aussi généreusement des relations intimes avec de nombreuses femmes du voisinage. Selon sa fille cadette Cedella, mère de Bob Marley, il aurait eu entre vingt et trente enfants avec une bonne douzaine de compagnes. Cedella était la sixième progéniture d'une lignée de neuf enfants qu'Omeriah eut avec son épouse légitime, Alberta. Celle-ci mourut en couche en 1935 d'un dixième enfant qui ne survécut pas. Bien que sa conduite peu vertueuse interdise à ce coq de village de fréquenter l'église, il n'en lisait pas moins régulièrement à ses enfants et petits-enfants des passages choisis de la Bible. Surtout ceux de l'Exode, se référant à la captivité et aux pérégrinations du peuple juif pour rejoindre la Terre Promise, thèmes qu'il lui était ensuite aisé de mettre en perspective avec la situation des anciens esclaves venus d'Afrique, soit 90 % de la population jamaïquaine. Omeriah possédait aussi de précieuses connaissances dans le domaine des plantes médicinales, vestige d'un lointain passé africain dont l'animisme, culte des esprits, se trouve au centre. On peut ainsi affirmer qu'entre magie blanche (Myal) et magie noire (Obeah), Bob Marley a passé les premières années de sa vie dans un monde magique mais suturé de superstitions. Un monde enchanté où le plus important était de s'attirer les faveurs des esprits, celui des ancêtres comme celui attribué aux phénomènes de la nature. Rien d'étonnant par conséquent à ce que la dimension mystique soit à si présente dans son œuvre. Elle est plus particulièrement mise en évidence dans l'une de ses chansons, *Natural Mystic*, ouvrant l'album *Exodus*, véritable autoportrait d'un homme qui ne se sera jamais senti autant lui-même qu'au contact d'une nature toute-puissante. Pour autant, l'histoire de sa naissance reste tout à fait contre-nature du point de vue des mœurs dans la société coloniale jamaïquaine à la fin de la Seconde Guerre mondiale.

À la mort de sa mère, la petite Cedella se mit à accompagner son père dans les champs. Elle aidait Omeriah à planter les racines d'ignames, de patates douces, des plants de haricots ou de maïs. La propriété de Smith constituait le cœur de l'exploitation familiale. C'est là qu'un beau matin, elle croisa le chemin du capitaine Norval St Clair Marley qui sillonnait les environs à cheval. Ancien officier dans la marine marchande, le capitaine Marley occupait les fonctions d'administrateur des biens de la couronne depuis qu'il avait cessé de sillonner les mers. Assez rapidement, il prit ses habitudes chez les Malcolm, passant saluer Omeriah à la tombée du jour, profitant d'une chaise sous la véranda pour discuter des affaires courantes, ou des problèmes du monde, avec le vieux fermier tout en fumant sa pipe. C'est à la faveur de l'une de ses visites de courtoisie, devenues rituelles, que la nature de son intérêt pour la jeune Cedella, alors âgée d'une quinzaine d'années, vint à changer. Il ne voyait plus en elle la fille d'Omeriah le paysan de Nine Miles, mais une jeune femme aux formes épanouies semblant flattée par l'attention que commençaient à lui porter les hommes. Le temps de sa mission, Norval louait une petite maison non loin de celle de Yaya, mère d'Omeriah et grand-mère de Cedella. Un soir, sachant que cette dernière devait rendre visite à son aïeule, il invita la jeune fille à le rejoindre. Cedella hésita longtemps avant de se décider à franchir le pas-de-porte de cet homme blanc. Qui lui avait franchi le seuil de la cinquantaine. C'est pourtant en sa compagnie qu'elle passa sa première nuit avec un homme.

La nouvelle de sa grossesse fit grand bruit à Nine Miles et alentour. Un Blanc, qui plus est quinquagénaire, qui met enceinte une mineure noire, n'était pas chose à passer inaperçue dans une petite communauté rurale comme celle-ci, à ce point marquée par l'esclavage et profondément imprégnée de religion. C'est alors qu'on apprit qu'une histoire comparable, mais plus ancienne, courait au sujet du capitaine Marley. Des années auparavant, il avait mis enceinte une jeune servante qui travaillait dans la maison familiale des Marley. Le scandale avait été évité après que le capitaine eut accepté de reconnaître l'enfant, prénommée Constance. Des années plus tard, celle-ci cherchera à correspondre avec son demi-frère, Bob. Un arrangement fut trouvé entre Omeriah et Norval par lequel ce dernier prenait à sa charge l'entretien de la mère et de l'enfant à naître. On ne saurait pour autant parler de vie de couple à propos du vieux capitaine et de la jeune paysanne, moins encore d'idylle. Rapidement, rongée par la culpabilité, Cedella rejoignit la Shiloh Apolostic Church, une congrégation protestante d'obédience pentecôtiste où elle devint très vite auprès des ouailles, l'une des voix les plus appréciées de la chorale. Tombée enceinte et en religion, elle fit en sorte de se dérober lorsqu'il s'agissait de partager le lit de Norval. Quant à ce dernier, souffrant d'une hernie discale qui lui rendait la pratique du cheval impossible, il annonça bientôt son départ pour la capitale, Kingston, où il avait trouvé un travail de contremaître sur un chantier de construction. Mais tenant à régulariser sa situation et celle de Cedella devant la loi, il accepta d'épouser la jeune fille. La noce fut célébrée le 9 juin 1944 en présence de la famille et de quelques amis de la mariée. Aucun membre du clan Marley n'y assista. Dès l'annonce de ce mariage, la mère de Norval, Ellen Marley, qui possédait de nombreuses terres sur l'île, décida de modifier son testament. Elle déshérita purement et simplement son fils.

Le capitaine Marley quitta Nine Miles dès le lendemain des noces. Cedella passa donc les mois précédant l'accouchement entourée des siens. C'est sa grand-tante, sœur de sa grand-mère Yaya, Aunt Missy, qui se disait sage-femme, qui l'accompagna au moment des couches. Selon tous les avis, l'enfant était splendide, beau et bien portant. Averti par télégramme, le capitaine se rendit aussitôt à Nine Miles. Il avait trouvé un nom pour son fils : Nesta. Ce qui n'était absolument pas du goût de Cedella. Mais étant officiellement mari et femme, la décision appartenait juridiquement à l'homme. L'origine de ce prénom reste mystérieuse. Dans ses mémoires, Cedella laisse entendre qu'elle serait africaine et que le mot signifierait « messager ». Ce qui n'a jamais été démontré. Il fut enfin décidé que Robert, prénom du frère de Norval, compléterait l'identité du nouveau-né. Les visites du capitaine à Nine Miles se firent de plus en plus rares. Pendant quelque temps, il prit la peine d'écrire à Cedella en s'efforçant de justifier son absence par un surcroît de travail. Puis les lettres cessèrent, comme avaient cessé les visites. Cedella et l'enfant habitaient désormais dans une nouvelle maison, proche de celle de grand-mère Yaya, dont la construction avait été payée par Norval à la naissance de Nesta.

Lorsqu'il eut quatre ans, sa mère l'inscrivit à l'école maternelle de Stepney, située à quelques kilomètres de Nine Miles dont une Madame Isaacs était l'institutrice. Pour subvenir aux besoins d'une famille désormais monoparentale depuis la défection du père, Cedella avait ouvert une petite échoppe située en face de l'école de son fils. Dans cette cabane faite de planches et recouverte de tôles ondulées, elle vendait, outre les quelques légumes que lui donnait Omeriah, des paquets de biscuits, des pains de savon et du café en grains. L'avantage de cette boutique, était qu'elle pouvait surveiller de derrière son comptoir les faits et gestes de son fils même lorsqu' il était en classe. Quoique d'une nature enjouée, poli et très sociable, Nesta n'exigeait pas de vigilance particulière. Sa maîtresse ne se lassait pas de louer son intelligence. Et peut-être plus encore sa disponibilité lorsqu'il s'agissait d'aider un camarade à lire ou à compter. Nesta venait tout juste d'avoir six ans, lorsque Cedella reçut la visite de son mari. Deux ans plus tôt, le Capitaine avait tenté une première fois de convaincre Cedella de confier l'enfant à son frère, Robert Marley, qui se proposait d'assurer son éducation en l'inscrivant dans l'une des meilleures écoles de Kingston. Mais devant le refus farouche de la mère, il n'avait pas insisté. Cette fois la situation était différente. L'échoppe de Cedella lui permettait à peine de survivre et la perspective de voir son enfant grandir dans un meilleur environnement la rendait plus sensible à cette proposition. Un matin, elle rassembla quelques affaires pour l'enfant, alla prévenir Madame Isaacs, puis embrassa son fils en le confiant à ce père qu'il connaissait à peine. Plusieurs mois se passèrent avant qu'elle ne reçoive des nouvelles du capitaine. Dans une lettre, Norval informait la mère que leur fils était inscrit dans une pension de St Thomas, et non à Kingston comme prévu. Mais tout allait pour le mieux selon lui. Nesta avait de bons résultats à l'école disait-il. Il s'épanouissait dans son nouvel environnement. Cette lettre ne fut suivie d'aucune autre. Des mois passèrent, chaque jour augmentant l'inquiétude de la mère. Puis un matin, une cliente de son échoppe l'avertit qu'elle avait vu le petit garçon seul dans une rue de Kingston. Tentant de tranquilliser la mère qui pensait son fils en pension à St Thomas, elle s'empressa d'ajouter qu'il semblait en bonne santé, bien nourri, vêtu de vêtements propres. Il demandait pourtant de transmettre ce message :

« Dites à maman de venir me chercher. » La seule indication dont disposait Cedella était le nom d'une rue, Haywood Street, et celui d'une certaine Miss Gray chez qui le jeune Bob Marley était hébergé. Quelques jours plus tard, la mère prenait le bus pour la capitale. Arrivée à Haywood street, elle ne mit guère de temps à retrouver son fils qui jouait au foot non loin dans une cour. Nesta la conduisit alors chez cette fameuse Miss Gray. C'est à cette vieille femme atteinte d'un diabète sévère que le capitaine avait confié l'enfant pour une raison jamais élucidée. Impotente et sans famille, elle comptait sur l'aide du garçon pour se déplacer et faire ses courses. Le reste du temps, Nesta allait à l'école ou jouait au foot avec des gosses de son âge. La vieille dame tenta bien de convaincre Cedella de ne pas lui enlever ce seul soutien. Mais l'enfant avait déjà rassemblé ses affaires et s'empressait de faire ses adieux.

Nesta revit son père une dernière fois quelques années plus tard. Ce dernier vivait désormais avec une nouvelle femme qui se faisait appeler « Madame Marley ». Le couple dirigeait une petite école privée dans le quartier de Waltham Park Road, non loin du port de Kingston. Voulant tirer au clair cette histoire, Cedella se présenta un matin à son domicile en compagnie de Nesta, pour constater à quel point son mari avait vieilli et semblait bien malade. Cette visite impromptue eut pour conséquence immédiate de le confondre, sa nouvelle épouse apprenant du même coup l'existence d'une autre « Madame Marley » et celle d'un fils dont elle ignorait l'existence. Quelques jours plus tard, Cedella s'en irait porter plainte contre lui pour bigamie. Mais sans avocat, elle dut s'incliner devant le non-lieu prononcé par un tribunal qui jugeait le Capitaine Marley trop sénile pour être condamné. Norval Marley décédera deux ans plus tard sans avoir revu un fils qui devait conserver de lui cette dernière image, peu flatteuse, d'un vieil homme pleurnichant devant ses deux épouses, exactement comme l'aurait fait un gosse pris en flagrant délit alors qu'il vient de faire une bêtise.

Nesta reprit donc son ancienne vie de petit jamaïquain de la campagne. Le jugeant en âge d'aider aux travaux de la ferme, son grand-père Omeriah lui confiait désormais de menues tâches. Le gamin allait chaque matin traire les chèvres et les vaches, allait puiser de l'eau dans le grand réservoir installé derrière la maison. Et lors des périodes de sécheresse, il gravissait les collines, muni d'un bidon, se hissant jusqu'à l'une des sources nichée entre deux rochers. Les jours se succédaient, semblables et paisibles, chacun apportant son lot de découvertes et d'émerveillement. S'il y a une période de sa vie à propos de laquelle Bob Marley a pu affirmer qu'elle fut parfaitement heureuse, c'est bien ces premières années coulées au milieu de cette campagne jamaïquaine, immergé dans cette nature généreuse et bienveillante dont il se sentait proche tant physiquement que par l'imaginaire. Que ce soient les histoires qu'on lui racontait le soir — notamment celles de la petite araignée Anancy, très populaire sur l'île, vestige du folklore africain ; les cultes pratiqués à l'écart de la religion officielle — en particulier l'obeah ou les remèdes traditionnels —, tout tendait à renforcer ce lien essentiel avec la nature. Rien de surprenant par conséquent à ce que dans beaucoup de chansons, il se soit fait l'avocat d'un ordre naturel immuable et sacré, et le fougueux dénonciateur d'un progrès destructeur. Grandir dans une campagne jamaïquaine signifiait aussi savoir se prendre en main. Inventer ses propres jeux. Fabriquer ses jouets avec ce que vous pouviez. Comme ces cerceaux en gaïac — ou arbre de vie — que l'on fait avancer devant soit à l'aide d'un bâton. Autre occupation qu'il partageait avec ses copains, confectionner des lance-pierres avec lesquels il chassait des oiseaux, puis les faire rôtir, saupoudrés de poivre sur un lit de braises. Mais pour lui, jouer au foot restait le plaisir suprême, et ce quel que soit l'objet faisant office de ballon, une noix de coco ou une pelote de vieux chiffons. Rapidement, il s'affirma comme un leader. Parmi ses camarades de jeu figuraient son cousin Nathan et un certain Bunny Livingston, dont le père, Thaddeus, tenait une petite échoppe à Stepney, semblable à celle de Cedella. Nathan, le plus âgé, fut celui qui fabriqua au futur Bob Marley sa première « guitare ». En fait, un manche emboîté dans un cadre en bois recouvert d'une peau de chèvre sur lequel étaient tendus des fils électriques. Nesta se mit assez vite à intriguer le voisinage avec son esprit vif comme l'éclair et cette manière de soutenir le regard des adultes comme s'il lisait leurs pensées. Ce qu'il se mit à lire, ce furent les lignes de la main de certains clients de la boutique Cedella. On trouvait tellement amusant ce gamin qui prétendait pouvoir deviner l'avenir juste en scrutant la paume d'une main. Jusqu'au jour où il prédit à une voisine quelque chose de grave et que celle-ci mourut la semaine suivante. Du coup, plus personne ne souhaita se prêter au jeu des lignes de la main. Qu'importe, Nesta se mit à chanter. Et ce, dès le petit matin. *« Pour faire lever le soleil »* prétendait-il.

Comme les affaires de sa boutique ne s'arrangeaient pas, Cedella prit la décision d'aller écouler les fruits et légumes de son père au marché de Kingston. Ce qui l'obligeait à grimper en pleine nuit à l'arrière d'un camion sans bâche où s'entassaient d'autres vendeurs et être ballottée pendant des heures sur la petite route sinueuse traversant l'île du nord au sud. Mais lors de sa première excursion, elle venait à peine de déballer sur un drap ses quelques régimes de bananes, sa poignée de mangues, ses grappes de « guineps » (ou « quenettier », un fruit de la même famille que le litchi), et ses patates douces, qu'une bande de voyous lui en dérobèrent une partie. Humiliée, elle rentra après avoir bradé le reste des marchandises. À la suite de cette mésaventure, elle se mit à considérer la proposition de son frère John de venir s'installer à Kingston et de travailler comme femme de ménage dans les maisons des familles blanches et métissées de la capitale. Ce qui l'obligeait à se séparer de nouveau de Nesta. Une séparation qui s'ajoutant à la première, rendit l'enfant plus réservé, voire farouche. Se sentant encore abandonné, mais se considérant aussi libéré de toute autorité maternelle, il se mit à manquer l'école. Voyant que ni sa sœur Enid ni Omeriah n'étaient en mesure de le recadrer, Cedella décida de le placer chez son autre sœur, Amy, aînée de la famille, qui vivait seule à Alderton, non loin de Nine Miles. Femme sévère, peu prodigue en affection, elle n'allait guère mieux réussir à discipliner l'enfant qui avait trouvé en Sledger, un autre cousin, le parfait compagnon pour commettre les pires bêtises. À la fin, Nesta finit par fuguer. Ce qui décida sa mère à le reprendre avec elle à Kingston. Pas encore âgé de dix ans, le futur Bob Marley allait retrouver Kingston. Pour le pire et le meilleur. ◆

"NE CONQUIERS PAS LE MONDE SI TU DOIS Y PERDRE TON ÂME CAR LA SAGESSE VAUT MIEUX QUE L'OR ET L'ARGENT."

BOB MARLEY

CHAPITRE 2

TRENCH TOWN UNE ÉCOLE DE LA VIE

Au début des années cinquante, après plusieurs décennies de prospérité, la Jamaïque subit pour la première fois de son histoire une sévère récession économique. Ce renversement conjoncturel dû à la chute brutale des cours du sucre va entraîner un exode des campagnes vers la ville. Privés de travail, des milliers d'ouvriers agricoles employés dans les plantations de cannes de l'île, longtemps considérée comme le joyau tropical de l'Empire Britannique, viennent s'agglutiner dans des quartiers situés à la périphérie de Kingston. L'un de ces bidonvilles, Trench Town, doit son nom au canal de drainage qui divise la zone en deux blocs. Entre 1921 et 1950, la population y a triplé, passant de 60 000 à 180 000 habitants. Il n'est pas rare qu'une chambre soit occupée par huit personnes. S'y concentrent tellement de maux propres aux zones insalubres que le gouvernement décide d'en raser une partie. Devenu un foyer de prédilection pour la propagation du typhus, du choléra, de la poliomyélite, les autorités sanitaires plaident pour cette solution radicale, la seule en mesure selon eux d'endiguer de futures épidémies. Mais ce que ne va pouvoir éradiquer la destruction de ces centaines de cabanes bâties à l'aide de matériaux de fortune, c'est le chômage, la malnutrition et son inévitable corollaire, la violence. Ce que ces mesures urgentes de Santé publique ne pourront non plus réprimer, c'est le son qui s'échappera bientôt de ce nouveau ghetto pour faire vibrer la terre entière : le reggae.

À Hope Road, Kingston, à la fin des années soixante-dix. © Charlie Steiner

Le Trench Town où habitait Bob Marley, celui qu'il a chanté — à sa manière « romancée » — dans quelques-unes de ses compositions parmi les plus célèbres, *No Woman, No Cry* en tête, pouvait être considéré comme un habitat décent comparé à beaucoup d'autres. À la place des bicoques branlantes qui prenaient l'eau au moindre orage, ou qui se disloquaient au moindre coup de vent, le gouvernement avait fait construire des appartements en béton dotés d'un équipement sommaire. C'est à cette nuance architecturale que cette partie du nouveau Trench Town devait son nom de *Concrete Jungle*, la jungle de béton. Y disposer de l'eau courante, transformait ses habitants en privilégiés. Mais ce saupoudrage de commodités ne parvenait en aucun cas à changer le destin d'hommes et de femmes qui pour la majorité vivaient d'expédients, de combines, de petits trafics, de mendicité. Au mieux les garçons se faisaient vendeurs de cacahuètes, les filles domestiques. Il s'agissait bien d'une jungle, plombée par un soleil intraitable et proie d'une fatalité impitoyable. Un monde dur, cruel où chaque nouvelle journée sonnait la reprise d'une guerre sans gloire, sans panache, contre la pauvreté extrême. Pour Nesta Robert Marley, Trench Town fut l'enfer, ou à tout le moins un purgatoire, après le paradis de Nine Miles. Mais ce fut aussi une école de la vie d'une rare exigence où il lui fallait se montrer fort sans perdre son humanité. Un chaudron du diable où tout semblait tellement joué d'avance qu'un sentiment de révolte se mit à gronder en lui. Révolte qu'il saurait transposer en mots et en musique. C'est là que le gosse de Nine Miles qui lisait les lignes de la main, connaissait par cœur le nom des plantes et chantait le matin pour faire lever le soleil, devint Bob Marley.

Un jour, la directrice de la Model School où il était inscrit fit quérir Cedella à son travail. Depuis son arrivée en ville, la mère accomplissait de multiples tâches ménagères pour un salaire de quelques shillings dans une maison de maître située dans l'un des beaux quartiers de la ville. Ce déplacement imprévu lui coûtait une demi-journée de paie. Contrariété qui augmenta lorsque la directrice lui annonça que Nesta avait été enfermé une partie de la journée dans les toilettes parce qu'il était devenu totalement *« incontrôlable »*. Elle fut sidérée lorsqu'on lui en communiqua la raison :

un camarade de classe l'ayant traité de « sale Blanc », Nesta s'était jeté sur lui pour le rouer de coups. Ce genre d'incidents ne serait pas isolé. Il devait constituer l'un des éléments qui forgerait une personnalité complexe et douloureuse. Car on ne peut comprendre la psychologie d'un artiste aussi singulier que Bob Marley sans en passer par le filtre racial qui en Jamaïque régit tous les rapports humains. La société jamaïquaine s'étant construite sur l'opposition maître blanc/esclave noir, la couleur de peau y joue un rôle déterminant, et ce jusque dans ses plus infimes nuances. Dans cette région du monde existe un code couleur qui résiste depuis l'abolition de l'esclavage il y a quelque cent quatre-vingts ans, selon lequel plus la peau est claire plus l'on est reconnu socialement. Ce préjugé ne s'est jamais estompé, n'a jamais cessé d'empoisonner les relations entre individus et communautés. Comme si mécaniquement, le mépris augmentait à l'égard de ceux dont la peau est la plus foncée parce qu'ils représentent une catégorie économiquement inférieure. Tandis qu'à l'inverse, la haine croît envers ceux dont l'épiderme tend vers le clair parce qu'ils incarnent, aux yeux de ceux qui la subissent encore, l'oppression raciale et l'injustice. Dans cette terrible confrontation, le métis hérite souvent du mauvais rôle. Il n'est pas considéré comme un Blanc par les Blancs. Pas non plus accepté par les Noirs comme l'un des leurs. N'appartenant ni à l'une ni à l'autre des communautés, il se trouve dissocié du reste de la société. Presque maudit. Il traîne avec lui comme un boulet cette transgression honteuse, impardonnable, et pourtant assez courante, *« du Blanc qui a fauté avec une Négresse »*. Nesta n'avait jamais été confronté à pareille situation. À Nine Miles, il était le fils de Cedella et le petit-fils d'Omeriah. Un point c'est tout. Il ne pouvait comprendre qu'on puisse le renvoyer à quelque chose d'aussi étranger à lui-même. Pour lui, un Blanc, c'était quelqu'un qui roulait au volant d'une belle voiture, portait des vêtements chics, et qui n'aurait jamais mis les pieds dans un coin aussi misérable que Trench Town. Triste et furieux à la fois, il devait gérer seul cette dissonance intérieure, sans le secours d'une mère écrasée par le travail, sans le soutien d'un père absent. C'est pourtant à cette part blanche de lui-même, qu'il lui était impossible de nier, moins encore d'effacer, qu'on le renvoyait. Aujourd'hui, avec le recul, on peut trouver ironique

que l'un des plus flamboyants défenseurs de la cause noire ait pu être traité de « sale Blanc » au cours de sa jeunesse. En ce temps-là, c'était pourtant le sort de nombreux petits métis qui comme lui n'avaient pas eu la chance de naître et de vivre dans un quartier bourgeois, ou dans l'une des zones tampons occupées par la classe moyenne. Il en conçut beaucoup d'amertume, fut parfois submergé par la colère. À l'adolescence, il traversa des moments douloureux. Le pire fut ce jour où le frère de l'une de ses premières petites amies interdit formellement à sa sœur de fréquenter ce « cul-blanc ». Une autre fois, un gamin du voisinage vint avertir Cedella chez elle que Nesta venait de se faire « tailler » dans un terrain vague. Lorsqu'elle le retrouva, il prit la fuite. Et le soir ne dit mot de sa mésaventure, tentant de dissimuler la blessure qu'il portait à la tête et causée par un coup de machette. Il lui expliqua sa fuite par son désir d'éviter que sa mère ne prévienne la police. Sauf que d'après son pote Bunny, s'il y a bien une chose qui n'existait pas à Trench Town, c'était bien un poste de police. Or de cette situation extrême, de ce double rejet, de ce combat permanent pour être soi-même, il allait faire un défi à relever, une chance pour s'imposer.

Bien avant la musique, c'est par le foot que celui qu'à Trench Town on traitait de « petit Blanc », ou de « bâtard à peau jaune », commença à s'intégrer. Dès qu'il avait un moment de libre, il rejoignait les autres gosses du quartier sur l'un de ces terrains vagues pas encore squatté par les sans-terre débarqués de leur campagne. Tout était improvisé : les équipes, les tenues, les buts, le ballon. On jouait sans limite de temps. Sinon celle imposée par le coucher du soleil. Là, sur un revêtement inconstant de terre battue parsemée de touffes d'herbes et jonchée de caillasses, il n'était plus le « petit Blanc » mais Nesta, un meneur, qui distribuait le jeu, commandait l'attaque. Et se montrait souvent décisif. Cette passion pour le ballon rond, il la cultiverait jusqu'à la fin de sa vie. Plus tard, au sommet de la gloire, entre deux séances d'enregistrement, c'est en frappant la balle avec ses « brethrens » (frères en religion) qu'il décompresserait dans la cour de son QG du 56 Hope Road. Et lorsqu'il partirait en tournée, il s'efforcerait toujours de prévoir un

Le foot... sur une pelouse parisienne, le 10 mai 1977. © AP Photo

match contre une équipe locale. Affirmant même que si la musique ne l'avait pas « choisi », il se serait peut-être lancé dans une carrière de footballeur professionnel. Il venait d'avoir quatorze ans quand il dut quitter la Model School. Sa mère le vit rentrer un soir avec toutes ses affaires, livres et cahiers sous le bras. Il annonça que l'école avait fermé définitivement ses portes. Ainsi en avait décidé la directrice qui souhaitait quitter Kingston pour retourner enseigner dans un établissement de la campagne où les enfants étaient moins turbulents et bien mieux élevés. *« De toute façon la seule histoire qu'on nous enseignait, c'était celle des Blancs »* commentera-t-il plus tard. De ce jour, il se consacra presque exclusivement à la musique. Chanter lui était naturel depuis qu'il avait accompagné sa mère à l'église apostolique de Nine Miles. L'émotion ressentie alors l'avait rendu inexplicablement heureux et reconnaissant. Depuis, qu'il s'agisse de chansons apprises en classe ou entendues à la radio, il vivait au contact permanent de la musique. Sa mère l'entendait depuis peu dans sa chambre gratter une pauvre guitare à laquelle manquaient plusieurs cordes. Il se sentait déjà assez au point pour tenter sa chance lors d'un radio crochet organisé au Queens Theatre de Kingston la veille de ses quatorze ans. Il gagna le troisième prix doté d'une livre sterling. Un certain Desmond Dekker venait parfois le rejoindre chez lui et ensemble, ils partageaient des harmonies. Desmond Dekker allait jouer un rôle important, tant dans l'histoire de la musique jamaïquaine que dans celle de Bob Marley. En d'autres occasions, Nesta retrouvait son copain Bunny Livingston dont le père, Thaddeus, avait lui aussi quitté Nine Miles pour s'installer dans le « government yard » de Trench Town. Depuis qu'ils s'étaient installés en ville, Thaddeus – Taddy pour les intimes – et Cedella vivaient une relation plutôt tumultueuse. Amants la nuit, ils se chamaillaient le jour. Parfois violemment. Une fois, au comble de l'exaspération, Taddy blessera Cedella à la main avec un couteau. Une autre fois, c'est Cedella qui écrasera un vase sur la tête de Taddy. Incidents assez banals qui tramaient le quotidien d'un ghetto. Cedella finira tout de même par être enceinte et par accoucher d'une petite Pearl, demi-sœur de Nesta et Bunny. Cette naissance solidifia les liens entre les deux garçons qui formaient désormais un duo musical. Rapidement la paire décrocha quelques engagements dans des bars sur Orange Street, l'artère la plus animée du *downtown* Kingston. Leur répertoire consistait essentiellement de reprises de chansons américaines entendues sur les stations de La Nouvelle-Orléans ou de Miami, seules susceptibles d'être captées en Jamaïque. Fats Domino, Lloyd Price, Elvis Presley, Lavern Baker, Ray Charles régnaient en maîtres sur la plupart des ondes. Nesta et Bunny piochaient librement dans ce vaste vivier de ballades qui parlaient de romances, d'infidélités ou de virées en décapotable, et les adaptaient avec leurs petits moyens techniques. L'un et l'autre restaient pourtant bien conscients que cette activité ne les préparait en rien à la construction d'un avenir digne de ce nom. Nesta était encore à la charge de sa mère, qui gagnait à peine de quoi les nourrir et leur offrir un toit. Il lui fallait impérativement trouver un job rémunéré. Ayant eu vent d'un travail dans un atelier de soudure de South Camp Road, à l'ouest de Kingston, Cedella envoya son fils s'y présenter. Il fut décidé qu'il y suivrait d'abord un apprentissage avant de pouvoir éventuellement postuler un emploi. Desmond Dekker, future star de la musique jamaïquaine, connu pour son tube de 1968 *Israelites*, travaillait déjà dans cet atelier. En conséquence, Nesta se mit à quitter la maison dès l'aube avec, enroulés dans une serviette, un pain de maïs et quelques bananes. Le soir après être rentré de l'atelier, c'est lui qui préparait le dîner avant que sa mère ne rentrât. Certains soirs, il se rendait directement dans l'un des bars où il se produisait avec Bunny et quelques autres musiciens amateurs. Ses talents commençaient à lui valoir les encouragements de personnalité du métier, comme Derek Morgan, un producteur de cette nouvelle musique qui faisait danser l'île tout entière : le ska.

Capter les émetteurs américains installés sur les côtes de Floride ou de la Louisiane eut pour conséquence de modifier profondément la manière de faire de la musique en Jamaïque. C'est l'adaptation du *backbeat* – cette accentuation sur les seconds et quatrièmes temps, caractéristique de la musique de La Nouvelle-Orléans – au style local « mento », équivalent jamaïquain du calypso de l'archipel voisin de Trinidad Tobago, qui devait aboutir au « ska ». Trépident et euphorisant à souhait, dominé par des sections de cuivres aux bordées triomphales, le ska allait faire danser la jeunesse pendant cette période cruciale et pleine d'optimisme de l'histoire de la Jamaïque où l'île passerait d'un statut de colonie britannique à celui de pays indépendant. Le 6 août 1962 la Jamaïque deviendrait en effet une nation à part entière. Ses habitants, de sujets de Sa Gracieuse Majesté se transformèrent du jour au lendemain – même si long avait été le chemin et âpre la lutte – en citoyens. Cette transformation eut une incidence psychologique décisive. Du moins favorisa-t-elle une sensible évolution des mentalités et de la perception de l'identité que ce peuple, majoritairement composé de descendants d'esclaves, avait de lui-même. La musique jouera dans cette mutation un rôle fondamental.

L'exemple le plus éloquent s'offrant à nous de cette inestimable contribution se trouve niché dans une célèbre chanson, *Oh Carolina*, morceau enregistré en 1960 par les Folkes Brothers et produit par un certain Prince Buster, figure essentielle d'une industrie musicale encore balbutiante. La présence dans l'accompagnement des Folkes Brothers d'une section de tambours traditionnels « burrus » commandée par Count Ossie, percussionniste et doyen de l'une des principales communautés rasta de l'île, constitue en soi une petite révolution. Les tambours « burrus » étaient l'une des rares traces culturelles de ce lointain passé africain que trois siècles et demi de servitude, de joug physique, d'oppression économique, d'anéantissement psychologique, n'avaient su effacer. Sur une île où jouer du tambour avait longtemps été interdit et puni sévèrement par les autorités coloniales, car susceptible de transmettre des appels à la révolte au sein des plantations, le « burru » constituait le plus beau, le plus transgressif, le plus revanchard des actes de résistance. C'était aussi le seul moyen mis à la disposition du plus grand nombre de retisser ce lien détruit avec l'Afrique, ce continent mère dont nombre de ses enfants avaient été arrachés dans des conditions atroces. Un thème dont l'esprit rebelle d'un Bob Marley saurait se servir pour sa propre gestation artistique.

Son apprentissage comme soudeur s'interrompit brutalement. Alors qu'il maniait son fer à souder sans porter de masque, un éclat de métal vint se ficher dans l'un de ses yeux. Le risque de travailler sans protection était admis dans l'atelier les jours où le nombre de masques restait inférieur à celui des apprentis. La douleur était vive. Il lâcha son chalumeau et rentra chez lui en tenant un mouchoir humide sur l'œil blessé. Sa mère tenta bien d'extirper l'éclat métallique à l'aide d'un coton. Mais la douleur augmentait à chaque tentative. Aussi se présenta-t-il le lendemain à l'hôpital où on lui appliqua un onguent avant que le chirurgien ne finisse par le soulager définitivement. Le soir même, il dit à sa mère que soudeur n'était décidément pas un métier pour lui. Et qu'un chanteur n'aurait jamais connu pareille mésaventure. Les semaines qui suivirent furent consacrées à travailler une chanson qui lui tournait sans cesse dans la tête et à laquelle il voulait donner une forme définitive. Le morceau s'appelait *Judge Not* et laissait déjà entrevoir la marque du futur artiste. Sur un ton mutin, la chanson invitait à ne pas porter de jugement hâtif sur autrui. Venant de quelqu'un victime de remarques récurrentes et malveillantes sur la couleur de sa peau, le texte prenait tout son sens : *« Je sais que je ne suis pas parfait et ne prétends pas l'être, mais qui es-tu pour me juger ? »*. La chance lui sourit quelques semaines plus tard lorsque le producteur d'origine chinoise Lesley Kong accepta de l'auditionner. Une faveur qui devait beaucoup aux recommandations de son ami Desmond Dekker, et d'un certain James Chambers qui venait de sortir son premier disque sur Beverley, le label de Lesley Kong, sous le nom de Jimmy Cliff. L'audition fut suffisamment concluante pour qu'une séance d'enregistrement soit décidée. *Judge Not* avait été choisi pour figurer en face A du single. En studio, Marley reçut le soutien d'un futur prodige de la production jamaïquain en la personne de Joe Gibbs. Pour ce premier enregistrement, Marley reçut un billet de 20 livres sterling. Une somme colossale pour quelqu'un qui n'avait encore jamais perçu le moindre salaire. Il en donna la moitié à sa mère et garda le reste comme argent de poche. *Judge Not* fut diffusé sporadiquement à la RJR, la radio nationale, ce qui le remplit de fierté. Seule contrariété, le nom d'artiste qu'il s'était choisi avait été mal reproduit sur l'étiquette. Si bien qu'on y lisait Robert Morley au lieu de Marley. Une chose était sûre, le petit Nesta n'existait plus. ◆

CHAPITRE 3

LE CHANT DE RÉVOLTE DES RUDE BOYS

Dans les artères quadrillant *downtown* Kingston, la musique régnait en maîtresse absolue. C'était même l'une des choses les plus surprenantes pour qui débarquait la première fois dans cette ville caribéenne que ce bourdonnement permanent diffusé par d'énormes enceintes installées à même le trottoir et qui se poursuivait jusqu'à tard la nuit. Et bien qu'à l'époque les systèmes de sonorisation n'atteignissent pas le niveau de performance de celles d'aujourd'hui, ils n'en tissaient pas moins dans l'air une trame rugueuse et chatoyante faite à base de succès importés des États-Unis, auxquels allaient succéder progressivement des acétates produits localement. C'est dans ce périmètre où grandit Marley qu'est née cette culture du *sound system* qui plus tard allait révolutionner la manière de faire de la musique partout dans le monde. Lorsqu'il retraçait son adolescence vagabonde dans le cœur du Kingston *by night*, Bob Marley le faisait essentiellement à l'aide de souvenirs sonores. *« Dans Barrett Street, j'entendais Lavern Baker, Chuck Willis. Dans Orange Street, c'était Nat King Cole, Billy Eckstine. Et dans Regent Steet, Ricky Nelson, Fats Domino et Elvis Presley... »* Il se souvenait aussi avoir assisté dans ce quartier à ses deux premiers concerts. L'un du vétéran du rhythm'n'blues Brooke Benton. L'autre de la star du jazz Dinah Washington qu'il vit au Carib Theatre, la principale salle de la ville basse. Mais peu à peu, la source de cette animation musicale changea à mesure qu'une industrie du disque *made in Jamaica* se mit à émerger et prospérer. En quelques mois, Trench Town allait devenir pour ainsi dire le vivier d'où de frétillants talents

Rude boys, Saint-Catherine, Jamaïque, 1986. © Wayne Tippetts devaient littéralement s'extirper. Ils avaient pour nom Wailing Souls, Higgs & Wilson, Alton & Eddie, The School Boys, Delroy Wilson, Jimmy Tucker ou Hortense Ellis. Tous étaient animés d'ambitions inversement proportionnelles à l'extrême maigreur de leurs tailles, à l'émacié de leurs visages faméliques.

Depuis quelques semaines, Bob trouvait refuge dans la cour de l'un de ces artistes en devenir, un certain Joe Higgs. Plus âgé de quelques années, mais beaucoup plus expérimenté, Higgs encadrait quelques « *youths* » (« jeunes gens » en patois jamaïquain). Parfois, il les emmenait avec lui lorsqu'il se produisait dans une fête de village ou un comice agricole. Inutile de préciser qu'il n'avait pas tardé à voir dans le jeune Bob Marley un talent prometteur qu'il se mit à entourer de soins particuliers. L'ayant pour ainsi dire adopté artistiquement, il prit l'habitude de lui donner des leçons individuelles et l'emmenait avec lui lorsqu'il se produisait dans un hôtel pour touristes de la côte nord avec son compère Roy Wilson. Cette période d'apprentissage fut propice à de nombreuses amitiés. Chez son ami Vincent Ford, Bob passera des soirées entières à étudier la guitare à l'aide d'une méthode sommaire. Sa rencontre avec Pauline Morrison sera d'une autre nature, plus intime. Pauline évoquera plus tard à propos de ce jeune homme à l'ambition dévorante, quelqu'un d'affable mais également de très secret. Une double nature qui irait en s'accentuant, faisant apparaître un Marley sociable et intégré à sa communauté, et un autre cherchant à s'en échapper par la musique et la poésie.

La cour de Joe Higgs se transforma en conservatoire à ciel ouvert. Bob et Bunny y furent bientôt rejoints par un troisième larron, beau et élancé comme un javelot de guerrier Massaï, un certain Peter Tosh. Winston Hubert McIntosh était le fils d'Alvira Coke et de James McIntosh. Né le 19 Octobre 1944 à Grange Hill dans l'ouest de l'île, il n'avait jamais vécu avec son père. D'autres points communs avec Bob, comme celui-ci, tramaient sa biographie. Comme Marley, sa mère l'avait confié à une tante. Et lui aussi avait trouvé dans la musique un moyen de guérir des blessures émotionnelles causées par ces différents abandons.

Les talents de Trench Town (de haut en bas, de gauche à droite) :
Les Wailing Souls, Hortense Ellis & Delroy Wilson. © Ted Bafaloukos / Tous droits réservés

AVE. KGN.13
29 MA
38792

Connu dans son quartier pour son joli baryton, il s'était mis à étudier le piano à dix ans avec sa tante Loretta. Avant de se concentrer sur la guitare, instrument qu'il apprit en regardant jouer sur son porche un de ses voisins fermier. Enfin comme Marley, et pratiquement au même âge, il avait quitté sa province rurale pour venir vivre à Trench Town. Autour de Bob, Bunny et Peter se mirent à s'agréger d'autres jeunes talents. Avec deux filles, Beverley Kelso et Cherry Smith, et un garçon, Franklin Delano Alexander Braithwaite, dit Junior, le trio se transforma en sextet et prit pour nom The Teenagers. À ces « adolescents », Joe Higgs enseignait l'art choral et le contrôle du souffle, l'harmonie et la composition. Il exigeait de la précision mais aussi une ouverture d'esprit qu'il suscitait en invitant ses élèves à écouter des musiques qu'ils ne fréquentaient pas encore. Ainsi le jazz que Marley jurait ne pas aimer le séduit soudain. *« J'en ai écouté après avoir fumé de l'herbe et ça m'a éclairé »* admit-il des années plus tard, attestant d'un usage déjà coutumier de la marijuana. Bien que très répandue dans le milieu musical, fumer de la marijuana creusait encore à l'époque un fossé infranchissable entre consommateurs et contempteurs. Ce clivage sera l'une des raisons à l'origine du départ des deux filles du groupe qui de Teenagers changèrent de nom pour se faire appeler The Wailing Rude Boys. Du verbe, « geindre », « se lamenter », « wailing » correspondait assez bien à la manière dont le groupe se libérait par le chant d'une douleur, d'un mal-être profond, et ce dans un style qui s'inspirait de celui entendu dans les Églises évangélistes. Ce qu'ils ressentaient profondément, et exprimaient avec autant d'abandon et de sincérité, se faisait aussi l'écho de ce qu'ils entendaient quotidiennement dans cette vallée des lamentations qu'était Trench Town où vivaient tant d'humiliés, de femmes seules, d'enfants abandonnés et de malades. L'autre intention dans le choix du nom Wailing Rude Boys était de se confondre avec cette jeunesse turbulente des ghettos qui commençait à causer beaucoup de soucis aux Autorités. Phénomène de délinquance assez proche de ce que connaissait à la même époque la périphérie des métropoles occidentales – blousons noirs en France, Rockers en Grande Bretagne, nozem aux Pays Bas, Hell's Angels aux États Unis, etc. – les *rude boys* devinrent, en beaucoup plus violent, à la fois un sujet brûlant de société et un thème de chanson

Joe Higgs, le "Father of Reggae" au début des années quatre-vingt.

très à la mode. Ainsi Prince Buster n'y allait pas par quatre chemins lorsque dans sa chanson *Judge Dread* il condamnait un *rude boy* à 400 ans de prison pour acte de cruauté. Là où dans le répertoire de Bob Marley et de son groupe se mettraient bientôt à pulluler des chansons prenant la défense de ces voyous ou souhaitant les mettre en garde, comme *Rude Boy*, *Hooligan*, *Jail House* ou *Let Him Go*. Le texte de cette dernière appelait à remettre en liberté l'un de ces vauriens considéré comme une victime de la société. La meilleure incarnation du *rude boy*, on la trouve dans le personnage d'Ivanohe Martin qu'interprète Jimmy Cliff, héros du film culte de Perry Henzell *The Harder They Come (Tout, tout de suite)*. C'est l'histoire de l'un de ces déshérités qui, débarquant de la campagne, connaît maintes tribulations dans un ghetto de Kingston. Avant de devenir du jour au lendemain une star de la chanson, puis de sombrer dans le cycle infernal d'une violence qui le mènera à sa perte. Un destin qui tout compte fait aurait pu être celui de Bob Marley lui-même, dont beaucoup disent aujourd'hui que s'il a pu hériter à l'époque du surnom peu rassurant de *Tuff Gong* (« Tuff » est la créolisation de « tough » qui veut dire dur, rude) c'est qu'il n'était jamais en reste lorsque la situation exigeait de faire plutôt usage de ses poings que d'une guitare. Mais avant d'avoir pu enregistrer quoi que ce soit sous ce nom polémique, et sur les conseils avisés d'un Joe Higgs qui pensait à leur carrière, les Wailing Rude Boys se transformèrent en Wailing Wailers. Avant de devenir The Wailers tout simplement.

Lasse de la vie humiliante qu'elle menait à Trench Town, de ses places de bonniche mal payées, de ses engueulades incessantes, et de plus en plus violentes, avec Taddy Livingston, Cedella prit la décision de quitter la Jamaïque pour rejoindre un membre de la famille Malcolm qui s'était installé à Wilmington dans le Delaware, ville industrielle du nord-est des États-Unis où vivait une importante communauté jamaïquaine. Là, elle fera la connaissance d'un autre émigré, Edward Booker qu'elle finira par épouser. Mais avant cela, cette situation nouvelle l'obligeait à prendre des dispositions pour la garde de la petite Pearl, mais aussi de son fils qui n'étant ni majeur ni autonome, ne pouvait être abandonné.

Dans un premier temps ses deux enfants furent pris en charge par sa sœur Enid, qui occupait l'appartement libéré par Cedella situé sur Second Street à Trench Town. Or, la tante décida très vite de quitter elle aussi Kingston pour s'installer à St Ann, de l'autre côté de l'île, en emmenant la petite Pearl avec elle. Un temps, Bob fut recueilli par Taddy, le père de Pearl et de Bunny. Cohabitation qui s'avéra rapidement impossible. Après plusieurs disputes avec ce père de substitution aux irrépressibles coups de colère, Bob préféra quitter ce nouveau foyer pour entamer à seize ans une nouvelle vie : celle d'un sans-abri.

Cette période est particulièrement bien documentée dans l'un des albums les plus célèbres de sa discographie, *Natty Dread* paru en 1974, sur lequel figurent ces chansons témoignages que sont *No Woman, No Cry*, *Talkin' Blues* ou *So Jah Seh*, chacune d'elles portant les stigmates d'une bohème vécue les poches vides et à ciel ouvert. Dans *Talkin' Blues*, il détaille ces nuits passées à la belle étoile où *« le sol froid »* lui sert de litière et *« la pierre »* d'oreiller. Tandis que dans la chanson titre, *Natty Dread*, il retrace ce qui constitue un authentique voyage initiatique, vagabondage qui le mène d'une rue de Trench Town à l'autre, évitant les *« Babylones »* (la police) en sautant par-dessus des clôtures de barbelés. Tout ça le ventre vide. La chanson la plus évocatrice de ce moment crucial reste cependant *No Woman, No Cry*. Écrite plus d'une dizaine d'années après les faits, elle bénéficie d'un recul nécessaire pour inclure cette compassion infinie qu'il éprouve à l'égard de celles et ceux qui vécurent à ses côtés dans ce quartier dépotoir. Et à propos duquel il parvient même à exprimer quelque chose ressemblant à de la nostalgie. On y retrouve ainsi le *« governement yard »* de Trench Town qui fut son foyer durant ces années-là. On y fait connaissance avec Georgie, compagnon de galère mis en scène dans le texte alors qu'il attise un feu de camp auprès duquel les deux SDF tentent de se réchauffer la nuit. Et puis il y a cette figure qui revient à chaque refrain, celle d'une femme que le chanteur tente de consoler. Celle à qui il répète de ne plus pleurer. S'agit-il de sa mère ? D'une sœur ? D'une amie ? Plus certainement se rejoignent ici toutes ces femmes en détresse dont Marley a croisé le chemin pendant cette période chaotique et fondatrice, ces jeunes mères abandonnées avec enfants qui tentent avec l'énergie du désespoir de mener une vie décente dans un environnement où rien ne l'est. Clin d'œil, dont on expliquera plus loin la raison, *No Woman, No Cry* n'est pas signée par Bob Marley mais par Vincent Ford, dit Tartar (ou « Tata »), un handicapé se déplaçant en fauteuil roulant qui habitait 1st Street et dont la cuisine a souvent servi de chambre à coucher improvisée lorsque Marley ne savait plus où dormir.

Mais Trench Town n'était pas qu'une jungle périurbaine dont il sut tirer un colossal profit poétique et symbolique. C'était aussi le point de rencontre de plusieurs fractures historiques. Un quartier balafré par toutes les guerres et les conflits, présents et passés : esclavage, apartheid, colonialisme... Mais aussi combat politique, guerre froide et *narco war*. Autant d'antagonismes qui marinaient dans le pourrissement d'une hyper-misère dont l'inéluctable conséquence était d'engendrer toujours plus de folie et de violence. Bob Marley allait bientôt devenir le porte-parole de ceux qui vivent sur ce front-là, ces invisibles, ces sans-voix, que l'on finirait par baptiser « sufferers » en Jamaïque, « ceux qui souffrent ». Une catégorie de gens dont le nombre, mondialisation oblige, n'allait guère tarder à exploser partout sur la planète. Tous ces anonymes spoliés de leurs terres, privés de leurs emplois, amputés de leurs droits élémentaires à mener une vie convenable, qui bascularaient dans la précarité, passeraient sous la ligne de flottaison de l'autosuffisance et de la dignité. Par la magie d'une musique, le reggae, dont la caractéristique première reste d'aller droit au cœur en raison de son rythme régulier (proche il est vrai de celui des battements cardiaques) et par la grâce d'un verbe dont l'éblouissante limpidité traduit en mots simples et évocateurs des situations complexes, il allait devenir ce que beaucoup qualifièrent à l'époque de « première star du tiers-monde ». Une couronne d'épines qu'il devait porter avec fierté tout en s'en moquant. Lui prétendait au contraire qu'il ne venait pas du « tiers » mais bien du « premier monde ».

Mais Bob Marley aurait-il été écouté par un si grand nombre d'individus avec autant de ferveur sur les cinq continents, si son art n'avait consisté qu'à dépeindre en

La statue érigée à la mémoire de Bob Marley, à Kingston, dans la cour du 56 Hope Road devenu le Bob Marley Museum.

DO NOT STAND ON
OR SIT ON LIONS

chansons la sinistre réalité d'un quartier au sein duquel se dépêtrait une humanité à la dérive ? Selon sa propre expression, qui par la suite deviendrait le titre de l'une de ses dernières créations, il n'avait *« que des chants de rédemption »* à offrir. Formulation restrictive qui prête un peu à sourire aujourd'hui. Ce « que » ne fait que trahir l'humilité et l'impuissance d'un homme se sentant mourir et qui ne cherche qu'en apparence à minimiser cette dimension essentielle de sa geste artistique. À savoir dessiner un horizon d'où s'élève un soleil d'espérance. Cette part spirituelle que véhicule sans relâche toute son œuvre allait connaître au cours des années passées à Trench Town une évolution rapide et décisive. Lui qui avait grandi dans une communauté où l'église exerce un pouvoir absolu, qui établit sur tout et sur tous une omniscience que même les pratiques animistes héritées d'un lointain passé africain ne daignent contester, allait subitement changer de rive. Cette nouvelle contrée spirituelle qu'il aborderait au cours de son adolescence s'appelait rastafarisme. Elle se situait dans la marge la plus méprisée et la plus persécutée de la société.

Ses premiers contacts avec les rastas, Bob Marley n'eut guère d'effort à les susciter. Aux abords de Trench Town s'était implanté depuis 1954 la communauté de Back O'Wall, l'un des principaux foyers de cette nouvelle religion. *Ras tafari*, qui signifie en amharique « celui qui sera craint », est l'un des titres dont a hérité Haïlé Sélassié 1er, le cent vingt-cinquième descendant de la dynastie salomonienne régnant sur l'Ethiopie depuis les temps bibliques. Cette religion a été fondée en Jamaïque dans les années trente au lendemain du couronnement du jeune empereur de l'ancienne Abyssinie en qui le syndicaliste Marcus Garvey avait reconnu « le porteur d'une bonne nouvelle » et un « Messie noir ». S'appuyant sur une scrupuleuse relecture de la Bible à la lumière de l'histoire de l'esclavage des populations africaines dans le cadre de la traite négrière, la religion rasta est un christianisme afrocentriste à visée eschatologique. Dans sa théologie fondamentale, il promet aux descendants d'esclaves la rédemption sous la forme d'un retour physique en Afrique, soit l'équivalent du retour à la Terre Promise du peuple juif dans le livre de l'Exode. La première communauté rasta va s'installer sur une colline proche de Kingston baptisée « Pinnacle » (le pinacle). Vivant d'expédients – et de trafic de ganja (marijuana) – les premiers rastas adoptent un mode de vie frugal en respectant un régime alimentaire strict. Pas de sel, de boissons alcoolisées, de viandes ou de poissons sans écailles. Suivant à la lettre les recommandations du Lévitique, ils refusent également de se couper les cheveux. D'où les fameuses « dreadlocks » qui plus tard engendreront une mode capillaire qui va dépasser, et de beaucoup, le cadre religieux. Considérée comme un rite sacré comparable à l'Eucharistie chrétienne, la consommation de ganja est en revanche encouragée car favorisant la méditation. Refusant toute interaction avec le système – dont les différentes institutions, de la police, au gouvernement et à l'église, sont regroupées sous le terme de « Babylone » – les premiers rastas ne tardent en retour pas à subir l'hostilité des autorités. Si bien que le Pinnacle sera rasé, ses principaux leaders, Leonard Howell et Archibald Dunkley, emprisonnés. La majorité des 4 500 adeptes subiront humiliations et persécutions. On les tabassera, leur rasera la tête. On les obligera à manger de la viande de porc, honnie entre toutes. C'est à Back O' Wall, bidonville proche de Trenchtown, que vont se réfugier la plupart des membres du Pinnacle. Et c'est à la faveur de cette installation, qui correspond à quelques mois près à son arrivée à Kingston, que Marley se familiarisera avec les rastas avant d'intégrer peu à peu leurs croyances et leur mode de vie. À ceci près… Lors d'une interview donnée en 1976, il déclarera : *« Les gens me demandent pourquoi je suis devenu rasta. Ma propre mère ne voulait plus me parler quand elle a su que j'étais devenu rasta. Mais je ne suis pas devenu rasta. Ce sont les autres qui se sont transformés. Qui sont devenus quelque chose de différent. Tout homme noir est né rasta »*. Dès lors, la part blanche de Bob Marley va définitivement se dissoudre dans cette nouvelle identité. Et à la figure d'un père inconnu, va se substituer celle d'un père éternel dans lequel il va mettre toute sa foi, son espérance et confier beaucoup de son inspiration.

Ainsi Bob Marley allait devoir se faufiler dans les méandres de cette jungle de béton et d'ordures qu'était Trench Town, tiraillé qu'il était entre l'exemple du *rude boy*, ce voyou sans foi ni loi, et celui du saint que représentait le rasta, avec pour ambition de faire quelque chose de sa vie. La musique allait l'y aider. ◆

CHAPITRE 4

STUDIO ONE LES PREMIERS PAS

« *Je veux que chacun devienne un leader* ». Tel était le mot d'ordre que Joe Higgs avait à la bouche pendant les répétitions. Voilà deux ans qu'il avait pris la destinée des Wailers en main. Le but étant d'atteindre la perfection des ensembles vocaux de la soul américaine, les Drifters et les Impressions notamment. Ces derniers, un trio vocal originaire de Chicago conduit par Curtis Mayfield dont la suavité s'accommodait souvent de textes à dimension sociale, étaient leur principale influence. Encouragé par Higgs, chacun vivait sa relation avec les autres membres dans un esprit de communion et d'émulation. Dans le trident que composait Bob, Peter et Bunny, chaque pointe se voulait l'égale des autres. Sauf qu'il apparut assez vite que le vrai leader était Bob. Lui qui avait enregistré quelques titres pour le label Beverley, s'appuyait sur une expérience en studio. S'auréolait aussi de titres de gloire dans le métier. D'avoir gagné l'*Opportunity Knock*, la *Star Academy* jamaïquaine, par exemple. Il s'affirmait surtout comme le plus prolifique de tous, composant la plupart des chansons originales. Comme *Simmer Down* qui allait ouvrir au groupe les portes de la consécration.

Au début de l'été 1964, Higgs reçut dans sa cour la visite d'Alvin « Seeco » Patterson, un percussionniste bien introduit dans le milieu musical. Higgs confia à Seeco que les Wailers étaient fin prêts pour passer à l'étape suivante. Seeco qui fréquentait un nouveau studio ouvert depuis l'automne au 13, Brentford Road, en informa le patron, un certain Clement Seymour Dodd, alors en quête de nouveaux talents. Dodd n'était pas, tant s'en faut, un inconnu. Il produisait de la musique depuis 1959,

Les Wailing Wailers en 1963 (de gauche à droite) : Neville Livingston (aka Bunny Wailer), Bob Marley & Winston Hubert McIntosh (aka Peter Tosh). © Bridgeman Images avait lancé l'un des trios les plus performants de l'île, Toots & The Maytals. Il s'était aussi attaché les services d'un groupe instrumental faisant l'unanimité, les Skatalites, composé de virtuoses, et futures légendes de la musique jamaïquaine, comme le tromboniste Don Drummond, l'organiste Jackie Mittoo ou le saxophoniste Tommy McCook. En outre Dodd était devenu sous le nom de Sir Coxsone l'une des figures majeures du circuit des *sound systems*, ces discothèques mobiles qui régnaient sur les soirées dansantes, drainant une meute d'inconditionnels souvent très turbulents. Cette activité de disc-jockey qu'il poursuivra jusqu'à la fin des années soixante, ne l'interrompant qu'en raison de la violence de plus en plus incontrôlable, lui offrait la possibilité de tester les morceaux qu'il produisait dans son studio, souvent enregistrés le matin même. Jugeant de la réaction du public, il pouvait évaluer les chances de succès de tel ou tel titre. Baptisé Studio One, le local exigu de Brentford Road était sommairement équipé d'un magnétophone une piste Ampex 350. Dodd y cumulait les fonctions de producteur, d'arrangeur, et d'ingénieur du son. Fait notable et hautement symbolique, Studio One fut la première structure d'enregistrement en Jamaïque à être dirigée par un noir.

L'audition qu'accorda Coxsone aux Wailers se déroula à l'ombre d'un gigantesque manguier dont le tronc s'appropriait une partie de la petite cour dallée. Peter donna le signal en plaquant les accords sur une guitare acoustique dont le vernis était écaillé et les cordes dépareillées. Plus que les chemises aux cols usés mais à l'impeccable blancheur, voilà qui trahissait l'origine sociale des candidats. Les voix s'élevèrent pour produire un merveilleux bouquet de tonalités à la fois contrastées et entrelacées. Ils exécutèrent quatre chansons, *Straight and Narrow Way*, *I'm Going Home*, *Do You Remember* et *I Don't Need Your Love*. C'est sur cette dernière composition, la plus récente, que Bob comptait pour convaincre un Coxsone dont le visage restait impénétrable. À la fin du morceau, le boss n'exprima aucun sentiment, affichant un air qui hésitait entre intérêt et perplexité. Intérieurement, il évaluait les chances de réussite de ces jeunes loups à la mise en place irréprochable mais qu'il jugeait encore trop verts pour le grand bain. Voyant l'affaire mal engagée, Bunny suggéra alors à Bob d'interpréter ce titre que le groupe traînait, presque comme un boulet, depuis des mois : *Simmer Down*. Bob était las de ce morceau qui appartenait à sa première fournée d'auteur-compositeur, bien qu'il lui ait porté chance lors de l'*Opportunity Knock*. Avant qu'il ne proteste, Peter exécuta l'intro à la guitare, embarquant le reste du groupe dans son sillage. Sur un rythme enlevé propre au ska, Bob y révélait beaucoup de sa personnalité, donnant des clefs essentielles d'une manière d'appréhender son environnement, et sur l'influence qu'il entendait y exercer. *« Simmer Down »* (calmez-vous) s'adressait à cette jeunesse de Trench Town et des ghettos voisins – Denham Town, Rema, Jonestown – souvent en guerre les uns avec les autres, les appelant à s'affranchir des comportements tribaux pour s'unir contre cet adversaire commun, la pauvreté, qui les enchaînait au cycle infernal du désespoir et de la violence. *« Dominez votre colère »* disait-il en substance. Et se faisant, il étrennait pour la première fois ce rôle de conscience qui sonde la réalité sociale de son temps et alerte sur les dangers qui menacent. Sauf qu'après deux couplets, Coxsone se mit à agiter les mains pour signifier qu'il en avait assez entendu. Pensant l'affaire pliée, le groupe fut surpris d'entendre le producteur qui loin de les inviter à prendre congé, leur donnait rendez-vous le lendemain matin pour enregistrer *Simmer Down*.

Le lendemain, des Wailers plus intimidés par l'enjeu qu'ils ne l'avaient été la veille se présentèrent de nouveau à Studio One. Les Skatalites, groupe à qui l'on devait l'invention du ska, celui sur lequel Coxsone s'appuyait le plus fréquemment pour l'accompagnement de ses artistes lors des séances, les y attendaient de pied ferme. Plus avancés en âge et en technique, certains membres des Skatalites l'étaient aussi dans un tout autre domaine, le Rastafarisme. Singularité qui eut le mérite de rassurer un Marley encore mal à l'aise. À peine engagée, cette collaboration commença à produire ses effets. Des chansons que les Wailers répétaient inlassablement depuis des mois, jusqu'à en être soûlés, trouvèrent un nouvel éclat. Réarrangées par les Skatalites, elles gagnaient en puissance et en relief. Si bien qu'une espèce d'alchimie s'opéra entre vétérans et jeunes recrues lors de cette première séance au Studio One.

Le soir même, Marley, Tosh, Bunny, encore accompagnés de Beverly Kelso et de Junior Braithwaite, se rendirent à un *sound system* animé par Coxsone. À peine arrivés, ils furent stupéfaits d'y entendre *Simmer Down*. Enregistrée le matin même, la chanson s'était retrouvée une heure plus tard gravée sur un acétate, donnant à Coxsone l'opportunité de la tester sur le public. Dont la réaction fut des plus enthousiastes. Non seulement la foule se mit à danser éperdument dessus mais elle la réclama encore et encore pendant tout le reste de la soirée. Pour Coxsone il ne faisait plus aucun doute qu'il détenait là un tube. Le lendemain il fit presser assez d'exemplaires du 45t de *Simmer Down* pour achalander tout le réseau de boutiques sur l'île. Au bout de quelques semaines, son livre de compte certifiait qu'il en avait écoulé 70 000 exemplaires. Chiffre inouï pour un premier disque sur une petite île où une grande majorité des foyers n'était équipée d'aucun électrophone.

Ce premier succès incita Coxsone à vouloir pérenniser ses relations avec les Wailers. Soucieux de se garantir la future production du groupe, il proposa à ses membres de leur allouer un petit salaire hebdomadaire en échange d'une exclusivité sur leur musique. Une offre inédite à laquelle il ajouta la promesse de nouvelles tenues de scène. Cet arrangement conclu, les Wailers se mirent à fréquenter Studio One quotidiennement. Coxsone mettait à leur disposition les nouveaux disques parus aux États-Unis qu'il ramenait de ses fréquents voyages dans l'idée qu'ils en fassent l'adaptation. C'est ainsi qu'au beau milieu de titres originaux, se retrouveraient bientôt inscrit à leur répertoire un lot hétéroclite de reprises, allant du *Teenager in Love* de Dion and the Belmonts au *And I Love Her* des Beatles, et du *What's New Pussycat* de Tom Jones au *Like a Rolling Stone* de Bob Dylan. Connaissant l'existence vagabonde que menait Marley à cette époque, il n'est guère étonnant que le refrain de la célèbre scie dylanienne - *« quel effet ça fait d'être sans toit, une complète inconnue, comme une pierre qui roule »* - ait trouvé un certain écho en lui. À cette situation pour le moins instable, Coxsone allait proposer une solution. Il autorisait Marley à dormir dans l'une des pièces du studio servant de réserve, manière d'assurer sa sécurité mais aussi de garder un œil sur ce diamant brut dont

Clement "Coxsone" Dodd au Studio One en 1976. © Peter Simon

il entendait tirer un profit maximum. Le groupe prit l'habitude de se retrouver dans un vieux bus qui rouillait dans le jardin derrière le studio, où il pouvait travailler à de nouvelles chansons ou peaufiner des adaptations tout en fumant des joints à l'abri des regards. Alors que la plupart des producteurs interdisaient l'usage de la ganja dans l'enceinte de leurs studios – c'était le cas du concurrent direct de Studio One, Treasure Isle dirigé par Arthur « Duke » Reid, un ancien policier qui n'hésitait pas à dégainer son Smith & Wesson pour se faire respecter –, Coxsone affichait à l'égard des fumeurs de joints et des rastas une relative tolérance. Attitude dont il ne tarda pas à tirer avantage : entre juillet 1964, date du début de leur collaboration avec Studio One, et août 1966, où ils y mirent un terme, les Wailers enregistrèrent une centaine de titres, comprenant des compositions originales, des reprises de standards américains ou anglais. Mais aussi des chants de Noël, du gospel et des traditionnels du mento. Un répertoire marqué par une volonté de faire feu de tout bois à un moment où la priorité restait d'assurer au groupe sa propre subsistance. Il demeure que leurs deux plus grands succès, *Simmer Down* et *One Love*, contribuaient à en faire avant tout des porte-parole de la jeunesse des ghettos, cette jeunesse qui n'inspirait à la vaste majorité des Jamaïquains que mépris, hostilité, haine. Ces deux chansons reflètent parfaitement le conflit voyou/saint à l'œuvre dans la musique et l'âme du Bob Marley des débuts. Si dans *Simmer Down* Marley se jette dans la mêlée pour mieux appeler au calme, dans *One Love*, il s'élève au-dessus, invitant ceux qui l'écoutent à cette unité – qui est d'abord celle de son moi profond – dont sa foi rastafarienne est en passe de devenir le ciment. En fait, il ne donnera l'impression d'avoir trouvé sa place dans le monde, de s'y sentir en sécurité, qu'à partir de *One Love*. C'est avec *One Love* qu'il commence la mue qui lui fait quitter sa peau de *rude boy* pour devenir un rasta, qu'il part conquérir cet absolu spirituel qui désormais va diriger sa vie et sa carrière. Dans cette chanson, qu'il réenregistrera à différents moments de son parcours, il prêche cet amour universel, cette fraternité inconditionnelle, seuls susceptibles de remédier à la dévastation physique et au naufrage psychologique qu'ont en partage ses semblables depuis des siècles. Sans même le savoir, Bob Marley vient d'entonner son premier chant de rédemption.

Reste que la flétrissure du ghetto résiste sur la plupart des autres compositions de cette époque. Dans *Jailhouse, Let Him Go* ou *The Toughest*, les plus représentatives de leur phase *« rude boys »*, les Wailers prenaient ni plus ni moins la défense des délinquants, parfois à la manière d'avocats en plaidoirie. Cette posture eut pour conséquence d'engendrer une sorte de *Wailermania* qui s'empara de l'île tout entière, partant des quartiers chauds, gagnant peu à peu des zones plus tranquilles, les hissant au statut de représentants d'une génération, l'équivalent jamaïquain des Beatles et des Rolling Stones. Lors des soirées *sound systems*, on pouvait toujours compter sur une frange d'inconditionnels pour venir harceler le DJ jusqu'à ce qu'il passe les derniers 45t du groupe. Et gare à celui qui osait switcher sur autre chose. Dans les bars de la ville, tous les juke-boxes se voyaient pris d'assaut par des fans qui faisaient tourner en boucle l'un ou l'autre de leurs disques. Cela concernait aussi les disquaires à qui l'on demandait de jouer tel ou tel morceau. Si bien que l'on pouvait sillonner les rues de Kingston et n'entendre que la musique des Wailers d'un bout à l'autre de la ville. Le phénomène prenait une tout autre ampleur quand le groupe se produisait sur scène. Coxsone ayant tenu sa promesse, ils apparaissaient désormais cintrés dans des costumes lamés or à la manière d'Elvis Presley, s'exposant à la même ferveur. Les plus acharnés de leurs fans finissaient toujours par monter sur la scène pour se mettre à danser avec leurs idoles. La soirée s'achevait souvent dans le chaos absolu. Et pour finir, les membres du groupe juchés sur les épaules de leurs admirateurs étaient portés en triomphe jusque dans la rue.

Cette popularité, le succès que remportait chacun de leurs disques, contrastaient néanmoins avec une réalité économique bien moins reluisante. Le maigre salaire que daignait leur octroyer Coxsone suffisait à peine à les nourrir. Et comme il s'était bien gardé de leur faire signer le moindre contrat, aucun droit d'auteur ne leur était reversé sur la vente des disques. La Jamaïque restera longtemps l'un des pays les moins généreux à l'égard de ses musiciens, dont on sait qu'ils ont pourtant largement contribué à faire connaître le pays. Ce n'est qu'en 1996 qu'une société des auteurs comparable à la Sacem en France, fut créée.

Longtemps, les artistes restèrent sous la coupe de producteurs qui exerçaient sur eux une emprise quasi féodale. Une anecdote assez édifiante circule encore à Brentford Road sur le quotidien enduré par certains dans cette Jamaïque tout juste libérée du joug colonial. Un jour où l'un des groupes signés par Coxsone enregistrait dans le studio, une mangue, la première de la saison, tomba bruyamment sur le toit. N'ayant rien avalé depuis la veille, tous lâchèrent leurs instruments en pleine prise de son et se précipitèrent dehors pour la ramasser et la dévorer. Bien que jouissant de conditions relativement plus confortables que la plupart des artistes Studio One, les Wailers n'en ressentaient pas moins une certaine amertume à l'égard de Coxsone. Dans de nombreuses interviews données par la suite, Marley se montrera toujours des plus laconiques, pour ne pas dire des plus cinglants, à l'égard du maître de Brentford Road. Le rôle de Coxsone avait sans doute été crucial dans le développement de leur carrière. Il leur avait appris à perfectionner leurs chansons, à les transformer en objets de séduction. Il avait contribué à faire d'eux des stars. Il avait sorti Marley de la galère, lui avait offert un toit, un job, un salaire, aussi infime fut-il. En contrepartie, Marley savait fort bien ce qu'il avait apporté au producteur. Sûr de son talent, il n'ignorait pas le bénéfice que celui-ci en avait tiré. Lequel des deux a-t-il le mieux profité de l'autre ? Si le chanteur évoquera par la suite leur séparation sur un ton amer, s'il n'a jamais voulu exprimer la moindre reconnaissance envers celui qui lui avait ouvert la voie, c'est sans doute que l'on ne peut jamais être tout à fait reconnaissant à l'égard de celui qui vous apprend la dureté. En 1977, à la question *« Coxsone vous donnait-il de bons conseils à vos débuts ? »* Marley répondait ceci : *« Il nous donnait de bons conseils. Mais il oubliait hélas de s'en donner à lui-même. Par exemple : respecter les artistes. »*

À la dureté de la vie à Trench Town venait donc s'ajouter celle découlant des rapports de force avec Coxsone. La réputation de dur que trimballait Marley lui avait valu ce surnom de Tuff Gong. On le savait capable de régler ses comptes à mains nues. Comme cette fois au Ward Theatre où Slim Smith, le chanteur des Techniques, l'avait provoqué après lui avoir volé la vedette. Fou furieux, Marley s'était jeté sur lui et lui aurait tranché la gorge si Joe Higgs ne l'avait ceinturé pour l'emmener dans la rue prendre le frais et fumer un peu d'herbe. Ce n'est pas parce qu'il avait écrit *Simmer Down*, conseillant aux autres de garder la tête froide que lui-même restait à l'abri d'un coup de sang. La première chose que l'on apprend dans le ghetto, et ça Marley l'avait intégré dès le début, c'est qu'un rien, une incartade, un faux pas, une bêtise, suffisent pour tout faire basculer. Pourtant derrière la carapace de dur à cuire qu'il arborait pouvait filtrer une infinie tendresse. Et le même qui chantait les hymnes pro *rude boy* pouvait aussi réclamer « amour et affection » dans une autre de ses œuvres *(Love & Affection)*. Ses premières tentatives dans le domaine de la chanson romantique sont révélatrices. Toutes semblent écrites comme des lettres sans destinataires. Elles libèrent des sentiments profonds et sincères mais comme condamnés à une errance sans fin. L'attente et la solitude en sont le leitmotiv, comme *Lonesome Feeling, I'm Still Waiting, I Need You, Love & Affection*, révèlent un manque. S'il s'agit bien de chansons sur l'amour, ce ne sont pas encore des chansons d'amour. Bob avait eu des aventures mais rien de sérieux. Passant d'une fille à l'autre, comme il était passé d'un toit à l'autre. À certains signes on peut quand même déceler un besoin de stabilité dans le domaine des sentiments. Comme cette reprise du *Ten Commandements of Love* d'Aaron Neville où il énumère les devoirs de protection, de respect, d'assistance et de fidélité qu'un amant doit envers sa chérie.

C'est qu'entre-temps, l'amour – le sensuel et le romantique – lui a mis le grappin dessus dans des circonstances bien précises. Coxsone lui ayant demandé de s'improviser « sourcier » musical, Bob s'était mis à faire le tri dans les lots de nouveautés que le producteur ramenait des États-Unis, sélectionnant les titres dont il jugeait le potentiel commercial suffisant pour faire l'objet d'une adaptation. En dédommagement, Coxsone lui proposait une légère amélioration de ses émoluments. Ce rôle de sélecteur allait bientôt évoluer vers une fonction plus officielle de directeur artistique avec l'arrivée à Studio One d'un trio, les Soulettes, auquel appartenait une certaine Alfarita Constancia Anderson, jeune femme de dix-huit ans dont la mère

THE WAILING WAILERS

1965, STUDIO ONE

01. COMMANDMENTS OF LOVE

02. RUDE BOY

03. IT HURTS TO BE ALONE

04. LOVE AND AFFECTION

05. I'M STILL WAITING

06. SIMMER DOWN

07. PUT IT ON

08. I NEED YOU

09. LONESOME FEELING

10. WHAT'S NEW PUSSYCAT

11. ONE LOVE

12. WHEN THE WELL RUNS DRY

était d'origine cubaine. Celle qui allait devenir un an plus tard Rita Marley habitait chez sa tante Viola dans une maison sur Greenwich Park Road, rue qu'empruntaient régulièrement les Wailers pour se rendre de Trench Town à Brentford Road. Rita voyait passer chaque jour Bob, Peter et Bunny sous ses fenêtres, n'ignorant pas qu'il s'agissait du groupe numéro un en Jamaïque. Plusieurs petits signes de la main et « hello » plus tard, la conversation entre la jeune fille et le trio révéla qu'ils partageaient la même passion pour la musique. La jeune fille, entourée de son cousin Constantine « Dream » Walker et de Marlene « Precious » Gifford, eut même droit à une audition sur le trottoir de sa maison, accompagnée par Peter à la guitare. Un essai suffisamment concluant (le trio livre une reprise du *What's Your Name* du duo américain Sam & Dave) pour que Tosh les invite à tenter leur chance à Studio One. Bob, trop timide, restait en retrait lors de ces premiers contacts. Rita hésitera avant d'accepter l'invitation. Les Wailers avaient une réputation de « rudies » qui leur collait aux basques et le viol était chose courante à Trench Town. Elle alla donc solliciter deux amis musiciens de son père pour organiser le rendez-vous. Coxsone qui cherchait depuis un moment un groupe féminin se dit intéressé et ne tint pas compte du fait que l'un des membres, Dream Walker, dont la voix de haute-contre passait pour celle d'une fille, était un garçon. Pendant l'audition, Coxsone demanda à Bob, et non à Peter, de tenir la guitare. Preuve qu'il avait déjà une petite idée derrière la tête. Cette guitare, propriété de Coxsone, était utilisée par tous les musiciens de passage, et ils étaient nombreux qui, trop pauvres, n'en possédaient pas. Bob se l'appropriait la plupart du temps. Coxsone, conquis, choisit lui-même le nom du trio, The Soulettes, référence aux Marvelettes de la Tamla Motown. Et proposa à Bob de prendre en main le trio en tant que conseiller artistique. Mais avant d'enregistrer sous leur nom, les Soulettes devront faire leurs preuves en studio en se consacrant aux accompagnements vocaux sur un certain nombre de disques, ceux des Wailers pour commencer ou d'artistes comme Delroy Wilson dont le *I Love You Baby* allait marquer au cours de l'été 1966 un changement radical d'époque musicale, l'ère du ska s'achevant tandis que s'amorce celle du rocksteady, style plus romantique et au rythme plus lent.

La relation entre Bob et Rita va pendant un temps s'établir sur le seul plan professionnel. En fait, Rita en pince pour Peter, le beau gosse du groupe. Elle est en revanche impressionnée par la rigueur et l'acharnement au travail de Bob. Dans ses mémoires, elle avoue que le premier sentiment éprouvé envers Marley fut de la pitié. *« Je me disais :* "pauvre chose !" *Il avait tellement l'air d'un chien abandonné ! »* Un incident va contribuer à changer leurs rapports. Lors d'une répétition une tâche se met à apparaître sur le chemisier de Rita qui confuse admet qu'il s'agit d'une poussée de lait. Elle ne tarde pas à révéler qu'elle est la mère d'une petite Sharon âgée de 5 mois et fruit d'une brève relation. Si l'on en juge par sa version de *Ten Commandements of Love* datant de cette époque, on constate un net changement de perspective chez Marley qui dans cette chanson endosse clairement le rôle du futur époux. Et même de père. Car très vite Bob s'attache à la petite fille, jouant avec elle dès qu'il le peut, lui achetant des jouets, et même des petits pots pour bébé. Dès lors, Bob et Rita deviennent inséparables. Non seulement les Soulettes chantent derrière les Wailers en studio mais les accompagnent également en tournée. Situation favorisant l'intimité. C'est toutefois dans la cuisine de Vincent Tata Ford qui les héberge que le couple s'unira charnellement pour la première fois.

Quelques mois plus tard, le 10 février 1966, quatre jours après qu'il a fêté ses vingt et un ans, Bob Marley épouse Rita Anderson. Sur la seule photo que l'on connaisse du mariage, on voit Bob dans un costume noir hyper cintré, des chaussures pointues à la mode aux pieds. Rita est vêtue d'une robe blanche dessinée et confectionnée par sa tante Viola, la tête ceinte d'un diadème emprunté à une amie. La tante s'est chargée de cuisiner un *curry goat*, plat national en Jamaïque. À l'issue de la cérémonie et du repas, on fait la fête en jouant presque sans interruption *One Love* et le dernier tube du groupe, *Put It On*, dont le refrain dit : *« maintenant je contrôle ma destinée »*. Paroles de circonstances. Le soir même, toujours en costume de jeune marié, Bob rejoint les Wailers qui font la première partie des Temptations au Ward Theatre. Puis le lendemain, Rita accompagne son mari à l'aéroport où Bob s'envole pour rejoindre sa mère Cedella dans le Delaware dans l'espoir de gagner assez d'argent pour créer son propre label de musique. ◆

Le jour de son mariage avec Rita, le 10 février 1966. © Bridgeman Images

CHAPITRE 5

L'INDÉPENDANCE

L'Amérique. Il y réfléchissait depuis longtemps. Voilà plusieurs mois que les Wailers pensaient lâcher Studio One. Malgré ses succès, le groupe stagnait. Ses membres continuaient à vivre chichement avec ce que leur allouait Coxsone, une poignée de dollars (jamaïquains) chaque semaine. À la veille de Noël 1965, le trio vint trouver le producteur pour lui réclamer une rallonge. Bob fit la démarche, usant de courtoisie, citant tous les succès du groupe les uns après les autres : *Simmer Down*, *Put It On*, *One Love*, *I'm Still Waiting*... Habitué à ce genre de requête, Coxsone se contenta de fouiller dans sa poche pour sortir trois billets de 20 dollars qu'il tendit à Bob sans même le regarder. Une aumône à un mendiant dans la rue. La coupe était pleine. Ils étaient décidés à quitter l'ingrat pour fonder leur propre maison de disques. Ne leur manquait que la mise de fonds. Le seul moyen de gagner de l'argent était d'émigrer. Bob venait de recevoir une lettre de sa mère à Wilmington l'informant qu'elle avait enfin obtenu la double nationalité en épousant Edward Booker, lui-même naturalisé américain. Si bien qu'elle pouvait désormais faire une demande auprès des autorités pour que son fils la rejoigne. Le travail ne manquait pas aux États-Unis. Quelques mois passés là-bas suffiraient à en mettre assez de côté. Le seul problème pour Bob c'était Rita, qui lui était devenue indispensable. La savoir seule à Kingston le rendait nerveux au point de l'empêcher de dormir. C'est la peur de perdre celle qui le rendait heureux pour la première fois de sa vie, qui lui procurait cette sensation inconnue de vivre au sein d'un vrai foyer, qui l'avait poussé à précipiter son mariage.

Une fois Bob parti, Rita pensait reprendre le chemin du studio avec les Soulettes. Ce qu'elle fit pendant une brève période, enregistrant avec Delroy Wilson et Lord Creator. Mais après quelques courriers où Bob la priait instamment de ne plus

À la toute fin des années soixante. © Tous droits réservés

remettre les pieds à Brentford Road, elle consentit à reprendre des études d'infirmière abandonnées depuis des mois. Pendant ce temps-là à Wilmington, Bob s'efforçait de s'habituer à sa nouvelle vie américaine. Avec d'un côté l'impression de vivre dans une publicité, et de l'autre de n'être qu'un hamster enfermé dans une cage, condamné à faire tourner une roue. Pour la première fois de sa vie, il disposait d'une vraie chambre à coucher avec un vrai lit, et même d'un cabinet de toilette. Pour quelqu'un qui n'avait connu que des paillasses, des couches de fortune, dormi à la belle étoile, ce confort lui demanda un temps d'adaptation. Mais il dut très vite se confronter à une autre réalité américaine bien moins douillette. Le neveu d'Edward Booker qui travaillait pour le compte d'une compagnie pharmaceutique, la Dupont Chemical, obtint un job d'assistant dans un des laboratoires. À partir de mars 1966, il y travailla pendant quelques semaines sous le nom de Donald Marley. À son arrivée sur le sol américain il avait dit au service de l'immigration que le motif de sa visite était familial. En changeant d'identité, il espérait tromper la vigilance du bureau fédéral. Mais qu'il soit Bob ou Donald, ce qui l'attendait tous les jours était aussi fastidieux : nettoyer les tables du labo, vider les poubelles en fer contenant des déchets plus ou moins toxiques, porter le café aux analystes qui ne manquaient jamais de moquer son patois de campagnard jamaïquain. Au bout d'un mois de ce régime et informé que l'usine Chrysler de Newark, située à quelques kilomètres de Wilmington, recrutait, il rendit sa blouse blanche et vint postuler au bureau d'embauche de l'usine. La paie n'était pas meilleure mais le monde des « blue collars » lui était bien plus familier. Attestant d'un apprentissage comme soudeur, il se retrouva sur une des chaînes de montage avec un masque de protection et un chalumeau. Il bénéficiait d'une pause de dix minutes toutes les trois heures et d'une heure pour déjeuner. La seule personne avec laquelle il échangeait était le responsable de la United Auto Workers Union qui venait prendre des nouvelles et l'informait des activités du syndicat. Le soir, fourbu, il dînait en compagnie de sa mère et de son beau-père, jouait un moment dans le salon avec sa demi-sœur, Pearl. Puis il montait dans sa chambre travailler de nouvelles chansons sur une guitare empruntée au neveu Booker. Puis il écrivait à Rita.

La correspondance entre eux fut particulièrement abondante au cours des huit mois que dura leur séparation. Chacune des lettres de Bob commençant par *« Ma très chère épouse... »*. Après avoir détaillé son quotidien d'ouvrier en usine, il s'épanchait sur son absence, un manque ressenti chaque jour plus cruellement. Sa mère, qui ignorait tout du mariage de son fils, se mit à soupçonner quelque chose quand il déclina son offre d'intercéder auprès de la fille des voisins pour qu'il l'emmène danser un vendredi soir. À la fin, il finit par lui avouer son union récente avec Rita, nouvelle que Cedella accueillit avec une froideur signifiant clairement sa réprobation. Elle dut pourtant se rendre à l'évidence en constatant au fil des semaines son manque d'intérêt pour les autres femmes. Son fils était bel et bien amoureux. De son côté Rita tentait de le réconforter avec des mots tendres et des allusions toujours pudiques. Dans l'une de ses lettres, elle lui fit part d'un événement qui l'avait profondément bouleversé. Le 21 avril de l'année 1966, la Jamaïque avait reçu la visite de l'Empereur d'Ethiopie, sa majesté Haïlé Sélassié 1er. Pour le gouvernement du Premier ministre Alexander Bustamante, il s'agissait d'une visite d'État importante à un moment de l'histoire où les nations non alignées tentaient d'établir entre elles des relations à l'écart des blocs, soviétique et américain, au plus fort de la guerre froide. Mais pour la communauté des rastas, il s'agissait d'un moment d'une tout autre ampleur, d'un privilège avec lequel même les visites du Pape dans les régions catholiques les plus ferventes au monde ne pouvaient rivaliser. C'était Dieu en personne qui daignait descendre de son nuage pour se mêler à la foule des croyants pour leur apporter réconfort et espérance. Un moment d'une portée inouïe dans le cœur des adeptes, mais aussi une source de malentendu. Car l'Empereur ne pouvant imaginer le caractère sacré que revêtait cette étape aux yeux de certains habitants de la petite île des Caraïbes, se trouva fort déstabilisé lorsqu'à peine atterri, et sur le point de descendre de son avion, il vit s'agitant à ses pieds une mer humaine digne des récits bibliques, constituée de rastas dépenaillés et hirsutes venus souvent à pied des quatre coins du pays qui brandissaient son portrait, et dont la clameur était recouverte par le battement de tambours rituels grondant comme un orage tropical. Selon quelques témoignages, effrayé par le spectacle, l'Empereur aurait

même refusé dans un premier temps de descendre de l'appareil. De son côté Rita, en bonne chrétienne, ne s'était décidée à venir assister au passage du cortège impérial que poussée par la curiosité. Dans ses mémoires, elle raconte pourtant que ses doutes sur la nature divine du petit homme en uniforme, se tenant debout à l'arrière de sa limousine, s'envolèrent d'un seul coup quand saluant de la main la foule rassemblée sur le parcours, il se tourna vers elle. Dans la paume impériale, elle aperçut alors une tache brune. Pour elle, il ne pouvait s'agir que des stigmates d'un homme qui avait été crucifié dans une autre vie. Preuve que la prophétie de Marcus Garvey sur l'avènement d'un Messie noir s'était bel et bien réalisée. Rasta Fari, Roi des Rois, Seigneur des Seigneurs, Lion Conquérant de la Tribu de Juda, tel que l'indiquent ses titres officiels, se révélait soudain à ses yeux ce Sauveur tant attendu des Africains en exil, ce défenseur de la foi dont parlent les Saintes Ecritures. Jah (Dieu) incarné. Hallucination auto suggérée ? Toujours est-il qu'en confiant dans sa lettre son trouble, elle remplit le cœur de Bob d'une joie indicible. Quelle meilleure nouvelle pouvait-il accueillir dans cette solitude américaine de plus en plus pesante que celle d'une jeune épouse qui à des milliers de kilomètres venait de le rejoindre spirituellement ?

En mai 1966, une inspection de l'office du Travail eut lieu dans l'usine Chrysler de Newark qui l'obligea à quitter précipitamment son job sur la chaîne de montage. Se faire contrôler aurait signifié l'expulsion immédiate du territoire américain. Le responsable de la United Auto Workers Union eut juste le temps de lui glisser l'adresse d'un entrepôt où l'on cherchait des manutentionnaires. Il y intégra l'équipe de nuit, celle qui de 23 h à 7 h transportait à bord d'un engin de manutention plusieurs tonnes de marchandises de l'entrepôt vers la plateforme de chargement où des camions les attendaient hayons baissés. Le travail était correctement payé mais se révélait encore plus répétitif que les tâches à accomplir sur la chaîne de montage. À la fin, Bob fonctionnait machinalement comme sous hypnose. C'est d'ailleurs cette image qui ressort de la chanson *It's All Right* écrite chez sa mère qu'il enregistrerait quelques mois plus tard. Très influencé par James Brown, dont l'empreinte

Haïle Sélassié Ier, Empereur d'Éthiopie, devant le Jubilee Palace
à Addis Abeba en novembre 1962. © CBS

funky est ici criante, le morceau allait réapparaître une dizaine d'années plus tard sur l'album *Rastaman Vibration* sous un autre titre, *Night Shift* (Équipe de nuit). La première version s'ouvre sur un emprunt biblique, en l'occurrence le Psaume 121.6 qui, à la lumière de la situation qu'il endurait, prend un sens presque ironique. *« De jour la lumière ne te frappera point, ni la lune au cours de la nuit »*. Quelle formule plus édifiante pour décrire le quotidien d'un homme qui trime enfermé dans un hangar éclairé artificiellement ? Quant à la seconde version elle insiste surtout sur l'aliénation d'un travail où plus rien n'est humain, où l'on devient progressivement, inexorablement, l'équivalent d'un robot, le rouage d'un engrenage infernal qui se contente de répondre à une succession d'injonctions. *« Va de ce côté / amène les marchandises / va de l'autre côté maintenant / ramène les caissons »* sont quelques-unes des paroles de *Night Shift*.

Ces différentes expériences dans le monde du travail, où pour la première fois il prenait conscience de l'asservissement auquel était soumise la classe ouvrière, devaient solidifier une vision qui chez lui se révélerait au fil des années de plus en plus politique. Difficile cependant d'y voir l'émergence d'une quelconque rhétorique proto marxiste qui, elle, exclut toute dimension religieuse. Marley qui n'avait quasiment jamais eu d'autres livres entre les mains que sa Bible, n'était pas encore outillé intellectuellement pour analyser ce qu'il vivait sous l'angle de la lutte des classes. Sa lecture des rapports de force dans la société se fondait sur la seule véritable discrimination à laquelle il avait été lui-même exposé, établie sur la couleur de la peau. Ce passage par le monde du travail américain, où les noirs et les blancs étaient soumis aux mêmes contraintes, enduraient les mêmes conditions, parfois y répondant de manière solidaire à travers les luttes et l'adhésion à des syndicats ouverts à tous, lui donnait une perspective très différente du monde tel qu'il était. Son séjour américain allait s'achever par un dernier emploi, et une ultime humiliation, comme homme de ménage dans un hôtel. Un jour où il changeait le sac d'un aspirateur dans un des couloirs, celui-ci lui explosa à la figure, le recouvrant de poussière. Il en aurait été quitte en allant se changer mais préféra donner sa démission sur-le-champ. Le soir même il annonçait à sa mère qu'il quittait Wilmington pour rentrer à Kingston. Il admit bien plus tard que la vie aux États-Unis était bien trop folle, que tout allait trop vite, que les gens étaient bien trop pressés. D'ailleurs ce n'était pas vraiment une vie. De retour en Jamaïque, il lui fallut quelques jours, et plusieurs joints, pour décompresser avant de retrouver le rythme local que résume cette expression bien connue « soon come », censée faire patienter votre interlocuteur, mais qui répétée à longueur de temps finit par exaspérer ceux qui n'apprécient guère la nonchalance jamaïquaine.

Bob, Rita et la petite Sharon s'installèrent dans une des chambres chez Tante Viola. Une situation, loin d'être idéale, qui permettait au couple de vivre ensemble pour la première fois. Bien qu'il ait ramené de son séjour américain environ 700 dollars US, somme considérable dans un pays où le salaire moyen mensuel ne dépassait jamais les 15 dollars jamaïquains, la priorité restait d'offrir aux Wailers un nouveau plan de carrière. Peter et Bunny avaient pallié l'absence de Bob en engageant Dream Walker. Ensemble ils avaient enregistré quelques titres et poursuivi la routine des concerts. Peter de son côté avait sorti trois 45t en solo, dont le dernier *I'm the Toughest* venait renforcer une image de dur à cuire, d'idole rebelle du ghetto soigneusement entretenue. Entre Bob, surnommé le Tuff Gong à Trenchtown, et Peter qui désormais s'autoproclamait le « toughest » (le plus coriace) une compétition venait de s'engager secrètement. Elle solliciterait moins les muscles que le potentiel créatif des deux Wailers. Même éloigné de Kingston, et travaillant en usine, Bob avait réussi à composer plus de nouveaux morceaux que son compère à Kingston. Une situation à laquelle l'orgueilleux Peter tenterait tant bien que mal de répondre en faisant bonne figure mais qui finirait à la longue par détériorer leurs rapports.

L'été 1966 fut l'un des plus chauds de toute l'histoire de l'île de la Jamaïque. Le thermomètre ne passant jamais en dessous de la barre des 38°. Cette canicule rendait la vie plus difficile encore dans les quartiers à l'habitat précaire où la tôle ondulée constituait le matériau le plus répandu. Dans les chaudrons que devenaient Trench Town ou Rema, la criminalité, hasard ou conséquence, fit un bond spectaculaire cet été-là. Et même l'un de ses meilleurs scores de la décennie. Les *sound systems* furent interdits et les *dancehalls* durent fermer. Dans les studios, les musiciens croulaient tellement sous la chaleur et une humidité accablantes qu'ils se mirent presque machinalement à ralentir le rythme. On dit que c'est l'une des raisons pour laquelle le rocksteady, au tempo plus lent, se mit à détrôner le ska et sa cadence endiablée. L'autre raison invoquée pour expliquer ce ralentissement serait la hausse de la consommation de marijuana dans les studios. Avec l'avènement d'une nouvelle génération de producteurs comme Bunny Lee ou Joe Gibbs, son usage y était de plus en plus répandu. Au risque de s'exposer à des descentes de police. Autre signe d'un changement radical d'époque, les Skatalites, groupe vedette de l'île, s'étaient séparés quelques mois auparavant. Une partie des musiciens se retrouvait désormais au sein des Soul Brothers, une nouvelle entité qui avait accompagné les Wailers lors des dernières sessions à Studio One. De son côté le saxophoniste Tommy McCook avait fondé les Supersonics. Quant à Don Drummond, le génial tromboniste, il avait échoué dans un hôpital psychiatrique après avoir tenté d'assassiner sa compagne. Cette mise à l'écart de l'une des figures les plus emblématiques du ska reflétait de manière assez symbolique l'effacement que subissaient les instruments à cuivre au cours de cette période. L'orgue et la guitare allaient tirer profit de cette nouvelle hiérarchie. Autre caractéristique du nouveau genre, et non des moindres, la perte d'influence que connaissait la thématique « *rude boy* ». De nombreux textes de chansons allaient désormais se cristalliser autour de sujets plus légers, d'inspiration souvent romantique. De nouveaux chanteurs aux voix miraculeuses, tels qu'Alton Ellis et Ken Boothe, contribuaient également à rénover l'esthétique de la musique jamaïquaine. Si bien qu'en quelques mois le rocksteady mit le ska complètement hors service.

Pour les Wailers il s'agissait de rester fidèles à l'esprit qui les avait rendus populaires, sans se trouver à contre-courant de la nouvelle tendance. À peine quelques jours s'étaient écoulés depuis le retour de Bob qu'ils entamaient un nouveau cycle,

De haut en bas : les légendaires Skatalites et les Soul Brothers.

TOMMY McCOOK
SKA-TALITES

NO SMOKING

enregistrant leurs premiers titres pour leur label baptisé Wail'n' Soul'm, nom qui associait Wailers et Soulettes. Rita entendait bien reconstituer son trio après avoir complété sa formation d'infirmière. Les premiers titres, *Bend Down Low* et *Nice Time*, provenaient d'un contingent de nouvelles compositions que Bob avait achevées lors de son séjour aux États-Unis. Les deux évoquaient la même résilience dont il avait dû faire preuve pour surmonter cette séquence de solitude. S'y mélangeaient des sentiments maussades et des paroles de fermeté. Sur la face B du 45t de *Bend Down Low* se trouvait *Mellow Mood*, autre chanson de la période Wilmington imprégnée de cette langueur qui l'avait envahi loin de Rita. Le lancement d'un label en Jamaïque n'était pas chose aisée pour des musiciens n'ayant jamais eu à prendre en charge tous les aspects techniques du métier, en particulier la fabrication et la distribution. Pour cette dernière étape, les Wailers durent faire avec les moyens du bord, se chargeant eux-mêmes de porter les piles de 45t dans les magasins. Rita prit part à l'opération, partant sur son vélo de bon matin avec un carton contenant une petite quantité de disques calée sur le porte-bagages. Elle fut quitte pour une belle frayeur le jour où dans le quartier de Half Way Tree, en plein centre-ville, elle fut renversée par une voiture. Plus grave, la confiance que le groupe avait placée dans ce premier échantillon allait elle aussi être renversée. Bien que leur étoile continuât à briller sur le circuit des *sound systems*, où leurs disques seraient toujours en faveur, il en était tout autrement à la radio où leurs nouveaux morceaux ne parvenaient plus à s'immiscer dans les playlists. Conséquence de leur rupture avec Coxsone, dont l'influence pesait sur chaque rameau de la branche musique, ils essuyèrent un refus sans appel de la part des disc-jockeys. À la fin de l'année 1966, l'impression d'être black-listés les submergeait d'amertume. Leur seule arme restant la musique, ils se consolèrent en enregistrant un nouveau morceau intitulé *Bus Dem Shut (Pyaka)*. Dans le patois jamaïquain, « pyaka » désigne un pingre, un grippe-sou. La cible de cette pique ne pouvant être que Coxsone en personne, ce que l'intéressé comprit immédiatement, toute possibilité de faire sauter le verrou leur était désormais interdite. Dans la même veine amère et vengeresse, ils sortirent aussi *Hypocrites*, chanson qui mettait directement en joue ceux qui leur

De gauche à droite : Peter, Rita & Bob en 1968.

barraient obstinément le chemin. Même si le morceau reste l'un des meilleurs de cette période rocksteady, on ne pouvait guère imaginer façon plus efficace pour s'annihiler les dernières chances de voir un jour leur production réintégrer le répertoire en rotation sur les ondes. Les 700 dollars qui avaient servi à lancer Wail'n' Soul'm étant épuisés, le groupe se retrouvait désormais dos au mur. Ce constat alla jusqu'à priver Bob de savourer à sa juste valeur la nouvelle que lui annonça Rita un soir où il rentrait déprimé. Elle allait être mère. Entre la joie légitime que lui inspirait cette future naissance et l'inquiétude planant au sujet des responsabilités que cela impliquerait, la seconde émotion l'emporta facilement dans sa tête. Bob Marley avait vingt-deux ans. Il serait bientôt père. Il ignorait comment faire pour l'assumer.

Ce sentiment d'être coincé allait s'accentuer lorsqu'un incident survint à la maison de Tante Viola où le couple était toujours hébergé avec la petite Sharon. La cause allait même, par sa fréquence, se transformer en sujet de société dans la Jamaïque de l'époque, d'autres situations mettant en scène les mêmes ingrédients se présentant dans un grand nombre de familles. Un dimanche où Viola, que l'on appelait Aunty (Tata) à la maison, recevait la visite de son neveu Wesley, le frère de Rita – devenu policier entre-temps –, une dispute éclata entre lui et sa sœur. Convertie Rasta depuis la visite de l'Empereur Haïlé Sélassié en Jamaïque, Rita refusait désormais de se rendre à la messe du dimanche. Elle se braqua également lorsque Aunty annonça qu'elle allait préparer un rôti de porc pour le déjeuner. Il n'était plus question pour l'épouse de Bob Marley de manger pareille nourriture. Ce qui eut le don de pousser Wesley au comble de l'exaspération. Lâchant d'un coup tout le mépris accumulé à l'égard des rastas, il dit qu'avoir une sœur prostituée n'aurait pas été plus infamant. Des insultes fusèrent. Et bientôt des coups. Le frère gifla sa sœur enceinte, soulevant l'indignation de la tante jusque-là restée neutre. Rita quitta aussitôt la maison pour aller rejoindre Bob au studio Dynamics où il terminait un mixage. Fou de rage, il dut se raisonner de longues minutes pour ne pas céder à un réflexe de vengeance. S'en prendre à un flic, quand bien même celui-ci serait son beau-frère, aurait été la pire des décisions. Cherchant une solution à une situation s'apparentant de plus en plus à un encerclement, il prit la décision de quitter Kingston pour s'installer le temps nécessaire à Nine Miles. Rita pourrait y vivre sa grossesse au calme, et lui serait sans doute mieux à même de faire le point sur sa carrière, loin du tumulte de la ville.

Ce déménagement allait se justifier plus encore dans une situation chaque jour plus préoccupante sur le plan politique. Les élections générales approchant, la rivalité entre les deux principaux partis historiques, les socialistes du People National Party (PNB) et les libéraux du Jamaican Labour Party (JLP), changea radicalement de nature. Une lutte s'engagea pour le contrôle de territoires, notamment Trench Town qui se transforma en ligne de front. Ici, comme dans la plupart des zones déshéritées, prospérait un système de pots-de-vin instauré par les états-majors dont le principe était de s'assurer le plus grand nombre de votes soit par de l'argent, soit par un mécanisme de subventions ou de pistons. À la fin, Trench Town se retrouva coupé en deux avec de part et d'autre ce que l'on appelle des « garnisons », des bastions électoraux gardés farouchement, et bientôt férocement par des gangs armés, souvent constitués d'anciens *rude boys*. À l'approche des élections générales de 1967, la situation devint explosive. On se mit à se battre à coups de revolver et de cocktails Molotov. Puis, les armes automatiques firent leur entrée et le quartier se transforma en théâtre de guerre. Églises, *sound systems* ou écoles, aucun lieu ne pouvait se prétendre à l'abri de la vague de violence. Des maisons furent incendiées avec leurs occupants à l'intérieur. L'état d'urgence fut décrété. Un couvre-feu instauré. Bob et Rita Marley quittèrent Kingston comme aujourd'hui des réfugiés d'Afrique ou du Moyen-Orient quittent des zones de conflit. Ne pouvant deviner que moins d'une décennie plus tard, cette violence politique les rattraperait et viendrait presque les engloutir. ◆

CHAPITRE 6

AMERICA AMERICA

Après les tribulations des derniers mois, ce retour à Nine Miles possédait une saveur toute particulière. Ce plaisir pleinement sensuel de retrouver les couleurs et les odeurs de son enfance dans l'oasis de verdure et de tranquillité qui l'avait vu grandir en toute sécurité. Certes, il ne retournait pas dans son village natal en conquérant. Mais pas en perdant non plus. Pour Rita, qui n'avait jamais vécu à la campagne, il en était tout autrement. Bien que la maison de sa tante n'ait rien d'une villa de luxe, elle y disposait de commodités, ce qui en faisait dans un quartier pauvre tel que Trenchtown un habitat décent. Mais lorsqu'elle franchit le seuil de la petite maison en bois, celle où habitait Cedella après la naissance de Bob, elle fut prise d'un haut-le-cœur. Dans la pièce unique qui ne possédait ni cuisine ni toilettes, régnait une puissante odeur de moisi qui lui déclencha instantanément des nausées. Heureusement les cousins de Bob et les connaissances proposèrent rapidement leur aide au jeune couple pour leur installation. On apporta des planches de bois pour la construction d'un lit. On leur prêta des ustensiles pour faire la cuisine. Bob retrouva ses habitudes de petit campagnard, aller chercher de l'eau dans un réservoir ou du lait dans une ferme voisine. Une routine s'installa qui fit oublier ses récents déboires, la rupture avec Coxsone, l'échec de son label, la guerre à Trenchtown. Rita découvrit Bob sous un jour nouveau, plus détendu, évoluant avec aisance au milieu de la nature, connaissant toutes les plantes par leur nom, sachant comment utiliser telle ou telle semence en fonction de la nature du sol ou de l'exposition. Pour travailler la terre il se fit prêter un âne appelé Nimble sur le dos duquel il parcourait son champ vêtu d'une simple salopette en jean, un joint coincé à la commissure des lèvres. Comme toujours,

Fumant un *spliff*.

c'est dans la lecture de sa Bible qu'il puisa la substance spirituelle indispensable à cette nouvelle vie. Lui qui, même au sommet de sa carrière, se disait volontiers plus proche du cultivateur que du musicien, tirait de certains passages du Livre force et encouragement. *« Du labeur de tes mains tu te nourriras, heureux tu seras »* lit-on dans un Psaume (128.2). Au contact de cette nature, sa foi rastafarienne se raffermissait, s'enracinait. *« Qui demeure en moi porte beaucoup de fruits »* promet Jésus dans l'évangile de Jean (15.5). Sous ce climat tropical, les fruits ne tardèrent pas à pousser en abondance. Rapidement, il put récolter de quoi subvenir à leurs besoins, ignames, choux et patates douces. Du riz rapporté de la ville et des fruits cueillis le long des chemins complétaient leurs menus. Il fit également pousser un plant de *lamb's bread*, cette variété de ganja qui surpassait toutes les autres. Le simple fait de fumer un *spliff* le soir sur la véranda au côté de sa jeune épouse enceinte après une journée de labeur suffisait à générer en lui un état de béatitude, ce soleil intérieur chassant loin dans le ciel de sa conscience les nombreux et épais nuages amoncelés au cours des derniers mois. Ainsi parvenu à cette félicité, il s'emparait de sa guitare et travaillait à de nouveaux morceaux. Deux chansons de cette période portent explicitement la trace de ce spectaculaire changement d'humeur. L'une s'intitule *Thank You Lord*. Comme son titre l'indique elle exprime toute la gratitude d'un être sentant la bienveillance divine l'accompagner. S'il choisit le langage rituel de l'église officielle pour formuler cette reconnaissance, utilisant le terme « Lord » (Seigneur) plutôt que le « Jah » rasta, c'est que l'époque exigeait encore la prudence et qu'un « come out » rasta aurait ajouté une ornière supplémentaire à un chemin déjà suffisamment encombré d'embûches. Dans la seconde, *Chances Are*, il s'abandonne à un relatif optimisme qu'on ne lui connaissait guère : *« Et bien que nos jours soient marqués du sceau du chagrin, je guette l'arrivée de lendemains resplendissants »*. Ce passage en dit long sur la psychologie profonde d'un Marley qui même lorsqu'il se dit confiant en l'avenir, n'abandonne jamais l'idée d'un destin néfaste. Dans un même esprit, il utilisait un proverbe populaire dans le texte de *Simmer Down* pour mettre en garde contre toute forme d'insouciance : *« chicken merry, hawk de near »* que l'on traduira par *« quand le poulet folâtre, le faucon n'est pas loin »*. Autrement dit, c'est lorsque l'on se croit épargné par un danger qu'il faut redoubler de vigilance car un autre se profile forcément à l'horizon. Pour Bob et les Wailers les lendemains resplendissants se feraient encore attendre et en effet, de nouveaux dangers n'allaient pas tarder à fondre sur eux.

Le séjour du couple à Nine Miles ne dura que six mois. La grossesse de Rita entrant dans sa phase la plus délicate, les risques de ne pouvoir si besoin lui prodiguer des soins augmentaient. Le couple prit donc la décision de retourner à Kingston. Sans réelle alternative, ils se réinstallèrent dans leur chambre chez tante Viola avec la petite Sharon, que Aunty avait gardée pendant leur absence. Les élections générales étant passées, la tension avait baissé d'un cran en ville. Quelques semaines plus tard, Rita accoucha d'une petite fille baptisée Cedella, prénom de sa grand-mère maternelle. La joie de Bob, qui attendait un garçon, s'en trouva légèrement émoussée. Avec deux bouches à nourrir, le couple était désormais face à la nécessité de trouver une solution immédiate pour assurer l'avenir de la petite famille. Ils prirent comme première décision de quitter la chambre chez Aunty, devenue trop exiguë, pour s'installer dans une petite maison dénichée sur l'artère centrale de Waltham Park Road, dans un quartier plus tranquille. Le logis était aussi rudimentaire que la maison de Nine Miles qu'ils venaient de quitter. Il s'agissait d'une construction en bois montée sur pilotis n'offrant qu'une seule pièce que Bob s'empressa de diviser en deux chambres après avoir élevé une cloison de séparation de manière à ce que parents et enfants puissent dormir dans des espaces distincts. Un abri se trouvant sur le devant du terrain fut transformé en kiosque où ils purent reprendre la vente de leurs productions Wail'n Soul'm.

Côté musique, les choses semblaient au point mort. Marlene « Precious » Gifford et Constantine « Dream » Walker ayant émigré aux États-Unis, Rita reconstitua les Soulettes avec deux nouvelles recrues, Hortence Lewis et Cecile Campbell. Ensemble, Soulettes et Wailers composaient encore une affiche suffisamment attractive pour se voir régulièrement proposer des engagements dans les stations balnéaires de

Montego Bay et Ocho Rios. Sauf que les maigres cachets ne leur permettaient même pas de rembourser les sommes engagées pour le pressage des disques Wail'n Soul'm. À cette situation précaire, la malchance ajouta son grain de sel. Alors qu'il se promenait avec deux amis musiciens dans une ruelle de Rema, autre ghetto proche de Trenchtown, Bunny se fit coincer par les flics. Dans leur rapport les « babylons » certifièrent que le Wailer transportait plusieurs kilos de ganja. Bunny eut beau crier au coup monté, il comparut en flagrant délit devant la cour du tribunal de Kingston où il fut condamné à quatorze mois de prison. La nouvelle plongea un peu plus le groupe dans la déprime avec l'impression qu'on leur avait jeté un sort. Pour Bunny il ne faisait aucun doute que sa mésaventure était la conséquence d'une violente altercation qu'il avait eue quelques mois plus tôt avec Coxsone à Studio One, tandis que Bob séjournait en Amérique. Cette dispute avait pour origine le ton sur lequel le producteur s'était adressé à Peter alors que ce dernier tentait de gratter quelques dollars en offrant ses services comme musicien dans les studios. Coxsone ne pouvant résister à l'envie d'humilier un Wailer quelques jours après que le groupe lui eut tourné le dos, s'adressa à lui comme à un domestique. Chose que l'orgueilleux Peter ne pouvait tolérer. Si bien qu'on en vint rapidement à un échange d'insultes, puis à des menaces. C'est alors que Bunny, d'un tempérament en principe moins sujet aux emportements, voulut s'en mêler. Pris à partie par deux Wailers, Coxsone se précipita aussitôt dans son bureau pour appeler la police. En arrivant ces derniers tombèrent sur un Bunny fou de rage qui les insulta copieusement, leur promettant l'enfer à eux et à leurs semblables. Selon lui son arrestation et sa condamnation ne devaient rien au hasard. Il purgea sa peine entre juillet 1967 et septembre 1968. À cette époque une rumeur circulait dans Kingston selon laquelle la police voulait faire tomber coûte que coûte tous les membres des Wailers dont la sympathie pour la cause rastafarienne se faisait de plus en plus entendre, au point d'être considérés désormais en haut lieu comme les principaux porte-parole de cette religion prônant l'usage de la marijuana et appelant à saper les institutions par la désobéissance. Et effectivement, au cours des mois qui suivraient, Bob et Peter allaient eux aussi goûter au cachot.

Deux ans plus tôt, le jour de ses vingt ans, Bob avait participé à son premier *grounation* (ou *Nyabinghi)*, temps fort de la pratique des confréries rastas. Il s'agit d'un rassemblement organisé autour de prières, de chants, de battements de tambours et de « reasonings », discussions agrémentées de lectures de passages de la Bible. Il y avait été accueilli par Count Ossie, le doyen de cette communauté et le maître percussionniste qui dirigeait les *burrus drums* sur le fameux disque des Folkes Brothers O' Carolina six ans plus tôt. Celui-ci l'invita à s'asseoir pour fumer le *chalice*, cette pipe à eau artisanale généralement conçue à l'aide d'une noix de coco. Le mot *chalice* vient du calice chrétien pour ce qui s'apparente, en effet, à une Eucharistie rasta. La formule rituelle pourrait d'ailleurs être *« fume, car ceci est mon esprit.* » Pour un rasta, fumer la ganja ne relève en rien de la quête d'un quelconque paradis artificiel mais bien d'une volonté de révéler l'être réel en soi, l'homme naturel, débarrassé du masque social qui l'entrave, qui retrouve l'usage de cette part spirituelle de lui-même, amputée par la fréquentation d'un monde moderne insensé. On ne sait si dès ses premiers contacts avec les rastas, Bob Marley comprenait que dispenser sa foi était une mission qui lui était personnellement destinée, qu'il y avait dans le témoignage rastafarien *« un message urgent pour le reste du monde »* comme il le confiera dans une interview. Dans cette quête il allait être guidé par un personnage haut en couleur d'une influence décisive sur son éducation religieuse, Mortimer Planno. Planno avait été l'un des membres de la première communauté rastafarienne du Pinnacle que dirigeait Leonard Howell. Après la destruction du Pinnacle, il avait suivi les adeptes à Back O' Wall dont il était devenu l'un des leaders. C'est lui qui était à l'origine de la visite de l'Empereur Haïlé Sélassié en Jamaïque, qui l'avait accueilli sur la passerelle de son avion. À cette époque il était déjà devenu le guide spirituel d'une frange de la scène musicale, dont les Wailers. Il serait bientôt leur manager. Planno prit rapidement conscience de la valeur musicale du groupe mais aussi du potentiel qu'il pouvait en tirer en tant que vecteur de prosélytisme. En 1968, il allait même financer et produire un 45t. La chanson *Selassie Is the Chapel*, n'est ni plus ni moins qu'une profession de foi rasta. Il s'agit de l'adaptation d'un classique du doo wop américain des années cinquante intitulé *Crying in the Chapel* créé par le groupe vocal The Orioles, repris par quantité d'artistes dont Elvis Presley. Dans cette nouvelle mouture les paroles en appellent à la Sainte Trinité, conviant qui le veut à se placer sous la protection du Dieu vivant, du Christ noir — Jah Rastafari. Musicalement, la chanson rassemble plusieurs idiomes musicaux différents, comme le gospel et la chanson populaire, le tout soutenu par des percussions burrus relevant d'une lointaine tradition africaine. Une hybridation qui avec ce fond religieux ouvrirait bientôt la voie à un nouveau genre appelé « Reggae ».

C'est lors d'un autre *grounation* le 7 janvier 1967 que Bob Marley va faire la connaissance du chanteur américain Johnny Nash, rencontre qui devait donner un nouvel élan à sa carrière et à celle des Wailers. Johnny Nash est ce que l'on appelle un enfant de la balle. Vedette à dix ans d'un show télévisé, *Matinee*, où il interprétait les grands standards du moment à la manière d'un Ricky Nelson dans l'*Ozzie & Harriett TV Show*, signé par le label ABC qui voyait alors en lui le futur Johnny Mathis, il a fait des débuts remarqués au cinéma dans le film *Témoin clef* de Phil Karlson au côté de Dennis Hopper. Si bien qu'au milieu des années soixante, il appartient avec Harry Belafonte, Sidney Poitier et Quincy Jones à cette communauté restreinte d'artistes noirs qui sont parvenus à s'imposer dans le *mainstream* culturel américain. Belafonte, Poitier, Jones et Nash ont un autre point commun. Ils fréquentent régulièrement le Sapphire, premier restaurant tenu par un Noir sur Time Square à New York. Nash va bientôt se lier d'amitié avec le patron du Sapphire, un ancien footballeur professionnel du nom de Danny Sims, au point de lui demander de devenir son associé dans la promotion de ses spectacles. Sims partage avec Nash cette sensibilité des jeunes Noirs qui ont grandi dans les États ségrégationnistes du sud des États-Unis, le Tennessee pour l'un, le Texas pour l'autre, pour qui la revanche passe nécessairement par la réussite sociale. De restaurateur, Sims va devenir ainsi l'un des principaux promoteurs d'artistes africains-américains dans les Caraïbes. Sammy Davis Jr., Eartha Kitt, Otis Redding, Aretha Franklin figurent parmi ses clients. Il organise également des lectures du leader Malcolm X sur l'histoire du

De gauche à droite, de haut en bas : Johnny Nash en 1970, Bob Marley et Johnny Nash en studio, Bob Marley lors des "Nash Sessions" de 1971. © Michael Ochs Archives / Alec Byrne

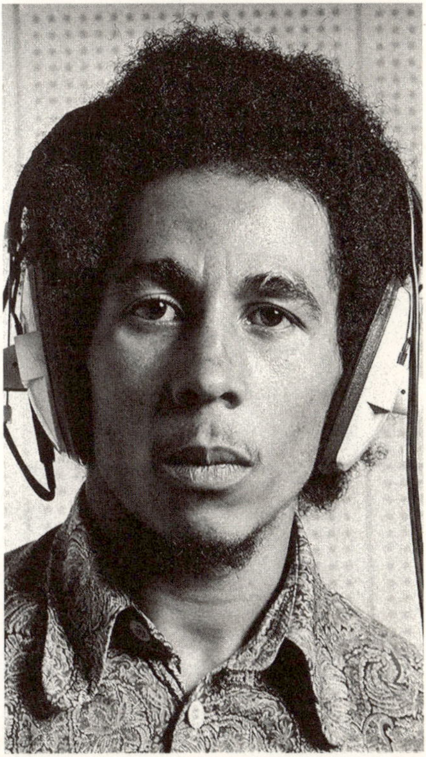

peuple noir américain dans les universités et les lycées. Son association avec Nash va conduire à la création du label Joda – contraction des deux premières lettres de leurs prénoms – qui avec l'arrivée d'un troisième larron, Arthur Jenkins, va se transformer en JAD. Or, parmi les tout premiers succès du label, un titre de Nash, *Let's Move & Groove Together*, va connaître un singulier destin qui va bouleverser la vie des protagonistes mais aussi, indirectement, celle de Bob Marley.

En février 1965, Malcolm X est assassiné, meurtre imputé à trois militants de la Nation of Islam dont il avait été l'un des membres à la fin des années quarante, avant de reprendre sa liberté pour bâtir sa propre organisation. Une possible implication du FBI dans l'élimination de ce brillant tribun aux discours enflammés reste pourtant plus de cinquante ans après les faits une hypothèse. S'ouvre alors aux États-Unis, où la lutte pour les droits civiques vit ses heures les plus chaudes, une séquence d'une rare violence marquée par de nombreuses émeutes raciales dans certains ghettos noirs du pays. Celui de Watts à Los Angeles notamment. C'est dans ce contexte qu'un disc-jockey de L.A. officiant sous le nom de The Magnificent Seven prend l'initiative de détourner la chanson *Let's Move & Groove Together*, en substituant à la voix et aux paroles de Nash un texte intitulé *Burn Baby, Burn* (Brûle bébé, brûle) bientôt diffusé par toutes les stations noires alors que les émeutes ne cessent d'embraser le pays. Au cours de l'année 1966 on en dénombre quarante-trois dans les principales villes américaines, toutes avec *Burn Baby, Burn* pour cri de ralliement. Les autorités ne tardent d'ailleurs pas à imputer une partie de la responsabilité des troubles à ce morceau, et par voie de conséquence à ceux qui en sont les instigateurs. Très vite les liens entre Sims, Malcolm X et certains membres des Black Panthers intéressent le FBI qui convoque le producteur à Washington. Sauf que Sims et Nash n'attendent pas d'être interrogés par le Bureau fédéral. Ils prennent le premier avion pour la Jamaïque où ils sont en relation avec Neville Willoughby, l'un des DJ vedette de la radio nationale, la RJR.

C'est Willoughby qui présentera Mortimer Planno à Johnny Nash le 7 janvier 1967, quand se tient un *grounation* marquant les célébrations du nouvel an éthiopien.

Ce soir-là, Planno conduit le chanteur et l'animateur dans un quartier éclairé à la seule lueur des lampes à pétrole, l'odeur du charbon de bois et de ganja mêlés épaississant l'atmosphère déjà très étrange. *« C'était comme une église en plein air d'où s'élevaient des chants et la syncope de tambours tribaux* raconte Nash. *J'étais très impressionné et même un peu effrayé. »* Willougby lui présente alors un jeune homme à la maigreur de chien errant. Guitare en bandoulière Bob Marley, qui connaît Johnny Nash au moins de réputation, se met aussitôt à interpréter une vingtaine de ses chansons, les enchaînant les unes aux autres sans même reprendre son souffle. Sidéré par un tel jaillissement de musique, Nash convainc Sims d'auditionner Marley dès le lendemain dans la jolie villa que les deux exilés ont loué à Russel Heights, l'un des quartiers bourgeois surplombant Kingston. Là, Marley refait son numéro de la veille, enfilant les morceaux comme des perles avec une assurance qui contraste avec l'extrême réserve qu'il affiche depuis son arrivée. C'est que Bob Marley n'a jamais pénétré dans l'une de ces luxueuses maisons avec piscine et air conditionné qui s'accrochent aux collines environnantes et qui semblent toiser d'un air supérieur les quartiers écrasés par la chaleur suffoquante en contrebas. C'est la première fois qu'il approche ce monde à l'extrême opposé du sien. Sa nature méfiante lui recommande le silence. Si bien que s'il chante beaucoup lors de cette rencontre, il parle très peu. Planno se charge de rendre fructueuse cette prise de contact. Sims qui, en imprésario et homme d'affaires avisé, n'a pas manqué de se ranger à l'avis de Nash, voyant lui aussi en Marley un diamant brut, propose alors à ses interlocuteurs de s'installer quelques jours dans la maison afin de mieux faire connaissance et discuter d'une éventuelle collaboration.

L'arrivée de Marley accompagné de Rita et Planno à Russel Heights va engendrer une situation qui aurait pu être cocasse si elle n'avait été embarrassante, à la fois pour les hôtes comme pour leurs invités. Comme le racontera Sims : *« le matin qui suivit leur première nuit chez nous, les domestiques refusèrent de servir Bob, Rita et Mortimer. Ils refusaient de servir des rastas. Au bout de quelques jours nous avons été obligés de nous séparer des domestiques. Bob nous a amené un*

17
Randy's
RECORD MART
TEL 922-4859
YOU NAME IT
WE HAVE IT

WAR

cuisinier rasta prénommé Jeff qui a préparé tous les repas. » Mais le problème ne s'arrête pas là. Les voisins qui n'ont jamais croisé le moindre rasta dans ce quartier huppé se mettent à appeler la police, pensant qu'il s'agit de malfaiteurs. Les flics débarquent aussitôt pour arrêter Bob qui est en chemin pour rejoindre la résidence. Et qui finit pourtant par convaincre les « Babylons » de téléphoner à Sims pour justifier de sa présence dans le secteur. Sims prendra toute la mesure de cet ostracisme lorsqu'il partira à la recherche d'un studio pour enregistrer les Wailers, devenus les moutons noirs du métier depuis leur rupture avec Coxsone. *« À Federal, Ken Khouri refusait de les laisser entrer. À Dynamics, Byron Lee refusait de les laisser entrer. De toute façon, bien souvent, Bob refusait lui aussi de travailler avec ces "Babyloniens". On s'est donc rabattu sur Randy's qui accepta d'avoir les Wailers et chez qui les Wailers acceptèrent de travailler »*. Sauf que le matériel de ce studio est loin de répondre aux exigences d'un producteur américain qui a l'habitude d'œuvrer avec la meilleure technologie du moment. *« Je suis revenu à la charge auprès de Dynamics et Federal. Dans ce genre de situation l'argent est la meilleure huile pour dégripper une situation coincée. »* En revanche à Russel Heights, Bob s'acclimate assez rapidement avec une vie de confort qu'il n'a jamais connue, pas même rêvée. Rita de son côté perçoit rapidement le danger que cette situation, qui lui semble entrer en contradiction avec ses principes rastafariens, insinue. S'inquiétant de voir les répétitions se prolonger tard dans la nuit, elle comprend que cette endurance n'est sans doute pas étrangère aux petites pilules que Sims distribue allègrement à ses invités. Et reste sidérée en voyant Johnny Nash s'enfermer dans la chambre à coucher avec une fille ramassée la veille dans un club, tandis que son épouse Margaret, avec laquelle elle s'est liée d'amitié, continue de gérer les affaires de son époux comme si de rien n'était. Quelque chose d'irrémédiable est en train de se jouer sous ses yeux, une nouvelle donne qui ne tardera pas à la plonger dans l'incertitude au moment même où elle apprend qu'elle est à nouveau enceinte.

La stratégie élaborée par Sims et Nash était de conquérir le marché international en habillant la musique de Bob Marley avec un son qui puisse correspondre au

Le Randy's Record Mart de Kingston en 1976. © Ted Bafaloukos confort d'écoute des ondes américaines, de manière à séduire les disc-jockeys. Pour cela, ils feront venir des États-Unis certains des meilleurs musiciens de studio comme le guitariste Eric Gale, le bassiste Chuck Rainey ou le batteur Bernard Purdie, tous accompagnateurs de la diva de la soul Aretha Franklin. Le trompettiste sud-africain Hugh Masekela fera lui aussi le voyage. De manière à polir un peu plus cette musique *made in Kingston*, ils solliciteront certains des meilleurs remixeurs new-yorkais. Jusqu'à la sélection des chansons qui cherchera à présenter le visage le plus souriant du répertoire de Marley. Des titres comme *Mellow Mood*, *Chances Are* ou *How Many Times* constituaient à n'en pas douter l'introduction la plus évidente pour cette musique venue d'une île caribéenne, exotique mais sans excès, romantique mais pas mièvre, et surtout débarrassée des aspérités du ghetto. Mais en dépit des moyens déployés, des efforts consentis, Danny Sims essuiera un refus catégorique de la part des animateurs les plus influents des États-Unis. *« Tous me disaient que le public n'était pas encore prêt à écouter ça. Et ils avaient probablement raison... »* Le seul qui daignera lui laisser sa porte ouverte sera un certain Al Jackson, directeur d'un réseau de la Côte est qui se disait prêt à diffuser Marley sur ses ondes à condition qu'une tournée promotionnelle soit organisée. Entre-temps, Rita venait de donner naissance au premier fils de Bob, David, que le père s'empressa de surnommer Ziggy, « le dribbleur », *« parce que ses petites jambes lui semblaient faites pour jouer au foot »*. C'est en compagnie de leurs trois enfants, dont un né quelques jours auparavant, que Bob et Rita débarqueront donc sur le sol américain en octobre 1968. Après une visite à Wilmington où Cedella fait connaissance avec sa belle-fille et ses petits-enfants, le couple s'installe dans la maison des Nash. Pendant ce temps, en quête de promotion, Sims fait le tour des rédactions. Mais rares sont les interviews qu'il réussit à décrocher. Et rares sont les journalistes se prêtant à l'exercice qui parviennent à décrypter ce jeune jamaïquain s'exprimant dans un « broken english » du ghetto qui leur est incompréhensible. Après les États-Unis, ils s'envolèrent pour le Canada où l'accueil fut à peine meilleur. Le lancement de l'album *Bob, Peter & Rita*, le nom de Wailers ne pouvant être utilisé en l'absence de Bunny emprisonné, ne donnera rien. De retour en Jamaïque,

Les Wailers en 1970. © Michael Ochs Archives

Bob allait toutefois tirer les leçons de cet échec, souhaitant revenir à un son plus authentique, plus conforme à une identité musicale et à des préoccupations dont il n'allait désormais plus se départir. Dans cette nouvelle étape de son odyssée musicale, un certain Lee Perry lui serait indispensable. ◆

CHAPITRE 7

LEE PERRY SORCIER DU REGGAE

Au cours de l'été 1968, alors que Bob et Rita tentaient leur chance dans une Amérique sourde à leurs avances, les deux radios d'État jamaïquaine, RJR et JBC, se lançaient dans la diffusion du nouveau single du trio Toots & The Maytals intitulé *Do the Reggay*. Que les *sound systems* se mirent aussitôt à passer en boucle. Ceux qui les fréquentaient trouvaient ça tellement incroyable, surtout ce nouveau rythme plus rapide et véloce, qu'ils l'adoptèrent aussitôt, signant ainsi l'arrêt de mort du rock-steady. Que Toots Hibbert ait été l'un des artisans de ce changement d'époque n'était pas une surprise. Le chanteur à la voix rugueuse et puissante, sœur de celle d'Otis Redding, venait de purger une peine de deux ans de prison pour possession et usage de ganja, délit fort répandu chez les musiciens kingstoniens. Qu'il ait souhaité passer à autre chose après ce long séjour à l'ombre était somme toute naturel. Quelque temps auparavant Byron Lee & the Dragonaires, formation dont la vocation exclusive était de distraire les touristes dans les *resorts* de la côte, avaient quant à eux sorti deux albums, l'un intitulé *Reggay Eyes*, l'autre *Reggay Blast Off*. La chose en avait certes le nom mais ni le goût, ni surtout l'esprit. En réalité, personne en Jamaïque ne savait d'où venait ce mot que l'on orthographiait « reggay » ou « reggae ». On se doutait bien à sa sonorité un peu vulgaire, que sa racine avait dû tremper dans le stupre. Un peu comme « jazz » dont Sidney Bechet affirme dans ses Mémoires qu'il a d'abord signifié « baiser », « tirer un coup ». Le producteur Clancy Eccles dit avoir été le premier à utiliser le mot « streggae », signifiant « prostituée », dans une chanson. Le vocable serait alors entré en collusion avec « ragged » (guenilles) pour désigner un style au tempo plus soutenu, où la guitare et les claviers servent

Lee "Scratch" Perry devant le studio Black Ark en 1970. © Echoes de métronomes dans une ambiance rebelle et sulfureuse. Or, d'après une autre source étymologique, reggae aurait une parenté avec l'espagnol, « réal » (royal). De cette double racine, l'une montant des bas-fonds, l'autre descendant de l'élite, des musiciens allaient extraire une identité unique faisant bientôt de la Jamaïque l'une des sources primordiales de la modernité en musique. Modernité dont Lee Perry serait, plus qu'un concepteur, le véritable démiurge.

Le changement d'humeur musicale n'était pourtant pas la seule donnée expliquant cette nouvelle explosion. L'histoire et la réalité sociale y jouaient un rôle. Dans cette turbulente fin de décennie marquée par la guerre du Vietnam et l'émergence d'un tiers-monde s'affranchissant de la mainmise des grandes puissances, le mouvement d'émancipation noir ne cessait de s'amplifier aux États-Unis, avec le Black Panther Party comme fer de lance. Au point de faire des émules au sein du milieu intellectuel jamaïquain. Les thèses afrocentristes défendues par Huey P. Newton et Eldridge Cleaver, deux des principaux leaders des Black Panthers, venaient de trouver en la personne d'un certain Walter Rodney un relais suffisamment efficace pour engendrer une crise sans précédent sur l'île. Rodney, originaire de la Guyane britannique, enseignait l'histoire à l'université West Indies de Mona, proche de Kingston. Il avait la particularité d'avoir été l'un des tout premiers chercheurs à s'intéresser au mouvement rasta, conduisant plusieurs missions dans les communautés de l'île. Après trois siècles de mise à l'écart, l'héritage africain de la population insulaire dont l'immense majorité descendait d'esclaves, commençait à être pris en compte. Or la promotion de la fierté noire n'avait jamais été aussi en vogue, s'exprimant aussi bien à travers le militantisme des Black Panthers que les coupes afros, la liturgie des rastas que les chansons de James Brown ou de Nina Simone. Le *I'm Black & I'm Proud* (je suis noir et fier de l'être) de l'un, serait d'ailleurs repris par Bob Marley à cette même période. Tandis que le *Young Gifted and Proud* (Jeune, douée et noire) de la seconde le serait par une jeune chanteuse, Marcia Griffiths, future choriste de Bob et des Wailers au sein de The I Threes. Le gouvernement se prêtera, du moins dans un premier temps, au jeu de cette réévaluation avec la mise en place de

De gauche à droite, de haut en bas : Marcia Griffiths, Bob Marley sur scène avec The I Threes, Toots & the Maytals. © David Vance / Tous droits réservés

programmes destinés à enseigner les danses traditionnelles dans les établissements scolaires et par l'organisation d'un *National Song Contest*, sorte de radio crochet à vocation culturelle. Mais cet engagement trouva assez rapidement ses limites. Considérant l'influence de Rodney trop subversive, les autorités décrétèrent son expulsion de l'île. Une décision qui allait entraîner une vague de protestation et des manifestations, parfois violentes, au cours du même été. L'Afrique oui. Mais hors du contexte historique et folkloriste, le thème de l'africanité devenait trop subversif et menaçant pour l'élite blanche et métisse.

Parmi les éléments musicaux issus de l'héritage africain que le reggae ferait resurgir figuraient les percussions burru et kumina. Les *burru drums* avaient fait une première et discrète entrée en scène neuf ans plus tôt sur le *O Carolina* des Folkes Brothers. Ils seraient désormais les piliers d'une nouvelle communion. Burru et kumina appartiennent tous deux au fonds culturel ouest-africain. Plus particulièrement à celui de l'ethnie Ashanti dont le foyer d'origine est le Ghana actuel. Il semblerait que parmi les contingents d'esclaves débarqués entre la fin du XVIIe et le milieu du XIXe siècle sur les côtes de l'île de la Jamaïque, un certain nombre était de souche Ashanti. Les percussions Kumina accompagnent généralement les séances de Pocomanie (ou Pocomania), cérémonie religieuse qui à l'instar de celles vouées au culte vaudou haïtien ou au candomblé brésilien, inclut une forme de transe thérapeutique. Le sujet s'y adonne en pratiquant une hyperventilation respiratoire le faisant entrer dans un état second, favorisant de la sorte la visite d'esprits, ceux des ancêtres notamment. Ces deux formes d'expression musicale, Kumina et Burru, avaient été jalousement conservées au sein de certaines communautés dissidentes à l'époque coloniale, les Maroons (ou nègres marrons) notamment, non comme des reliques d'un lointain passé mais bien comme actes de résistance face à la domination des Blancs. D'ailleurs, les tambours avaient suffisamment servi aux groupes d'esclaves mutins comme moyen de communication lors des soulèvements embrasant régulièrement les plantations, pour se voir interdire par les autorités. Après l'abolition de l'esclavage en 1838, certaines branches de l'Église baptiste fusionnèrent avec les sociétés qui pratiquaient la Pocomanie, engendrant de nouvelles églises telle que la Revival Zion où des sacrifices d'animaux sont autorisés, signe d'une survivance animiste. Puis dans les années trente, les tambours burrus et kumina trouvèrent leur place au sein des premières communautés rastas. C'est en passant devant une église de la Pocomanie à Kingston qu'un soir où il rentrait d'un bar après avoir bu des bières en compagnie d'amis, Lee Perry avait reconnu le rythme kumina. Enfant, il avait fréquenté certaines de ces églises Revival Zion et n'y était donc pas totalement étranger. Ainsi reconnecté avec le souffle vital et la puissance métaphysique de cette pratique, son instinct lui dit qu'il tenait enfin la clef qui allait lui permettre d'ouvrir un nouveau chapitre d'une carrière jusque-là chaotique.

Perry, comme Bob Marley et Peter Tosh, a grandi sans père dans un village de la campagne jamaïquaine, à Kendall dans le comté de Hanover au nord-ouest de la Jamaïque. Il est né Rainford Hugh Perry le 20 mars 1936, soit neuf ans avant Bob Marley. Bien plus tard à l'instar d'un autre pionnier de l'afro futurisme, Sun Ra, il reviendrait sur son état civil pour affirmer être originaire de la planète Jupiter, d'où il aurait été enlevé par des extraterrestres. Dans un registre moins fantasque, il confiera au journaliste David Katz qui lui a consacré une biographie qu'il a passé toute son enfance *« les pieds nus, les poches et le ventre vides »*, sa mère, Inna Davis, élevant seule ses quatre enfants avant de se remarier. Très peu versé dans les études, il quitte l'école à un très jeune âge pour devenir champion de dominos, « sport » le plus populaire sur l'île après le cricket et le football. Il devient même professionnel et remporte de nombreux tournois. Il se taille aussi une réputation de danseur émérite dans les bals de la région où il hérite de son premier surnom, « Neat Little Man » (le petit homme soigné). Au milieu des années cinquante, âgé d'une vingtaine d'années, il va obtenir un emploi sur le chantier de construction d'un hôtel de Negril, station balnéaire en devenir de la côte sud. Il y conduit chaque jour un bulldozer qui devient à l'en croire son premier instrument de musique. Aux commandes de son engin, il dirige une symphonie pour rocs, remblais et talus dans laquelle il croit entendre le son de la création du monde. Doté d'un esprit

puissamment porté au mysticisme, voire au surréalisme naturaliste extrême, il y déchiffre le signe d'une volonté supérieure. Pour lui, il ne fait aucun doute que sa rencontre avec le « roi pierre » (king stone) est une invitation en bonne et due forme à se rendre sans plus tarder là où l'appelle son destin : Kingston. S'ensuivent des tribulations qui résument assez bien les mœurs en vigueur dans le milieu musical de l'époque, ceux-là même auxquels Marley va se frotter quelques années plus tard.

Perry tente d'abord sa chance avec Duke Reid, concurrent direct de Coxsone, qui se dit intéressé par ses idées musicales et ses textes, mais pas par ses talents de chanteur qui, il est vrai, resteront toujours d'une qualité médiocre. Reid et Perry se querelleront très vite, ce dernier reprochant au producteur d'utiliser certains textes et thèmes de chansons pour son propre compte sans la moindre contrepartie. À partir de 1961, il devient l'homme à tout faire de Coxsone qui lui aussi entend utiliser ses aptitudes de concepteur et de générateur d'idées mais pas d'interprète. Lors d'une audition que consent à lui accorder Coxsone, il exécute une chanson, *Chicken Scratch*, où il fait la promotion d'une nouvelle danse. Si l'essai n'est pas concluant, le surnom de Scratch lui reste. D'autres identités alternatives suivront The Upsetter (l'emmerdeur) titre de l'un de ses morceaux fétiches, Super Ape, Pipecock Jackxon, Inspector Gadget... Après que Prince Buster a quitté Coxsone pour voler de ses propres ailes, Perry prend du grade à Studio One, supervise les séances d'enregistrement de Toots & The Maytals, qu'il a convaincu Coxsone de signer. C'est lui qui fera la promotion du premier single des Wailers. Point de départ d'une complicité qui va bientôt prendre une tout autre dimension. Malgré le peu de considération que lui témoigne Coxsone, il enregistre des morceaux inimitables comme *Rub and Squeeze*, *Doctor Dick* ou *Pussy Galore* dont la teneur implicitement sexuelle ouvre la voie au style *slackness* en Jamaïque. Mais il a beau se démultiplier, écrire des chansons, les arranger, assurer leurs productions, tout ça au profit d'autres artistes, tout en enregistrant ses propres œuvres, il n'en récolte aucun fruit. Non seulement Coxsone tient ses chansons en peu d'estime mais il continue à faire ce que Duke Reid a coutume de faire : profiter de son travail sans

Lee "Scratch" Perry en 1975 : au Black Ark Studio de Kingston (haut) ; dans la rue, s'apprêtant à allumer un joint. © Ted Bafaloukos compensation. *« Je n'étais pas crédité, pas payé. Je me faisais arnaquer. Je suis parti. »* Suivront d'autres déconvenues qui le maintiennent à la marge, jusqu'à ce fameux soir où il passe devant cette église de Pocomanie.

De ce hasard va naître une chanson emblématique, *People Funny Boy*, que beaucoup considèrent comme le véritable premier reggae de l'histoire. *« Le morceau se distinguait par son tempo rapide et un riff de guitare haché, principales caractéristiques du reggae* écrit Chris Salewics, spécialiste du genre. *C'était un disque unique de par son feeling africain. »* Pour David Katz, ce titre signifiait bien plus encore, *« une urgence libérée, la clameur d'une frustration qui contestait le rythme lénifiant du rocksteady en plein déclin et refusant de restaurer les influences du jazz américain propre au Ska. Il s'agissait d'autre chose. Scratch remixait à sa manière inimitable la puissance d'une cérémonie de Pocomanie, libérant d'un coup toute la souffrance accumulée par les Africains transplantés dans un environnement hostile depuis plus de trois siècles, auquel s'ajoutait son propre ressentiment envers ceux qui l'avaient pris pour un bouffon,* "a people funny boy" ». Au cours de la même année, plusieurs autres titres viendraient affiner ce nouvel idiome musical. Comme *Bangarang* de Stranger Cole et Lester Sterling, *No More Heartaches* des Beltones et *Nanny Goat* de Larry Marshall. Avec à chaque fois ces mêmes ingrédients, une guitare qui marque le rythme assénant des coups réguliers pareils à ceux d'une machette s'ouvrant une voie dans la jungle, et une basse qui libérée de la fonction rythmique vient soutenir la mélodie. Ou en composer une différente. Le premier grand tube reggae sera pourtant l'œuvre d'un autre artiste, Desmond Dekker, connaissance de Bob Marley à l'époque où celui-ci faisait ses débuts. Avec *Israelites*, en 1969, Dekker décroche la place de numéro 1 des hit-parades en Jamaïque ainsi qu'en Angleterre, et celle de numéro huit aux États-Unis. Mais plus qu'une chanson parvenant à briser ce plafond de verre sur lequel Bob Marley venait de buter lors de sa tentative américaine, *Israelites* était la dernière pièce complétant ce puzzle complexe où divertissement, histoire, sociologie, psychologie et religion entrent dans une danse perturbatrice et salvatrice. *« Nous étions des opprimés comme les Israélites dans la Bible que*

Moïse conduit en Terre Promise, tel était mon propos dans cette chanson » commente Desmond Dekker. Vision qui va changer radicalement l'esprit de la musique jamaïquaine, sans pour autant modifier l'ambition de musiciens issus du ghetto qui cherchent avant tout à se faire une place au soleil. Dès lors le reggae va faire valoir son extrême polyvalence, sachant accompagner les gens dans leurs réflexions intimes, et les rendant aptes à danser la nuit durant. Touchant aussi bien le cœur des voyous que l'esprit des révolutionnaires, faisant vibrer la fibre festive des noceurs et l'âme des mystiques, ceux qui en haillons prêchent le retour en Afrique dans les taudis. Rebelle, sensuelle, spirituelle : une musique miraculeuse dont Bob Marley ferait bientôt le nouveau gospel de tous les exclus de la planète. Révolution esthétique, spirituelle et psychologique dans laquelle Lee Perry allait jouer le rôle d'accoucheur, celui qui saurait convertir en sons sa dimension psychédélique et sa part mystique.

Sauf qu'au printemps de l'année 1970, moment où il renoue avec les Wailers, son intention est de ne plus travailler avec des groupes vocaux, jugés trop exigeants, voire capricieux. Tous ses efforts portent désormais sur des morceaux instrumentaux. Avec l'un d'entre eux, *The Return of Django*, inspiré par le western spaghetti du même nom, il vient de décrocher son premier succès en Angleterre. Le thème a même été utilisé comme jingle télé et radio pour accompagner une pub pour une barre chocolatée de chez Cadbury. Parti à la conquête d'un nouveau territoire, il expérimente à tout va, introduit la pédale wha-wha, fait vrombir les basses, crisser les aigus, ajoute des congas et divers bruitages. Comme ce lit qui grince et ces gémissements de plaisir sur *How Come*, sorte de *Je t'aime, moi non plus* à la sauce reggae. Avec sa sensibilité psychédélique, il transforme la musique jamaïquaine en une boule de feu qui incendie tout sur son passage. À commencer par les imaginaires. Sans Perry, Bob Marley aurait-il accompli la même carrière ? Serait-il devenu cet équivalent tropical du joueur de flûte de Hamelin, capable d'attirer dans son sillage des foules immenses et métissées comme subjuguées, envoûtées par le rythme reggae ? Questions un peu vaines qui resteront à jamais sans réponse. De celles qui comme « qui de l'œuf ou de la poule vint en premier ? » se mord indéfiniment la queue. Pourtant, il fallait bien pour accomplir ce prodige une once de sorcellerie, avoir dans son sac quelques tours de magie. Ce que l'on prête justement à ce producteur révolutionnaire et un peu zinzin qui va exercer une influence majeure non seulement sur Bob Marley mais aussi sur toute la musique jamaïquaine et au-delà.

Bob Marley avait juste besoin de ça. Pas d'un nouveau son non, mais d'une « vision sonore ». Depuis l'échec de son label Wail'n Soul'm, puis de son virage soul avec Danny Sims, d'autres déconvenues étaient venues s'ajouter. En janvier 1969, il était allé trouver Leslie Kong, le producteur d'origine chinoise avec lequel il avait réalisé sept ans plus tôt son premier disque, *Judge Not*. La mode étant aux albums et non plus aux singles, les Wailers se mirent d'accord avec Kong pour l'enregistrement d'un album qu'ils réalisèrent aux studios Dynamic's au cours des premières semaines de l'année. La mésaventure vécue par Bob lors d'un contrôle de police sur la route, qui s'était soldé par une arrestation pour infraction à la loi sur les stupéfiants (les flics trouvèrent un joint dans la boîte à gants) et quelques jours de prison, lui inspirèrent l'une des chansons phares du disque : *Caution*. Il s'agit d'une mise en garde qui éclaire sur l'état d'esprit d'alors d'un homme se sachant vu comme gibier de potence par l'œil des autorités. *« Pendant des années, j'ai dû chaque jour sauter des clôtures pour échapper à la police. Pas quelques jours, ni quelques semaines, des années »* se plaint dans une interview celui qui allait bientôt écrire *I Shot the Sheriff*. Les dix chansons de l'album donnent pourtant une image très éclatée du travail des Wailers de l'époque, avec des chansons au contenu léger comme *Soul Shake Down Party* ou *Do It Twice*, l'une des plus lubriques de son répertoire, et d'autres clairement prophétiques comme *Soul Captives*, véritable ode à la liberté. Tonalité que Peter Tosh renforce avec deux thèmes inspirés du gospel américain, *This Train* et *Go Tell It to the Mountain*. En décidant d'intituler l'album *The Best of the Wailers*, Kong ne réussit pourtant qu'à déboussoler un public qui n'y trouve aucun des succès du groupe, et à s'attirer les foudres des intéressés, notamment de Bunny que l'on disait depuis sa sortie de prison de plus en plus versé dans la pratique de l'Obeah, la magie noire. Au point que certains prétendent que la mort de Kong d'une crise

De haut en bas : Bob Marley, les Wailers et les Jacksons en 1975. / Les Wailers lors de la séance photo réalisée pour l'album *Catch a Fire*. © Tous drotis réservés / Bridgeman Images

cardiaque quelques mois plus tard aurait eu pour origine le contentieux avec le Wailer et le sort que lui aurait jeté l'un d'entre eux. Au final, l'album se planta, leurs espoirs furent de nouveau anéantis et la cohésion du groupe s'en ressentit. Bob, de guerre lasse, aux abois, complètement démuni, se décida à repartir travailler aux États-Unis en emmenant sa petite famille. En avril 1969, de retour à Wilmington chez sa mère, il reprit aussitôt le chemin de l'usine Chrysler, prenant soin le matin de dissimuler ses dreadlocks sous un béret avant de quitter la maison. Rita de son côté prit un job d'infirmière dans un hôpital voisin. Leur séjour dans le Delaware ne dura que cinq mois au cours desquels Cedella et son mari tentèrent tant bien que mal de s'adapter au mode de vie du jeune couple rasta. Ce qui s'avéra difficile, notamment sur le plan culinaire. Une certaine tension s'installa dans la maison. Des disputes se mirent à éclater régulièrement entre Bob et Rita, que la mère de Bob mit sur le compte de l'immense frustration que ressentait son fils dont le rêve artistique semblait s'éloigner chaque jour un peu plus. En octobre, après avoir demandé une inscription à la sécurité sociale, Bob reçut par retour de courrier un formulaire de conscription émanant de l'armée américaine. Du fait de la double nationalité de sa mère, il était lui-même assimilé en tant que citoyen des États-Unis. Or la guerre qui se déroulait au Vietnam exigeait de nouveaux combattants. Perspective qui le décida le jour même à rentrer à Kingston par le premier avion.

Avec les 300 dollars économisés pendant leur séjour aux États-Unis, Bob et Rita montèrent un nouveau label baptisé Tuff Gong, surnom dont il avait hérité à l'époque de Trench Town. Ils en profitèrent aussi pour ouvrir une petite échoppe baptisée Soul Shack, littéralement « la cabane soul ». Le premier single à voir le jour sous cette nouvelle étiquette était cette adaptation du *I'm Black & I'm Proud* que James Brown avait composé au lendemain de l'assassinat du révérend Martin Luther King en avril 1968 à Memphis. Rebaptisée *Black Progress* cette reprise, comme au demeurant toutes les premières productions Tuff Gong, échoua à convaincre les programmateurs de radio dont les playlists restèrent hermétiquement fermées. Le seul point positif de cette nouvelle série d'enregistrements résidait dans la présence en studio d'un groupe de jeunes musiciens connus sous le nom de The Hippy Boys, auquel appartenaient les frères Barrett, Aston « Family » Man à la basse et Carlton « Carly » à la batterie. Devenus les Upsetters après que Lee Perry en a fait sa formation de base, ils contribueraient bientôt à asseoir définitivement l'identité sonore des Wailers. Même si cette première association ne put sauver ces premiers essais de l'échec ; même si les *covers* de tubes du moment — comme le *Sugar Sugar* des Archies ou le *The Letter* des Box Tops — qu'exécuta le groupe, à des fins surtout alimentaires, ratèrent leur coche. Si bien qu'au printemps 1970 le groupe toucha le fond après avoir brûlé ce qui semblait être ses dernières cartouches avec des producteurs occasionnels comme Bunny Striker Lee ou Ted Pouder, Hollandais friqué installé en Jamaïque. Et c'est un Bob Marley au bord du désespoir qui vint donc trouver Lee Perry dans la petite boutique de celui-ci, Upsetter Record. Aussitôt Perry lui demanda d'interpréter a cappella quelques-unes de ses dernières compositions. Bob avait l'impression déprimante de repartir de zéro, de retourner sept ans en arrière quand Coxsone l'auditionnait dans la petite cour de Brentford Road. Mais il s'exécuta, choisissant une toute nouvelle chanson, *My Cup*, qui exprimait sans détour l'état d'exaspération dans lequel il pataugeait. *« My cup is running dry and I don't know what to do »* (*« ma coupe est pleine et je ne sais plus quoi faire »*). Pareille confession chantée avec véhémence et sincérité réussit à émouvoir un Perry pourtant bien décidé à éconduire les ensembles vocaux qu'il jugeait dépassés. Ainsi fut lancée l'une des collaborations les plus miraculeuses de l'histoire de la musique.

Perry va commencer par installer Marley chez lui à Washington Gardens, lieu mythique où il ferait bientôt construire le fameux studio Black Ark, arche d'un retour symbolique vers le continent mère qu'est l'Afrique et véhicule de certaines de ses futures excentricités sonores. Jamais en reste pour partager sa vision fantasmagorique de la réalité, il affirmera en interview avoir enfermé le chanteur dans une pièce où vivait son « génie » afin qu'il puisse « l'absorber ». « Génie » étant évidemment à entendre dans les deux acceptions du mot, talent exceptionnel et être surnaturel. Au bout de quelques semaines s'instaure une complémentarité artistique exemplaire entre

les deux hommes. Qui fera naître une amitié. Cette relation va tirer avantage d'une excursion qu'initia Perry dans le comté de Hanover où vivait encore sa mère. Lui faisant visiter sa région natale, il en profite pour travailler aux nouveaux titres qu'il se propose de produire. Sa première préoccupation reste pourtant de dissuader Bob de se séparer de Peter et Bunny. Car pour Marley, l'association avec ses deux compères de Trench Town semble être arrivée à un point de non-retour. Fatigué d'avoir à écoper depuis si longtemps la galère Wailers dont la coque subit d'incessantes avaries, il préfère simplement la laisser couler. D'autant que sa relation avec Peter n'a jamais vraiment marché. Entre les deux fortes têtes du trio ne s'installera jamais cette complicité qui a produit des couples légendaires comme ceux formés par John Lennon et Paul McCartney ou Mick Jagger et Keith Richards. Si bien que, hormis quelques exceptions – *Get Up, Stand Up* en est une de taille –, les chansons du groupe seront toujours produites séparément, avec un net avantage par le nombre et la qualité pour celles signées Bob Marley. Une situation de déséquilibre qui ne cessera d'envenimer la relation entre les deux hommes jusqu'à la rupture trois ans plus tard. Il faudra donc toute la sagacité et la force de persuasion de Perry pour faire revenir Marley sur cette décision. *« Vos voix s'accordent merveilleusement lui dira le producteur. Comme celles des anges au Paradis. »* Image qui n'est pas dénuée de calcul et qui va évidemment faire mouche. Car entre le moment où Marley est venu le trouver pour lui demander secours et celui où les deux se sont mis à collaborer, Perry s'est persuadé qu'il ne trouverait pas meilleure formation pour porter ses idées. De son côté, Marley va s'imprégner jour après jour de l'aura de Perry. Le producteur Clancy Eccles sera d'ailleurs frappé par la transformation. *« Bob s'est mis à chanter à la manière de Scratch, avec le même relâchement. C'était spectaculaire. »* Autre témoin de cette modification, le chanteur Jimmy Riley qui ajoute : *« C'est Perry qui a enseigné à Marley sa manière de chanter. Si vous écoutez les enregistrements de la période Studio One et ceux produits par Scratch vous constatez une différence. Scratch n'est pas un chanteur, il n'a pas ce que l'on appelle une belle voix mais il a un style qui le rend unique en son genre. Et c'est ce style que Bob s'est approprié pendant cette période. »*

Peter Tosh portant des menottes utilisées à l'époque de l'esclavage pour neutraliser les fortes têtes.

Au cours des semaines suivantes, Perry tient les Wailers enfermés dans le local de répétition situé à l'arrière de sa boutique Upsetter records, le Green Door Saloon. D'emblée, son message est clair. Il souhaite que le groupe cesse d'être à la remorque des artistes américains, qu'il affirme plus librement son identité jamaïquaine, que sa musique devienne l'expression la plus épanouie, la plus honnête de cette vérité trop longtemps dissimulée. Une philosophie qui va prendre forme dans les semaines qui suivent au studio Randy's où le trio enregistre de quoi remplir deux albums. Les séances vont se dérouler avec le renfort de The Soul Syndicate, et non des Upsetters suite à une dispute entre Perry et les frères Barrett. Du coup les batteurs Leroy « Horsemouth » Wallace et Carlton « Santa » Davis, le claviériste Earl « Wire » Lindo, le guitariste Earl « Chinna » Smith et le bassiste George « Fully » Fullwood intègrent le casting. Santa précise que ces séances sont sous le contrôle de Perry qui devient de fait le quatrième Wailer. Et d'après lui, Scratch aurait conduit dans un état de transe la séance dont sortira *Sun Is Shining*, titre ô combien étrange sur lequel il fait jouer à Peter Tosh un solo de melodica lui donnant cette couleur de tristesse venue d'ailleurs. Mais cette nouvelle approche, où le son devient un mode d'exploration et une matière hautement hallucinogène, serait encore plus justifiée avec l'un des morceaux les plus emblématiques de cette période : *Duppy Conqueror*.

En Jamaïque, le « duppy » est un esprit vagabond, l'âme d'un défunt en errance, un fantôme prenant plaisir à jouer des mauvais tours aux vivants, le résidu de croyances animistes. En se présentant comme un dompteur de fantômes, un « ghostbuster » en quelque sorte, Bob Marley prétend s'emparer du pouvoir d'influer sur l'invisible, de maîtriser les forces occultes, peut être celles qui jusqu'à présent ont compromis sa carrière. Dans son ouvrage *Bass Culture*, consacré à la musique jamaïquaine, Lloyd Bradley revient sur ce rapport à l'occulte, particulier au milieu musical. *« La grande majorité des musiciens* explique-t-il *avaient vécu l'enfer, pas seulement à cause des producteurs véreux et d'une industrie du disque globalement gérée par des individus malhonnêtes et violents mais parce que leur vie au quotidien n'était faite que de tracas, de frustrations et de combines plus ou moins foireuses pour survivre. Du coup, tous entretenaient une relation forte avec le côté spirituel de l'existence, tous étaient terriblement superstitieux.* » Cette psychologie entretenait cette idée que derrière la réalité objective s'en cachait une autre, que le moindre évènement avéré n'était en vérité qu'une version parmi d'autres. Basculement qui serait mis en scène dans un autre titre phare issu de la même séance, *Mr. Brown*. Cette chanson avait pour origine l'étrange rumeur selon laquelle on avait vu un certain Monsieur Brown le jour de ses funérailles assis sur le toit d'un corbillard entouré de vautours en plusieurs endroits de la ville. Dans un pays où l'on est particulièrement friand d'histoires à dormir debout, surtout lorsqu'elles invitent des morts-vivants, la chanson allait cartonner et faire des Wailers les revenants inattendus de l'été 1970. Il ne s'agissait plus seulement de gagner les faveurs du public des *sound systems* mais de capter l'imaginaire de tout un peuple. Tel était le nouvel enjeu et ce que les Wailers réussiraient à faire avec cette drôle d'histoire.

L'intense bizarrerie de ces chansons collait en outre avec une nouvelle tendance gagnant tous les studios de Kingston. Sur la face B des 45t de chaque nouveauté, au lieu de faire figurer une seconde chanson, on avait pris l'habitude d'y graver ce que l'on appelait une « Version ». C'est-à-dire la chanson débarrassée de la piste vocale et dont les parties instrumentales font l'objet d'une série de manipulations rendues possibles par un outillage technologique, chambre d'écho, *reverb*, *delay*, *phase*, de manière à produire une variante hallucinée de l'originale. Cette technique baptisée « dub », conçue par un ingénieur du son, Osbourne Ruddock, plus connu sous le nom de King Tubby, allait devenir l'une des préoccupations majeures d'un Lee Perry à l'époque, de plus en plus intéressé par les modes de communication dissidents, les ressources alternatives du studio. La qualité de « transport » du dub peut certainement être attribuée aux effets spéciaux dont les studios jamaïquains commençaient peu à peu à disposer, et très certainement à l'usage de la ganja qui a tendance à dilater la perception des sons de telle façon que l'on finit par reproduire ce que l'on entend une fois défoncé. Mais elle devait aussi beaucoup à cette volonté de rupture avec ce monde ingrat tel que ces artistes l'enduraient, fait de coups bas, de coups tordus et de coups tout court. Ceci allait engendrer une catégorie particulière d'artistes dans l'esprit desquels viendraient fusionner la délinquance propre au *rude boy* et l'insoumission plus conceptuelle du rasta. Un être à part que Bob Marley incarnait à la perfection, avec qui il ferait définitivement corps dans une chanson en particulier. *Soul Rebel*, le rebelle de l'âme, allait être la plus aboutie de ses tentatives autobiographiques. Elle portait l'affirmation d'une identité à l'opposé de l'image de l'homme respectable tel que souhaitait l'imposer cette société néo féodale. On peut dire qu'avec *Soul Rebel*, Bob Marley acheva un nouveau cycle dans sa longue transformation, et que de simple chanteur il se mit à devenir ce héros populaire qui bientôt allait donner *I Shot the Sheriff* et *No Woman, No Cry*.

La meilleure façon d'apprécier la qualité des chansons produites avec Lee Perry est de considérer le nombre d'entre elles qui seront réenregistrées par la suite. Non que ces versions originales souffrent du moindre défaut mais compte tenu de leur habillage encore très *roots* pour le degré de tolérance des oreilles occidentales, Marley souhaitait les réinventer pour que tous les publics puissent les apprécier. Les morceaux de l'époque Lee Perry allaient en fait constituer un vivier dans lequel il viendrait puiser, quand le besoin s'en ferait sentir, pour enrichir ses albums de la période Island, *Rastaman Vibration*, *Kaya* et *Burnin'* notamment. Ce sera le cas pour *Sun Is Shining*, *Duppy Conqueror*, *Put It On*, et bien d'autres. L'une d'elles en particulier, *Small Axe*, allait beaucoup faire jaser dans le milieu. Elle est de toutes, celle qui porte le plus la marque de Scratch Perry. Les paroles en particulier semblent sortir de sa bouche jamais à court d'espiègleries. *« Si tu es le gros arbre, je suis la petite hache, prête à t'abattre »* dit la chanson. Image évidemment pleine de sous-entendus car à mots couverts, Perry règle ici ses comptes avec les pontes du métier qu'il a dû affronter au cours de sa carrière, plus particulièrement les producteurs Coxsone Dodd, Byron Lee et Ken Khouri, parmi les plus influents de l'île. Du coup, du gros arbre à abattre (*« the big tree »*) on passe aux trois gros du business (*« the big three »*), ce qui phonétiquement revient au même. Une idée que Marley, qui lui aussi était passé sous les fourches caudines de ces mêmes nababs, épousait à 100 %, y ajoutant une touche personnelle avec une citation tirée de la Bible (*« l'injuste qui creuse un puits tombera dedans »*). À la fin de l'année 1970, Perry allait rassembler les chansons produites au cours des derniers mois, dont certaines – *Kaya*, *Soul Almighty*, *Rebel Hop*, *Reaction*, plus deux compositions signées Peter, *400 Years* et *My Sympathy* – n'avaient pas fait l'objet d'une sortie en single pour un album intitulé *Soul*.

Malgré la qualité artistique reconnue unanimement, et l'excellente tenue commerciale de titres comme *Mr Brown* et *Duppy Conqueror*, les liens se distendirent pourtant entre les Wailers et Lee Perry. Les plus remontés étant Bunny et Peter qui considéraient que de producteur, Lee Perry était peu à peu devenu membre à part entière du groupe au point d'imposer aux autres des décisions qu'ils n'approuvaient pas. Situation qui semblait moins gêner Bob Marley. Ces dissensions ne tarderaient pas à créer une situation intenable, Bunny ne parlant plus à Perry, ni à Bob pourtant son ami d'enfance, qui lui-même ne parlait plus à Peter. Bunny reprochait aussi à Perry de ne pas être suffisamment payé pour tout le travail accompli. Finalement Scratch sortira un second album, *Soul Revolution* avec les titres encore inédits dont une reprise du *African Herbsman* de Richie Havens. Dans le même temps, Bob reçut une invitation de Danny Sims et Johnny Nash à les rejoindre en Suède où Nash était la vedette d'un film dont Sims était le producteur, et pour lequel ils avaient besoin de nouvelle musique. Bunny s'installa dans la communauté rasta de Bull Bay. De son côté Peter se mit à fabriquer des peignes africains qu'il tentait de vendre dans la boutique Soul Shack, espérant pouvoir en tirer de quoi s'acheter à manger. Les Wailers se retrouvaient une nouvelle fois dans une situation des plus précaires. Jamais pourtant ils n'avaient été aussi près du but. ◆

CHAPITRE 8

DONNER UNE CHANCE AU GHETTO

Venir du ghetto était la honte absolue, la flétrissure indélébile. À part être porteur de la peste ou se trimballer avec le germe du choléra, difficile d'imaginer condition plus indiquée pour une mise en quarantaine. Tous ceux qui venaient d'un des quartiers n'avaient qu'une hâte, s'en échapper. Et tant qu'ils n'y étaient pas parvenus, leur priorité restait d'en cacher le moindre stigmate, vestimentaire ou langagier. Personne n'aurait jamais eu l'idée de faire étalage de tare pareille. Pire, de s'en réclamer. Personne, sauf Bob Marley qui dans une chanson allait renverser ce tabou jusque-là invincible… Au cours des premières semaines de 1971, les Wailers se retrouvèrent pour répéter de nouveaux morceaux. Lee Perry ne faisait plus partie du tableau (du moins pour le moment) et le trio avait, bon an, mal an, réussi à resserrer les liens. Une anecdote court toujours au sujet de la rupture avec Scratch, colportée notamment par le producteur Bunny Stricker Lee dont il est souhaitable cependant de prendre le témoignage avec prudence, la médisance étant en Jamaïque une seconde nature. Un jour où le trio traînait du côté de chez Duke Reid, ils croisèrent le chanteur John Holt dont la chanson *Stick By Me* coiffait les Tops depuis des semaines. Holt leur dit qu'avec ce que lui rapportait sa chanson il allait enfin pouvoir s'acheter la voiture de ses rêves. Sachant que *Duppy Conqueror* avait été numéro 1 juste avant *Stick By Me*, il demanda en toute innocence quelle est la voiture qu'ils convoitaient. C'est alors que les trois Wailers, qui n'avaient rien ou très peu touché depuis leurs succès, virent Scratch se pointer au volant d'une MG rouge

Au début des années soixante-dix. © Rex Features / SIPA

décapotable. Aussi sec ils se jetèrent sur lui et le rouèrent de coups. Comme ce point n'a été confirmé par aucun des protagonistes, on se garde d'y accorder trop d'importance. À ceci près, aucun système de reversement de royautés ni aucune instance de contrôle sur les ventes n'étant en place, les artistes restaient le plus souvent les seuls dindons de la farce et ce genre de coups de sang n'était pas rare dans le milieu. *« On ne savait rien de nos droits*, admettra Marley lors d'une interview accordée au journaliste anglais John Williams. *Ce qui autorisait n'importe qui à vous exploiter. »* Perry mis à l'écart, Marley demanda à l'un de ses amis, Alan Skill Cole, de prendre les affaires du groupe en main. Cole n'avait guère de compétence en matière de management mais il était un ami proche de Bob avec qui il partageait la même passion pour le football. Cole reste d'ailleurs l'un des meilleurs joueurs de foot professionnel que l'île ait connu. Mais à trente-quatre ans, il vivait dans une semi-retraite et souhaitait aider son ami à porter la bonne parole. Car outre leur amitié et leur amour pour le ballon rond, Cole et Marley étaient frères en religion au sein d'une nouvelle branche du rastafarisme, les Twelve Tribes of Israel, la plus tolérante du mouvement que dirigeait un certain Prophet Gad, Vernon Carrington de son vrai nom. Les Twelve Tribes avaient séduit Marley par leur modernité, s'ouvrant volontiers aux métis, aux femmes émancipées ou aux fils de bourgeois. Dès lors la confrérie allait attirer bon nombre d'artistes dont Cat Coore, guitariste du groupe Third World, et fils du futur ministre de l'Équipement, ou Jacob Miller, chanteur du groupe Inner Circle, tous deux fers de lance de ce que l'on appellera dans les années soixante-dix le *« uptown reggae »*, le reggae des quartiers chics.

Au cours de l'une des répétitions ouvrant l'année 1971, Bunny proposa l'une de ses premières compositions intitulée, *The Scheme of Things*. Séduit par la ligne de basse, Marley en fit le socle d'une autre chanson qu'il appela *Trench Town Rock*. Skill Cole finança le disque qui grimpa aussitôt dans le classement des ventes pour devenir le premier succès du catalogue Tuff Gong. Mais plus fort encore, la chanson devint le premier hymne à la gloire du ghetto. Ce qui le rend détonnant par rapport aux précédentes productions, c'est l'optimisme qu'il fait rayonner. Une humeur contrastant

Alan Skill Cole, star du foot, manager des Wailers et ami fidèle de Bob. © Tous droits réservés

RCTICA

avec tout ce qu'ils avaient produit jusqu'à présent et dont cette nouvelle approche musicale, le reggae avec son rythme à contretemps, constituait l'un des ferments. La ligne de basse ronde et chaleureuse produite par Aston « Family Man » Barrett n'était pas étrangère à cette nouvelle tonalité. Quant au texte, il se délestait de la charge négative dont le ghetto restait affligé. La phrase clef de la chanson est : *« ce qu'il y a de bien avec la musique c'est quand elle vous frappe, vous vous sentez bien »* (*« one good thing about music is when it hits you, you feel ok »*). Avant d'être un incubateur de talents, Trench Town restait dans l'esprit de la majorité de la population le lieu où l'on risquait surtout de se prendre un coup ou une balle perdue. Rectifier l'idée que la violence était l'unique chose à attendre de Trench Town n'était pas une mince affaire. Sauf quand musique aussi puissante et contagieuse que celle-ci s'en faisait l'avocat. Ce passage fut si déterminant dans la carrière de Bob Marley, si fondamental dans sa philosophie, qu'après sa mort la formule fut inscrite sur l'un des murs du studio Tuff Gong à Kingston. L'autre phrase clef de *Trench Town Rock* c'est *« give the slum a try »*, *« donnez une chance au bidonville »*. Suggérer qu'il puisse y avoir une quelconque richesse à tirer d'un endroit où se concentraient tous les maux de la société était proprement révolutionnaire. Avec ce titre, Marley reprenait en quelque sorte cette mission de redresseur de torts amorcée dès *Simmer Down*. Preuve que le pays était prêt à accueillir ce nouveau langage et ce nouveau son, *Trench Town Rock* fit des ravages sur les ondes, dans les *sound systems* et dans tous les foyers disposant d'un équipement. Ce succès marquait un profond changement de mentalité, une transformation culturelle sans précédent. Il était également annonciateur de changements politiques. Des élections générales étaient programmées pour l'année suivante que l'on prédisait serrées. Preuve que *Trench Town Rock* n'agitait pas seulement le monde de la musique mais aussi questionnait en haut lieu, la police fit une descente lors d'une répétition et sans produire la moindre raison confisqua tout le matériel des Wailers. Peter Tosh eut juste le temps de sauter par la fenêtre avant que les « babylons » ne s'emparent de sa guitare, qu'il endommagea pendant sa fuite en sautant par-dessus une clôture. Quant à Bob, il avait beau chanter la fierté du ghetto, il n'avait qu'une hâte : connaître autre chose.

Peu après, il s'envola pour Stockholm où l'attendait Danny Sims et Johnny Nash. Le tournage du film dans lequel jouait Nash, *Love Is Not a Game*, réalisé par un certain Gunnar Hoglund, touchait à sa fin et l'accompagner d'une bande originale devenait urgent. Malgré l'énorme succès de *Trench Town Rock* en Jamaïque, Marley était convaincu que le salut du groupe ne pouvait passer que par l'étranger. En outre, la proposition de Sims semblait intéressante d'un point de vue financier. Le producteur faisant miroiter les retombées qu'allait engendrer sa diffusion. Sauf que *Love Is Not a Game* ne sera projeté que pendant la première semaine de sa sortie, le 4 septembre 1971. Quant à la musique composée par Marley, elle ne sera jamais utilisée. En fait, son séjour scandinave allait très vite se transformer en épreuve. En ce début de printemps, le froid et l'absence de luminosité le conduisirent à se retrancher dans l'une des chambres situées au sous-sol d'une maison que louait Sims à Alvik dans la banlieue de Stockholm. Entouré de musiciens suédois qui accompagnaient Johnny Nash et avaient pour habitude de se saouler quotidiennement, il éprouvait les pires difficultés pour communiquer, ne trouvant qu'un certain John « Rabbit » Bundrick, un organiste d'origine texane, pour allié. Un document sonore datant du début de l'été 1971 dans lequel Marley enchaîne une demi-douzaine de chansons, accompagné de sa seule guitare acoustique, reflète son état d'esprit. En le découvrant des années plus tard, Rita, émue aux larmes, dira : *« Il devait se sentir terriblement seul. Je le sens à sa voix... »* Le ton est tellement pathétique qu'on imagine effectivement la détresse de cet émigré antillais coincé dans un pavillon de banlieue suédoise, ruminant son mal du pays. De ce lot de chansons, quelques-unes vont passer à la postérité. *Stir It Up* notamment que Johnny Nash va enregistrer pour ce qui reste son meilleur album, *I Can See Clearly Now*. Les Wailers la reprendront un an plus tard sur *Catch a Fire*. C'est sans doute la capacité à fournir à Nash des chansons au succès potentiel qui aura poussé Sims à maintenir Marley sous sa coupe et à lui donner plus d'argent que la vente de ses disques en Jamaïque ne pouvait lui rapporter. Les jours et les semaines passèrent ainsi entre répétitions et temps libre. Les Suédois se saoulant entre eux, Marley et Bundrick fumant le peu d'herbe qu'ils arrivaient à se procurer.

Sauf que cette situation en trompe-l'œil – la carrière de Marley et des Wailers devenant à l'évidence une préoccupation secondaire aux yeux de Sims – n'allait pas résister bien longtemps. Un matin, Sims annonce à la petite troupe qu'il ne peut plus les payer. Pourtant, quelques jours après, un personnage louche qui selon Bundrick avait tout du gangster, se pointe dans la maison avec une mallette remplie de billets. Pensant que le producteur a réussi à débloquer des fonds, les musiciens sont abasourdis en constatant que loin de les rémunérer, l'argent sert à alimenter des parties de poker qui durent toute la nuit. Pire, loin de se refaire sur le tapis vert, Sims va tout perdre lors d'une dernière mise à l'issue de laquelle, ivre de rage et de cocaïne, il va menacer d'un revolver ceux qui viennent lui demander des comptes. Marley et Bundrick en font partie et c'est vers eux que Sims tourne son arme. Seulement face à lui, il a un type du ghetto qui en a vu bien d'autres et qui soutenant son regard et son flingue lui sort, imperturbable : *« Tu te crois un dur c'est ça ? Mais tu n'en es pas un. »* Déboussolé par autant de sang-froid, Sims tournera les talons et quittera la pièce sans un mot. Quelques jours plus tard, Bundrick découvre que Marley a quitté la maison sans prévenir emportant avec lui la guitare et le magnétophone à cassettes de Johnny Nash. Bundrick prétend que Nash n'a jamais pardonné à Marley le vol de sa guitare. Sauf que Nash devait encore enregistrer son album « jamaïquain » pour lequel Marley lui restait indispensable.

Ce disque allait être réalisé au studio CBS de Londres où toute la fine équipe de Stockholm se retrouve quelques jours plus tard. Londres vit alors un relatif creux de la vague, entre les dernières étincelles des sixties et les premières paillettes du glam rock, en attendant le début de la vague de crachats du punk. Autant il n'a jamais trouvé ses marques à Stockholm, autant Marley se coule avec aisance dans le microcosme londonien. Il se lie rapidement avec des membres de la communauté jamaïquaine de la capitale, pour l'essentiel rassemblée dans le quartier sud de Brixton où il trouve une herbe de bien meilleure qualité qu'en Suède. Il fait aussi la conquête d'une secrétaire qui travaille dans les bureaux du label CBS avec lequel Sims tente de signer un contrat d'artiste pour Nash. Fille d'un émigré jamaïquain,

Janet Dunn passe plusieurs nuits en compagnie de Bob qui, comme y invitent les préceptes rastafariens, va négliger toute contraception. Si bien que neuf mois plus tard, Janet donnera naissance à un petit Rohan, première progéniture extra-conjugale d'une longue série. Ce qui ne l'empêche pas de draguer aussi Marlene, l'épouse suédoise de Bundrick, quand celui-ci a le dos tourné. Visiblement Sims n'avait pas encore tout à fait renoncé à mettre Marley et les Wailers en orbite sur le marché international. C'est ainsi qu'en plus de celui avec Johnny Nash, il négocie avec CBS un contrat de distribution pour Marley & Co. En résulte un single, *Reggae on Broadway*, qui rompt avec la ligne *roots* impulsée par Lee Perry au point d'apparaître comme un reniement des productions réalisées quelques mois auparavant. Sur *Reggae on Broadway* on retrouve exactement la même recette utilisée pour les premières productions JAD. Avec le même résultat. Le disque n'intéresse personne aux États-Unis. Quant à l'Angleterre, c'est pire. Car comme le fera remarquer Family Man Barrett, *« à Londres, il n'y a même pas de Broadway. »* Pourquoi Marley s'est-il laissé persuader de rebrousser chemin alors qu'avec Lee Perry il semblait avoir trouvé la formule magique ? Sans doute doit-on voir dans cette décision contre-productive la lassitude d'un homme qui a essuyé tellement de revers qu'il est prêt à tenter n'importe quoi, même ce qui a déjà échoué.

À la fin du mois d'août, Bob était de retour à Kingston pour constater que rien n'avait changé depuis son départ pour l'Europe, quatre mois plus tôt. Peter et Bunny travaillaient séparément à leurs propres morceaux. Quant à Family Man Barrett, il s'était embarqué à bord d'un navire en compagnie d'un groupe de musiciens qui distrayaient des touristes en croisière. Le retour de Bob n'allait pas tarder à relancer le groupe. De nouvelles séances furent très vite organisées dans trois studios différents, Randy's, Dynamics et Harry J, au cours de laquelle allaient être enregistrées plusieurs chansons composées lors de ses séjours suédois et londoniens comme *Lick Samba*, *Screw Face*, *Craven Choke Puppy*. La plus étonnante, *Midnight Ravers*, condensait des impressions glanées au cours des soirées passées à fréquenter le *London by Night*. Bien qu'en quête de sensations fortes, Marley ne s'attendait probablement pas à rencontrer lors de ses sorties des individus androgynes dont la sexualité lui semblait pour le moins trouble. Pour quelqu'un venant d'un monde où l'identité sexuelle n'a jamais souffert la moindre ambiguïté, voir des garçons féminisés à outrance, comme c'était le cas à l'époque dans le Londres où s'ouvrait le règne d'un Marc Bolan ou d'un David Bowie, le choc était immense. Ce qui se traduit dans le texte par *« je n'arrive pas à distinguer la femme de l'homme, habillée de la même pollution »*. Le ton devient clairement prophétique avec cette image d'un millier de chariots en feu qui descendent des cieux, et qui viennent à n'en pas douter annoncer le Jugement dernier. On sent là l'influence de lectures répétées du livre de l'Apocalypse de Jean, l'un des plus appréciés au sein des confréries rastas. Pour lui, voir ainsi des garçons habillés en fille est forcément un des signes avant-coureurs de la prochaine fin du monde, de cette lutte finale que livrent Jésus et son peuple à Satan pour le contrôle du monde. Son exil ayant à l'évidence aiguisé la lame de son génie, de cette même fournée d'inédits nous vient un autre titre de grande importance, *Concrete Jungle*, chanson se situant à l'exact opposé de *Trench Town Rock*. À l'optimisme de celle-ci, celle-là opposait un regard dur, sans concession, implacable sur la vie menée dans la jungle de béton, cette partie de Trench Town dans laquelle il avait grandi. Tant *Concrete Jungle* que *Midnight Ravers* seraient bientôt réenregistrées pour *Catch a Fire*, le premier album des Wailers pour le label Island, événement qui allait bouleverser la vie des trois Wailers au cours d'une année 1972 définitivement placée sous le signe du changement. C'est en effet cette année-là que la Jamaïque avait de nouveau rendez-vous avec son destin. Les élections générales s'annonçaient serrées. Sur le terrain, et plus particulièrement celui des ghettos, elles donnaient déjà lieu à des tueries. Selon le clavier Tyrone Downie, qui commença à collaborer avec les Wailers à cette époque, *« c'est lors des élections de 1972 que nous avons été envoyés en enfer »*. Depuis un certain temps, l'opposition entre JLP et PNP s'était déplacée du champ strictement politique pour gagner ce théâtre bien moins propice au débat d'idées qu'est la rue. À Trench Town, Rema, Jonestown, le combat pour s'assurer le contrôle des quartiers tourna en une véritable guerre, chacun des partis utilisant des *gunmen* pour intimider, éliminer, faire pression. Et aux assassinats ciblés succédèrent bientôt les bains de sang.

Bunny arborant un serre tête avec le Lion de Judée. © David Corio

L'un des deux candidats au poste de Premier ministre, Michael Manley, qui dirigeait le PNP, avait compris l'importance d'une chanson comme *Trench Town Rock*. Manley sortait de l'ordinaire au sein de la classe politique. D'abord, ses traits et sa couleur de peau trahissaient un discret métissage contrastant avec le type européen qui constituait la norme. Socialiste par conviction et par héritage, son père Norman Manley étant le fondateur du PNP et l'un des artisans de l'indépendance, il restait profondément attaché à l'idée que la réussite de son pays ne pouvait passer que par la réduction des inégalités. Âgé de quarante-huit ans à l'époque, il était surtout le premier responsable politique de sa génération à prendre en considération la montée d'une exigence de la population d'origine africaine, soit l'immense majorité, à une reconnaissance culturelle autant qu'à une redistribution des richesses plus équitables. En 1964, à la faveur d'un voyage en Ethiopie dans le cadre d'une mission pour la coopération et le développement des deux pays, c'est lui qui avait invité l'Empereur Haïlé Sélassié Ier à se rendre en Jamaïque. En gage d'amitié, le souverain lui avait offert une canne en bois qui allait jouer un rôle fondamental lors des élections de 1972. Dans la littérature biblique, on fait en effet grand cas d'un bâton qui aurait été confié au premier des hommes, Adam, par Dieu et qui serait passé ensuite de mains en mains jusqu'à celles du prophète Moïse. C'est brandissant ce bâton que Moïse ouvre les eaux de la mer Rouge permettant au peuple d'Israël de fuir l'Egypte. Arrivé à la fin de sa vie, Moïse confie le bâton divin à Josué qui sera le premier conquérant de la Terre Sainte. Pour les rastas, la canne offerte par sa Majesté Haïlé Sélassié, incarnation de Dieu sur la Terre, ne pouvait être que le fameux bâton qui aussitôt fut connu sous le nom de « rod of Joshua », le bâton de Josué. Lors des meetings qui se succédèrent pendant toute la campagne électorale, Manley ne manquait jamais de brandir le bâton lors de son arrivée sur l'estrade, soulevant l'enthousiasme de foules composées en majorité de bons chrétiens. À ce stratagème allait s'en ajouter un autre, faire en sorte que chaque discours de Manley soit précédé d'un concert. Les Wailers figuraient en tête de liste des artistes que le PNP souhaitait voir figurer à l'affiche. Manley savait qu'il ne pourrait remporter la victoire qu'en mobilisant les jeunes, en général très peu politisés mais pour lesquels le reggae était le seul mode de revendication à leur portée. Une rencontre entre Manley et le groupe fut rapidement organisée au domicile du candidat sur la colline de Stoney Hill. Le message que tentait de faire passer Manley était qu'au *« donnez une chance au ghetto »* du *Trench Town Rock*, il répondait par *« je veux tendre la main au ghetto »* avec de vraies politiques du logement, de santé, d'éducation et d'emploi. Et la fin du patronage (appelé « pork barrel », la barrique de porc parce qu'il s'agissait avant tout de donner à manger au plus démunis), ce système clientéliste qui divisait les quartiers. Bob et Skill Cole sortirent ravis de l'entretien, prêts à accepter la proposition de participer à la campagne. Là où Bunny et Peter se montrèrent bien moins enthousiastes. Leur premier réflexe fut de refuser. Selon eux, les vrais rastas devaient se tenir à l'écart de la politique, l'une des nombreuses ruses employées par Babylone pour asservir le peuple. À ce stade de désengagement, ils auraient même pu citer Walt Whitman lorsqu'il disait *« Je n'ai rien à voir avec ce système. Pas même pour m'y opposer. »* Mais au final, ils se rangèrent à l'avis de Bob et Skip Cole de participer au « musical bandwagon », tournée itinérante à travers l'île à laquelle allait participer un certain nombre d'artistes parmi les plus en vues et qui se relaieraient jusqu'à l'élection. Dans la liste figuraient les chanteurs Alton Ellis, Clancy Eccles et Dennis Brown, et le groupe Inner Circle de Jacob Miller. Généralement les Wailers clôturaient la partie musicale du meeting laissant la place à un Michael Manley qui bénissait la foule en liesse, muni de son bâton. Au bout de quelques dates, Clancy Eccles fut victime d'un malaise et Delroy Wilson prit sa place. Wilson venait d'enregistrer la chanson Better Must Come, (*« Faut que ça change ! »*) qui devint l'hymne officiel de la campagne du PNP. Si bien que la participation des artistes de reggae contribua certainement à l'élection de Manley en juin 1972. Cinq mois plus tard, Rita demanda à Skill Cole d'intervenir auprès du nouveau ministre du Logement Anthony Spaulding pour obtenir une maison dans un lotissement en construction à Bull Bay. De nouveau enceinte, elle allait obtenir ainsi son premier chez-soi, la première habitation en zone sûre pour elle et ses enfants. Le patronage n'était plus d'actualité certes, mais le retour d'ascenseur marchait toujours.

Les Wailers ne participèrent au *musical bandwagon* du PNP que pour une dizaine de meetings. En février, Sims prenait contact avec eux et leur demandait de les rejoindre dès que possible en Angleterre où Johnny Nash était numéro 1 avec *I Can See Clearly Now*. Une tournée promotionnelle avait été montée à la hâte à laquelle Sims souhaitait intégrer les Wailers pour en assurer la première partie. Peter et Bunny se montrèrent à nouveau très réticents. La perspective de retravailler avec Danny Sims ne les enchantait guère. Se rendre à Londres en plein hiver, moins encore. Rita de son côté voyait cette nouvelle séparation comme une menace. Enceinte de six mois d'un fils qui naîtrait en mai, elle devait désormais composer avec une relation de couple bien moins fusionnelle. Son instinct féminin lui signalait bien que quelque chose clochait. Ne sachant quoi, son angoisse n'en était que plus diffuse et donc difficile à maîtriser. Dans son autobiographie, elle évoque cette période comme l'une des plus déprimantes de sa vie. *« Désormais Bob vivait comme il l'entendait. J'avais dû m'y résoudre. Ce mariage que j'avais imaginé comme un engagement durable n'avait pas pu résister à cet appel vers toujours plus de liberté. »* Moins présent, il allait toutefois continuer à pourvoir aux besoins de sa famille. Quant à leurs relations maritales, le petit-fils d'Omeriah Malcolm, dont la conduite, ou l'inconduite selon le côté auquel on se range, faisait partie de la petite histoire de Nine Miles, allait peu à peu s'installer dans un système de polygamie à l'africaine. Rita conservant le titre de première épouse avec la responsabilité et la garde des enfants. Occasionnellement, elle continuerait à partager sa couche. Lors de l'accouchement de Stephen, son troisième enfant avec Rita, sa carrière était sa principale préoccupation. Elle allait d'ailleurs connaître un changement radical. Et ce, pour le meilleur. ◆

"EN TOURNÉE, JE ROULE EXCLUSIVEMENT DANS UN BUS BMW, CA VEUT DIRE BOB MARLEY & THE WAILERS."

BOB MARLEY

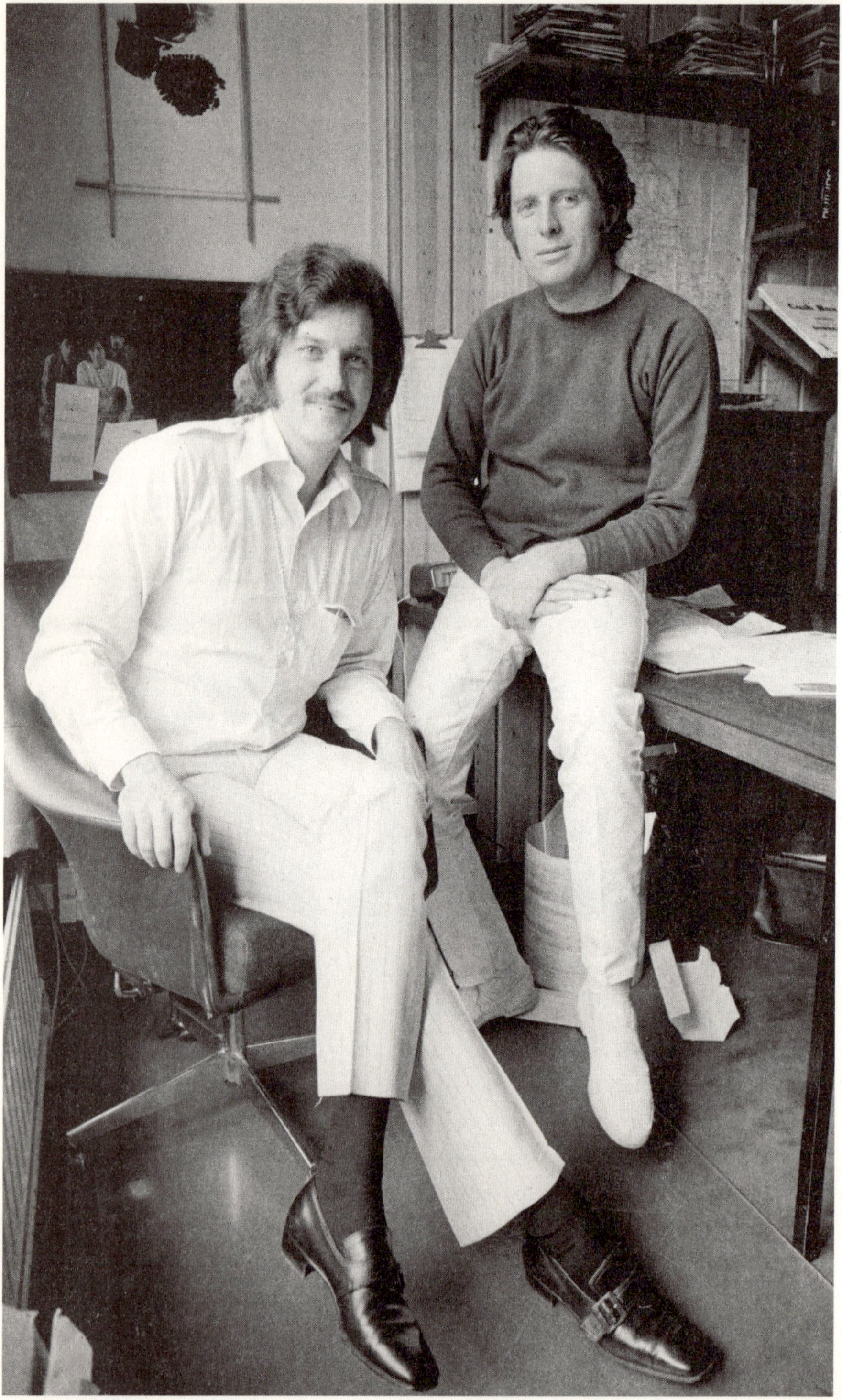

CHAPITRE 9

LA MISE À FEU

Comme le craignaient Peter et Bunny, un froid glacial accueillit les Wailers à leur arrivée à Londres. L'autre mauvais pressentiment était que Danny Sims ne les avait fait venir que pour servir de faire-valoir à Johnny Nash. Thèse que viendra certifier l'hôtel miteux que le producteur américain leur avait réservé dans le quartier de Bayswater où il leur était formellement interdit de cuisiner. Un sérieux problème pour des rastas particulièrement stricts au plan diététique. Très vite Bunny sombra dans la déprime. Le groupe répétait dans un local que Sims avait réussi à négocier à l'entresol de l'immeuble où siégeaient les éditions Rondor. Comme la nuit commençait à tomber en milieu d'après midi, ils avaient l'impression d'être *« des rats prisonniers dans un égout »* selon les mots de Peter. Suite aux protestations du groupe, la situation s'améliora quelque peu lorsque Sims leur dénicha une villa dans le quartier de Queensway. Mais le logement s'avérant trop couteux, les Jamaïquains durent à nouveau déménager. Pour finir par s'installer dans une petite maison rescapée d'un plan de démolition au beau milieu d'un terrain vague de Neasden, quartier lugubre mais tranquille du nord de Londres. Le voisinage étant principalement peuplé d'Antillais, ils trouvèrent un peu de réconfort à fréquenter des gens qui leur ressemblaient. Rapidement, leur adresse devint le rendez-vous de toute une faune – musiciens, dealers, groupies – avec qui ils purent recréer un peu de l'atmosphère des yards de Kingston, improvisant des jam-sessions qui se prolongeaient parfois jusqu'au matin. Après qu'un dealer de Kingston, Jah Light, ami de Bob, eut commis l'imprudence d'envoyer une enveloppe contenant une certaine quantité de ganja, la police fit irruption en pleine nuit, confisquant leurs passeports et les menaçant d'expulsion. Les Wailers ne durent leur salut qu'à l'initiative du cuisinier, un certain Beano, qui accepta d'endosser la responsabilité en s'accusant

Chris Blackwell (droite) avec le producteur Jimmy Miller
(The Rolling Stones, Traffic, Primal Scream), le 14 juin 1968. © Watson / Daily Express

d'être le destinataire de l'enveloppe. Ce qui ne leur épargnait pas l'abattement d'être coincés dans cette friche urbaine, à attendre des journées entières que les choses veuillent bien se mettre à bouger.

Danny Sims leur avait promis monts et merveilles : ils se retrouvaient piégés dans une baraque ressemblant de plus en plus à un squat pour SDF. Il leur avait annoncé une marche triomphale sur Londres et les grandes villes britanniques : la tournée en première partie de Johnny Nash se transforma en concerts épisodiques dans des clubs de la banlieue auxquels n'assistaient qu'une poignée d'amateurs. Pendant ce temps le single *I Can See Clearly Now* commençait à être diffusé aux États-Unis. Si bien que Sims et Nash ne se firent pas prier. Ils plièrent bagage et s'envolèrent au plus vite pour l'Amérique afin d'assurer la promotion du disque, laissant Marley et les autres sans le sou et, d'après certaines versions, sans passeports. Après l'échec de *Reggae on Broadway*, il leur était inutile d'aller quérir l'aide de CBS. S'ils avaient déjà vécu ce genre de situation, s'étaient retrouvés dans pareilles impasses, c'était à Kingston, où trouver une solution était simple. Mais à Londres, en plein hiver, abandonnés dans un quartier paumé, c'était une tout autre affaire. Brent Clark, attaché de presse engagé par Sims, était le seul à se préoccuper encore de leur sort. C'est lui, un soir où leur moral touchait le fond, qui suggéra de contacter Chris Blackwell, le fondateur des disques Island. Marley connaissait Blackwell au moins de nom. Dix ans plus tôt il avait distribué *Judge Not* en Angleterre. Quant à Blackwell, il avait beau être à la tête d'un label dont le succès s'était construit sur un catalogue d'artistes essentiellement rock ou folk comme Traffic, Free, King Crimson, Jethro Tull, Emerson Lake & Palmer et Cat Stevens, il n'en était pas moins un fin connaisseur des musiques jamaïquaines. Et pour cause.

Christopher Percy Gordon Blackwell, né à Londres en 1937, avait passé les huit premières années de sa vie en Jamaïque. Une Jamaïque aux antipodes de celle de Bob Marley. De souche irlandaise, son père Joseph Blackwell était lié à la fabrique de conserves Crosse & Blackwell. Quant à sa mère, Blanche, elle appartenait à la famille Lindo dont l'implantation en Jamaïque remontait à la vague d'immigration juive sépharade de la fin du XVIIIe siècle. Les Lindo étaient à la tête d'une immense fortune bâtie grâce au commerce de rhum. Ils possédaient de vastes exploitations et des propriétés dont l'une, Terra Nova, située dans un quartier chic de Kingston, servit de cadre à l'enfance dorée du petit Chris. Souffrant d'asthme et ayant contracté la poliomyélite à l'âge de cinq ans, il n'avait pour ainsi dire jamais quitté la somptueuse demeure familiale. Jardiniers et cuisinières constituant sa seule relation avec le monde extérieur. Envoyé en Angleterre pour y poursuivre ses études, il passa par les prestigieuses écoles de Harrow et d'Oxford. Et à vingt-deux ans, multidiplômé, il n'aspirait qu'à entrer dans la vie active. Il commença par vendre de l'immobilier. Puis gagna sa vie en donnant des cours de ski nautique ou en louant des scooters. Il sera même pendant quelques mois l'aide de camp du dernier gouverneur anglais de l'île, Sir Hugh Foote. Mais dès qu'il le pouvait, il s'adonnait à sa passion pour le jeu. Bridge, black jack, poker, courses de chevaux, de lévriers, il pariait sur tous les terrains. *« C'est en fréquentant les casinos ou les champs de courses que j'ai appris à bluffer. Qualité indispensable si l'on veut survivre dans l'industrie du disque. »* Car plus encore que le jeu, Chris Blackwell aimait la musique. En 1961, il produit un premier disque d'un pianiste des Bermudes, Lance Heywood. Un an plus tard, il travaille sur le tournage du premier film de la série des James Bond, *Docteur No*, réalisé en Jamaïque où vit alors Ian Flemming, le créateur du célèbre agent secret. Avec l'argent gagné, il ouvre à Londres les premiers bureaux de son label baptisé Island (île) en référence à cette île des Caraïbes dont il est originaire. Le succès ne tarde pas. En 1964, *My Boy Lollipop* l'une des rares chansons ska interprétée par une fille, Millie Small, se hisse au sommet de nombreux classements. Le disque se vend jusqu' à sept millions d'exemplaires à travers le monde. C'est lors d'une tournée en Angleterre de sa protégée qu'il va faire la découverte du Spencer Davis Group, formation au sein de laquelle brille un jeune chanteur, Stevie Winwood, au profil d'éphèbe, à la voix soul d'un Ray Charles blanc. Une rencontre qui change tout. Et de petit label indépendant spécialisé dans la musique caribéenne, Island devient en quelques années l'un des cadors du rock.

Pour autant, Blackwell ne délaisse pas complètement la musique de l'île. En 1969, il sort la bande originale de *The Harder They Come (Tout, tout de suite)*, réalisé par le jamaïquain Perry Henzell, dont Jimmy Cliff est la vedette. Le film raconte l'ascension et la chute d'un jeune campagnard qui devient à la fois une star de la musique et l'ennemi public numéro 1. Le film cartonne. Comme la bande originale avec les titres *The Rivers of Babylon* par The Melodians – bientôt repris par Boney M – ou *Many Rivers to Cross* interprété par Cliff. Blackwell, à la recherche d'un artiste proposant un nouveau genre musical et comblant le vide symbolique laissé par les morts de Jimi Hendrix et Jim Morrison dans l'imaginaire de la jeunesse occidentale, voit en Jimmy Cliff un sérieux prétendant. Sauf que Cliff, alléché par la proposition financière d'une autre compagnie de disques, lui échappe. À cet instant précis, Bob Marley pénètre dans son bureau. *« Le jour où Bob Marley est entré dans mon bureau dira Blackwell, j'ai eu comme une vision. »* Celle d'un rebelle nouveau genre, d'un rocker d'un autre monde. Blackwell peut-il imaginer à cet instant l'impact qu'aura ce jeune chanteur caribéen sans le sou, affamé, dont personne ne connaît la musique, armé de ce rythme si particulier ? À-t-il l'intuition d'être en présence de l'un des artistes les plus importants du XXe siècle ? Probablement pas. Mais le charisme de Marley est tel qu'il n'hésite pas une seconde. L'instinct du joueur parle et sa première préoccupation est de donner confiance à Marley et aux Wailers, de prouver qu'il croit en eux. Bravant les avis dont son entourage le mitraille, sourd aux nombreuses mises en garde sur le peu de fiabilité à accorder à des rastas, il décide de leur allouer une avance de 8 000 livres sterling. Sur la seule foi d'un accord verbal, Blackwell s'engage à verser la moitié avant que le groupe n'entre en studio. Le solde leur revenant à la remise des bandes. Gonflés à bloc, les Wailers rentrent à Kingston au début du mois de juin 1972. Avec l'argent récupéré, Bunny quitte Trench Town pour s'installer définitivement à Bull Bay. Un vent de renouveau souffle sur la petite troupe. *« C'est à ce moment que l'on a pu voir apparaître des sourires sur nos visages pour la toute première fois »* écrit Rita dans ses mémoires. Blackwell a été clair, ce qu'il souhaite mettre sur le marché européen et américain, c'est un

Jimmy Cliff au début des années soixante-dix. © K & K Ulf Kruger OHG

album avec une identité sonore et une thématique forte de manière à conquérir le public occidental qui ne se contentera pas d'une simple collection de chansons. Les séances se déroulent tout au long de l'été dans trois studios différents, Harry J, Dynamic et Randy's. C'est la première fois que le groupe n'a pas à travailler dans l'urgence, qu'il dispose d'un temps suffisant pour refaire des prises jusqu'à satisfaction. Quand un soir Blackwell débarque de Londres au 10, Roosevelt Avenue à Kingston où se trouve Harry J, il est aussitôt rassuré : *« La musique était fantastique. Ils terminaient* Slave Driver *et c'est comme si la marche du temps était suspendue. C'était comme je l'avais rêvé »*. Immergés dans un nuage de fumée s'échappant des chalices en pleine combustion, les Wailers, aidés par quelques supplétifs (dont le bassiste Robbie Shakespeare sur la nouvelle version de *Concrete Jungle*), ne se contentent pas de réinventer la musique, ils dilatent aussi l'espace-temps, repeignent l'Histoire à leurs couleurs. Conscient qu'il lui faut encore franchir une étape avant de pouvoir présenter l'album au public rock, Blackwell repart à Londres avec les bandes sous le bras et s'enferme dans le studio d'Island installé dans une ancienne chapelle de Basing Street. Où Marley le rejoint quelques jours plus tard.

Cette ultime phase s'avérerait décisive. Elle achèverait le forage de l'improbable tunnel que Blackwell était le seul à imaginer reliant deux mondes à l'opposé l'un de l'autre, celui du rock, celui de la musique caribéenne. Un guitariste américain, Wayne Perkins, qui enregistre dans le studio voisin avec son trio, Smith, Perkins & Smith, est invité par Blackwell à glisser quelques solos sur trois morceaux, *Concrete Jungle*, *Stir It Up* et *We've Got a Date*. Perkins qui n'a jamais entendu une seule note de reggae suit les conseils de Blackwell qui, le sachant originaire du sud des États-Unis, et accompagnateur occasionnel du bluesman Albert King (il allait bientôt collaborer avec les Rolling Stones), lui conseille de suivre son instinct. D'abord déstabilisé par ce nouveau rythme qui avance à contretemps, Perkins finit par délivrer un enchaînement de notes lyriques et plaintives venant rehausser la couleur bluesy des morceaux. Un peu comme si Éric Clapton en personne avait consenti à descendre de son piédestal pour participer à cet hybride inédit. Clapton qui quelques mois plus tard jouerait pour de vrai un rôle dans la consécration de Bob Marley à l'international. L'autre contribution extérieure viendra de John « Rabbit » Bundrick avec qui Marley s'était lié à Stockholm dont les nappes de synthétiseurs apportent une touche féérique à l'ensemble. Une fois les huit morceaux mixés, Blackwell se met à réfléchir à l'emballage. Partant du titre choisi, *Catch a Fire*, soumettant l'idée qu'avec ce disque les Wailers « allumaient la mèche », il commande à John Hoernie, un concepteur très en vue à Londres, une pochette d'un nouveau genre. Hoernie aboutit à une imitation d'un briquet Zippo qui s'ouvrant par le sommet libère une flamme en carton derrière laquelle apparait le disque vinyle. Marley pour qui les chansons sont comme « des torches dans la nuit » donne aussitôt son accord. La date de sortie de l'album est fixée à décembre 1972. Mais un obstacle imprévu vient contrarier les plans d'Island. Personne, à commencer par les intéressés eux-mêmes, n'a pris la peine de prévenir Blackwell que les Wailers sont toujours sous contrat avec JAD Records, le label de Danny Sims et Johnny Nash, ainsi qu'avec avec CBS le distributeur. Sachant le peu d'intérêt que CBS porte aux Jamaïquains après l'échec de *Reggae on Broadway*, Blackwell s'efforce d'amadouer Sims dont il devine la volonté de conserver les ressources de Marley en tant qu'auteur-compositeur. Contre la résiliation du contrat avec JAD, Sims exige une somme d'argent (5 000 livres) qui doit servir à libérer le groupe de ses engagements avec CBS, plus 2 % sur les six premiers albums des Wailers pour Island et le renouvellement du contrat le liant à Cayman Music, la maison d'éditions de Sims, pour les cinq années suivantes. Un deal que Blackwell accepte sans discuter.

Catch a Fire avait été conçu comme un cheval de Troie. Des solos de guitares aux nappes de synthé, jusqu'à la pochette Zippo, l'esthétique d'ensemble avait pour but de s'introduire dans cette forteresse du rock où régnaient encore les Rolling Stones et autres Led Zeppelin. La seule photo à figurer au verso montre d'ailleurs un groupe dont aucun membre ne sourit, à la manière de Rolling Stones antillais. Blackwell, patron roué de l'un des meilleurs labels rock du moment, savait exactement de quoi il parlait lorsqu'il avançait que comme les Stones, les Wailers pouvaient *« se*

DISCOGRAPHIE SÉLECTIVE

CATCH A FIRE

1973, ISLAND/TUFF GONG

01. CONCRETE JUNGLE
02. SLAVE DRIVER
03. 400 YEARS
04. STOP THIS TRAIN
05. BABY WE'VE GOT A DATE (ROCK IT BABY)
06. STIR IT UP
07. KINKY REGGAE
08. NO MORE TROUBLE
09. MIDNIGHT RAVERS

montrer durs envers la tendresse et tendres envers la dureté ». Conserver l'usage d'une sensibilité aiguë, préserver son humanité dans un contexte social où se développent les germes de la violence, rester libre dans un monde où rien ne vous est jamais pardonné, où le moindre faux pas sera immédiatement sanctionné, résume assez bien la démarche de cet équipage dont l'exotisme musical ne semble plus du coup constituer un obstacle aussi insurmontable pour des oreilles occidentales. D'autant que s'appuyant sur une plume très acérée, Bob Marley n'a pas à produire le moindre effort pour se glisser dans la peau du genre de héros dont la jeunesse de l'après Seconde Guerre mondiale raffole. *« Pour vivre en dehors des lois, tu te dois d'être honnête »* chante Bob Dylan, dans *Absolutely Sweet Marie*. Cette auréole d'intégrité insoumise qui accompagne la figure de Bob Marley commence dès *Catch a Fire* à imprimer l'imaginaire d'un public habitué à vivre et penser dans l'orbite de rebelles patentés dont le rock a le secret. Héros et rebelle, Marley le devient dès les premiers mots de *Concrete Jungle*, chanson qui ouvre le disque, où il plante le décor. Celui d'un monde paradoxalement obscur, quand on sait la généreuse lumière qui arrose en toutes saisons l'île de la Jamaïque. *« Aucun soleil ne brillera sur mes jours »* débute une chanson qui dépeint cette jungle de béton comme un puits de basse-fosse. Idée que renforce l'évocation d'une lune qui se refuse, elle aussi, *« à venir jouer »* pendant la nuit. Dans ce jour sans soleil, dans cette nuit sans lune, cette *Concrete Jungle*, dont le nom renvoie à cette partie réhabilitée de Trench Town que Marley a bien connue, devient le théâtre d'un enfermement où seule règne la loi du plus fort, où l'amour n'est nulle part en vue. Avec ce son de basse totalement monstrueux, cette tonalité d'une incroyable véhémence, l'impression d'écrasement et de folie est totale. Vient alors une idée-force de ce disque théâtral lorsqu'il chante que bien qu'aucune chaîne n'entrave ses pieds, il ne se sent pas libre. En 1972, la Jamaïque est indépendante depuis dix ans mais le sentiment d'être enchaîné à la pauvreté reste unanime, non seulement au sein des ghettos mais aussi pour la grande majorité de la population. *« Je sais que je suis ici en captivité »* constate Marley avec amertume. Verdict qui annonce le second titre, le plus puissant du disque, *Slave Driver*, marqué par l'un des traits de génie définitifs de son œuvre. Réalisant une agile pirouette d'ubiquité temporelle, Marley dit que son sang *« se glace »* quand il entend claquer le fouet du « slave drive » (le contremaître qui dirigeait autrefois les contingents d'esclaves), même si de sa vie il n'a jamais été fouetté, ni même entendu le son du fouet. Cent cinquante ans après l'abolition de l'esclavage, ce rescapé du ghetto se téléporte mentalement, entre deux époques, celle où l'on menait les esclaves à la schlague et celle, contemporaine, où l'on est condamné à vivre enchaîné à la misère. En disant ressentir dans sa chair ce que subissaient les captifs dans la cale des navires négriers, il efface en une formule un siècle et demi pour affirmer que quand bien même l'esclavage n'aurait plus cours, le système qui l'a permis reste en place. Dans un tourbillon de voix qui à la fin chavire les sens et vient *« attendrir la dureté »* du propos, il célèbre la mémoire des ancêtres martyrs pour mieux dénoncer l'injustice qui en découle, dont souffrent ses contemporains. Bob Marley trouve ici le chemin étroit menant du sentiment personnel à la réalité collective, chemin que seuls les vrais poètes savent emprunter.

Cette chanson, la plus politique de son répertoire à ce jour, ouvrait à sa manière un débat encore relativement souterrain au sein de la société jamaïquaine. Lorsque *Catch a Fire* paraît, on enseigne encore dans les écoles de l'île l'histoire de l'Empire britannique en s'efforçant de rester évasif sur ses aspects tragiques. Comme l'avait dit Marley à sa mère pour justifier sa décision de quitter son école, *« la seule chose qu'on nous enseigne ici, c'est l'histoire des Blancs »*. *Slave Driver* mettait clairement les pieds dans le plat. Elle rectifiait les manuels scolaires. Tâche à laquelle se consacre de manière plus militante encore la chanson suivante, *400 Years*, signée Peter Tosh. Ces quatre cents ans permettent une mise en perspective qui vient enfoncer le clou. *« 400 ans et c'est la même philosophie »* médite un Tosh amer qui pour le titre suivant réactualise ce *Stop That Train*, enregistré trois ans plus tôt pour Leslie Kong, où il délivre le seul message d'espoir du disque. Ce train dans lequel Tosh invite la jeunesse à s'embarquer n'est pas encore explicitement celui du rastafarisme. Aucune allusion à un retour en Afrique. Nulle invocation religieuse. Même si symboliquement il s'agit bien de sortir d'une captivité qui ne dit pas son nom, car sans chaînes ni barreaux. Avec *Baby We've Got a Date* et *Stir It Up*, dernière chanson de la face A et première de la B, le disque évolue vers une autre zone, plus romantique, où la figure de la femme convoitée, si insistante dans l'œuvre de Marley, s'installe dans une ambiance sensuelle nettement plus légère. Bien que moins chargés de sens historique, et nettement plus « festifs », ces deux titres finissent néanmoins par rejoindre *Concrete Jungle* et *Slave Driver* sur l'impossible aspiration à l'amour et au bonheur dans un monde aliéné. *Kinky Reggae* et *Midnight Ravers* n'ont en revanche aucun équivalent dans le répertoire de Marley. Directement inspirées par son premier séjour à Londres, elles évoquent les tribulations d'un jeune étranger dans les méandres d'un monde bouleversé où les tentations et la chute guettent à chaque coin de rue, qu'il s'agisse de sexe tarifé ou de drogues... Le ton reste impressionniste, les interprétations multiples. Quant à *No More Troubles*, elle concentre dans un chant d'unisson l'exaspération de tout un peuple. Il s'agit là, ni plus ni moins, d'une prière afin que cesse cette violence, politique ou délinquante, qui ravage des milliers de vie dans une partie du monde qui ne tardera pas à devenir une zone de guerre.

Bob Marley devenu le protégé de Chris Blackwell, sa vie changea radicalement presque du jour au lendemain. En janvier 1973, après qu'il eut servi d'intermédiaire dans les négociations entre Danny Sims et Island, il fut invité à une petite sauterie dans un hôtel chic de Manhattan en l'honneur de Traffic, groupe dont Stevie Winwood, ex-Spencer Davis Group, était leader. Il y rencontre Lee Jaffe, un jeune réalisateur avec lequel il se liera aussitôt d'amitié. Quelque temps plus tard, Jaffe, harmoniciste occasionnel, réussira même à être le seul musicien blanc à se produire sur une scène avec les Wailers. Bob y fait surtout la connaissance d'Esther Anderson, une actrice à l'affiche du film *A Warm December* aux côtés de Sidney Poitier. Jolie métisse anglo-indienne de nationalité jamaïquaine, on lui prêtait alors plusieurs liaisons de nature à retenir l'intérêt de la presse *people*, dont une avec Blackwell et une autre avec Marlon Brando. C'est elle qui va proposer à Bob de se joindre à l'« excursion » que Blackwell va organiser début 1973. Une fois arrivé à Kingston, ce dernier loue un DC3 dans lequel s'embarquent le batteur de Traffic, Jim Capaldi, et quelques amis, dont Esther et Jaffe. Le but de l'escapade étant de prendre du bon temps, Bob goûte pour la première fois aux joies de la *jet-set life*. Que Peter et Bunny, sans parler de Rita, ne fassent pas partie de l'expédition n'avait rien de bien étonnant. Les deux autres Wailers resteront toujours méfiants à l'égard de Blackwell et du show-business en général. Quant à Rita, si elle demeurait l'épouse en titre et si sa carrière serait bientôt indissociable de celle de son époux, elle ne faisait plus vraiment partie du paysage sentimental de celui-ci. Qui allait considérablement s'étendre au fil des mois. La croisière dura quelques jours. Fit escale à la Barbade et à Trinidad où se déroulait le carnaval de Port of Spain. Bob et Jaffe s'y démenèrent pour trouver un peu d'herbe. En vain. Puis l'odyssée faillit tourner au cauchemar quand l'avion choisit de se poser à Port-au-Prince en Haïti. Bientôt cernés par quelque deux cents tontons macoutes en armes, les passagers furent mis en résidence surveillée dans un hôtel à l'intérieur duquel se trouvait un casino. Ce qui leur permit de tuer le temps. Finalement, Blackwell en fut quitte pour graisser la patte du militaire chargé de les encadrer et leur avion put redécoller dès le lendemain.

À son retour à Kingston, Bob était au moins sûr d'une chose. Il était amoureux d'Esther. Avant d'intégrer le milieu du show-business, la jeune femme avait passé une partie de son enfance dans un village de la campagne jamaïquaine, singularité qui lui permettrait de jouer un rôle stratégique important lors du passage qu'allait effectuer Bob entre le monde dont il était issu et celui qu'il allait peu à peu intégrer. Au cours des mois qui suivirent, avec un rôle officiel d'attachée de presse et de photographe des Wailers, Esther faciliterait à Bob l'apprentissage de certains codes. Elle lui ferait notamment abandonner cette méfiance qu'il affichait instinctivement en présence d'étrangers. Et elle jouerait un rôle de seconde épouse le temps qu'allait durer leur idylle. De son côté, Rita menait sa vie, s'efforçant de rester fataliste. *« Esther Anderson n'était pas la première et ne serait pas la dernière... »* écrit-elle dans son autobiographie. En effet, Bob allait rapidement multiplier les conquêtes. Mais aussi les progénitures. Ainsi, le lendemain du jour où Rita donnait naissance à Stephen, second fils de Bob, Janet Dunn accouchait à Londres de Rohan Marley. Tandis qu'à Kingston, une certaine Patricia Williams mettait au monde un petit Robert Marley Jr., et Janet Bowen une petite Karen Marley. D'autres enfants viendront au cours des années s'ajouter à l'abondante descendance, sachant qu'un rasta dédaigne par principe l'usage de contraceptifs et qu'à moins que sa partenaire ne prenne elle-même des précautions, la probabilité d'une grossesse reste importante.

Chris Blackwell mit à la disposition des Wailers, une grande maison de style colonial située au 56 Hop Road, non loin de la Jamaican House, ancienne résidence du gouverneur transformée en résidence du Premier ministre depuis l'indépendance. Rien ne pouvait mieux symboliser le changement de vie que cette nouvelle demeure dans l'un des quartiers les plus bourgeois de New Kingston. Si quelques kilomètres seulement la séparaient des anciens toits que Marley avait connus, de Nine Miles à Trench Town, c'est en années-lumière que se calculait la distance sociale et historique. L'imposante et élégante bâtisse était emmaillotée de planches de goyavier recouvertes de laque blanche, tandis que les fenêtres laissaient filtrer la lumière à travers des persiennes et que les branches d'un manguier géant protégeaient la façade de leur ombre. À l'arrière se trouvait une dépendance où vivait encore le gardien des lieux, un certain Rennie. Jadis, c'est dans cette extension que logeaient les esclaves des premiers propriétaires. Hasard ou ironie, c'est dans cette partie du domaine que les Wailers allaient travailler leurs nouvelles chansons et que Bob, plus tard, ferait construire un studio d'enregistrement. Bob et Esther emménagèrent aussitôt dans la plus grande chambre au premier étage, côté cour. Lee Jaffe, qui avait renoncé à un tournage au Chili, s'installa quant à lui dans une pièce plus petite côté jardin. Le cuisinier Gilly Gilbert fit du rez-de-chaussée son royaume. Des hôtes de passage vinrent occuper les chambres restantes, tel Skill Cole de retour d'une saison au Brésil, ou Neville Garrick, jeune graphiste diplômé de l'UCLA qui travaillait comme directeur artistique au Jamaican Daily et deviendrait l'illustrateur attitré et l'un des plus proches collaborateurs de Bob Marley. Des musiciens comme le guitariste Ben Sticko Mitchell, le percussionniste Seeco Paterson ou l'organiste Earl Wire Lindo, comptèrent parmi les habitués. Bunny qui répugnait pourtant à quitter son chalet de Bull Bay, y séjournait régulièrement. Bientôt c'est une petite communauté qui se mit à graviter à Hope Road. Certains comme Bird, ami de Bob, furent trop heureux de quitter leur vie de sans-abri. Tout comme Lips, autre galérien, qui s'improvisa garde du corps. Peter en revanche n'y resta pas plus d'une nuit. C'est lui qui faisait remonter les rumeurs circulant à Trench Town où le nouveau style de vie de Bob Marley faisait débat. Au sein de la communauté rasta, le sujet était même devenu si brûlant – beaucoup lui reprochant d'avoir dévié du droit chemin, d'autres de s'être mis en ménage avec « une Blanche » (Esther était considérée comme Blanche, tout comme Marley traité de « petit Blanc » à son arrivée à Trench Town) – que Bob dut venir s'expliquer auprès des « elders », les aînés de la confrérie. Où il fut accueilli fraîchement. Il eut beau leur dire que les portes de la maison de Hope Road leur étaient grandes ouvertes, ils restèrent relativement distants. À Hope Road, le voisinage immédiat du 56 manifestait de son côté une hostilité grandissante à l'égard de cette faune disparate composée de musiciens, de membres de la jet set, de rastas, de voyous, de dealers. Les odeurs de ganja et les « nuisances » sonores occasionnées par les répétitions jusqu'à tard le soir, finirent par attirer les « babylons ». Marley qui en dernier ressort pouvait toujours se rappeler au bon souvenir du Premier ministre Michael Manley, qu'il avait aidé à se faire élire l'année précédente, se mit à parlementer régulièrement avec la police devant les grilles de la maison.

La sortie le 13 avril 1973 de *Catch a Fire* alluma au moins une mèche. Celle de la critique rock qui accueillit l'album avec enthousiasme. De ce point de vue, le plan concocté par Chris Blackwell avait fonctionné, l'approche sonore, la dimension mystique, la flamme révolutionnaire recueillant l'assentiment de nombreux journalistes. Le reste des médias demeura en revanche sans réaction. Les radios passèrent outre. Comparé à son importance artistique, l'impact commercial du disque fut dérisoire,

Chris Blackwell au Compass Point Studio de Nassau, Bahamas, dans les années soixante-dix. © Adrian Boot / Island Records

l'album ne se vendant qu'à 18 000 exemplaires à sa sortie. La commercialisation simultanée d'*African Herbsman*, compilation regroupant des titres produits par Lee Perry, semble avoir joué en sa défaveur. Déconvenue qui incita Blackwell à mettre la pression sur le groupe pour mettre en chantier le second album pour Island. Les répétitions reprirent aussitôt entre Hope Road et le studio Harry J., Earl Wire Lindo étrennant son statut de nouveau Wailer à part entière sous le parrainage des frères Barrett. Provisoirement intitulé *Reincarnated Soul (Les Âmes réincarnées)*, d'après une chanson de Bunny (finalement écartée de la *track list* finale), l'album incluait de nouvelles versions de morceaux datant de l'époque Lee Perry comme *Put It On*, *Small Axe* ou *Duppy Conqueror*. D'après l'organiste Tyrone Downie qui allait rejoindre le groupe quelques mois plus tard, ce recours permanent à de vieux titres prouvait la foi absolue qu'avait Marley dans ses œuvres, ainsi que son désir de les faire enfin reconnaître à leur juste valeur. Pourtant ce sont bien les dernières nées comme *Burnin' & Lootin'*, *Get Up, Stand Up* ou *I Shot the Sheriff* qui allaient donner cette identité plus politique, pour ne pas dire insurrectionnelle, au nouveau projet. Un démarquage par rapport à *Catch a Fire* qui s'accompagnait d'un son bien plus brut, presque naturaliste en comparaison. Mais aussi assorti d'un look plus agressif, celui de quasi-guérilleros mystiques. Ainsi, lorsque Cedella Booker vit débarquer son fils à Wilmington, où il fit escale avant de rejoindre l'Angleterre, vêtu d'une veste de cuir et de bottes de motard, ses dreadlocks portées fièrement comme un heaume de chevalier, elle eut la vision *« d'un soldat de Jah sur le chemin des croisades »*.

En fait de croisade, la tournée anglaise qui débutait mi-avril par un concert dans l'université de Lancaster prit des allures de galop d'essai, le reggae restant relativement marginal auprès d'étudiants bien plus intéressés par les explorations de groupes de rock progressif comme King Crimson, Pink Floyd ou Genesis. Il faudra attendre le passage des Wailers au Speakeasy, célèbre repère de la scène rock londonienne, pour enregistrer un premier déclic. Dans son compte rendu, le journaliste Chris Salewics, alors rédacteur en chef de l'hebdomadaire *Melody Maker*, décrit le concert comme *« une expérience qui change une vie »*. Cette sensation d'être en présence d'un moment d'histoire, on la goûte en découvrant les images de l'émission *The Old Grey Whistle Test* filmées quelques semaines plus tard, le 20 mai 1973, dans les studios de la BBC. Accompagné des frères Barrett et de Wire Lindo, le trio y livre un *Get Up, Stand Up* au rythme dur. Soudés comme jamais par cet effort se prolongeant depuis maintenant dix ans qui leur a permis, non sans difficultés et dissensions, d'endurer en serrant les dents mille épreuves, et autant de déceptions, on sent qu'ils tiennent enfin leur destin en main. Dans le magazine *Rolling Stone*, le journaliste Robert Palmer qui vit un concert du groupe aux États-Unis à la même époque, écrit : *« Leurs trois voix se mélangent moins qu'elles ne composent une texture en mouvement permanent, leurs timbres demeurant distincts, tout en étant intimement entrelacés. À la différence de la plupart des chanteurs de rock de l'époque, les Wailers refusent de maquiller cette dureté enracinée dans leur vécu du ghetto, considérant leur origine sociale comme l'une de leurs principales forces. »* Il y a en effet dans la texture composite de leurs voix une singularité faisant ressortir cette fameuse tendresse dans la dureté. Apparaissant ainsi fragiles dans la vigueur de leurs incantations, âpres dans la douceur de leurs plaintes. Cette tournée allait contribuer à bâtir leur réputation. Mais elle devait aussi accélérer le processus de séparation. Une première alerte survint lors du concert au Speakeasy où Bunny se mit à flipper en voyant un squelette humain exposé dans une vitrine à l'entrée du club. Pour un rasta, les présages sont toujours à prendre au sérieux. Mais avec Bunny, le plus pieux des trois Wailers, cette propension se doublait d'une forte prédisposition à la paranoïa. Le rastafarisme a cette particularité de nier la fatalité mortelle, d'en faire la conséquence d'une inconduite, non d'une quelconque entropie. Selon leur philosophie, la « livity » (vitalisme), tout doit être orienté vers le vivant. Cela va du refus de manger la chair animale (à quelques exceptions près) à celui d'assister à un enterrement. Ce n'est pas une vie hypothétique dans l'au-delà qu'ils défendent, mais une vie éternelle dans ce monde-ci. À condition de mener une existence irréprochable, à chaque instant vertueuse. Cette simple apparition eut le don de rembrunir l'esprit de Bunny déjà profondément meurtri par le dépaysement. De retour à Kingston, il s'empressa de retourner à Bull Bay au sein de sa communauté, se jurant de ne plus en bouger avant longtemps. Refusant même de participer à la suite de la tournée américaine qui commençait un mois plus tard, prétextant une insurmontable phobie de l'avion.

De son côté, Peter ne supportait plus le rôle de leader unique que Blackwell faisait selon lui assumer à Bob Marley. Une frustration à laquelle s'ajoutait celle de voir ses chansons recalées. Sur *Catch a Fire*, seules deux de ses compositions avaient été retenues. Sur le nouvel album, *Burnin'*, il n'y en aurait plus qu'une et demi, *One Fondation*, et *Get Up, Stand Up*, sans doute la seule véritable collaboration qui porta ses fruits entre lui et Bob Marley. Pour parer à l'absence de Bunny pendant la tournée US, on fit appel à Joe Higgs qui vint prêter main-forte à ses anciens élèves de Trench Town. Ils débutèrent au Paul's Mall, un club de jazz de Boston à raison de trois concerts par soir, le dernier vers 2 h du matin, et un cachet de 1 000 US $ par semaine. Le chaleureux accueil que leur réservait le public leur fit oublier quelque peu les soubresauts de la tournée anglaise. L'étape suivante fut tout autant couronnée de succès avec des prestations enflammées au Max Kansas City, club mythique de la scène rock new-yorkaise où ils se produisirent en première partie d'un jeune talent plein de promesse originaire du New Jersey, un certain Bruce Springsteen. Mais c'est leur passage par la Californie qui les séduisit le plus. À San Francisco où ils étaient programmés au Matrix, Marley put apprécier cet esprit si particulier, mélange d'hédonisme et de contre-culture, qui flottait encore sur le quartier de Haight-Ashbury depuis l'âge d'or hippie. Il goûta aussi l'herbe locale qu'il trouva abondante et d'excellente qualité. Malgré un hébergement souvent aléatoire et une assistance technique souvent réduite à sa plus simple expression (c'est-à-dire souvent sans ingénieur du son, ni éclairagiste) cette mini-tournée américaine, dont Lee Jaffe avait assuré la mise en route et l'essentiel de la logistique, se solda positivement. Seul inconvénient aux yeux du groupe, de la Floride au Kentucky et de la Californie au Massachusetts, 95 % du public était composé de jeunes Blancs. À l'inverse de l'Angleterre où une forte présence anglo-antillaise était recensée à chaque prestation des Wailers, la communauté africaine américaine semblait absolument hermétique au son du reggae et aux homélies rasta. Il allait en être ainsi pendant toute la carrière de Bob, au grand déplaisir de celui qui se voulait la figure de proue du renouveau de l'afrocentrisme.

Burnin' sortit le 19 octobre 1973, soit six mois seulement après le lancement de *Catch a Fire*. Battre le fer tant qu'il était encore chaud semblait être le souci premier de Blackwell dans cette mise à feu ultra-rapide. La pochette avait l'avantage d'annoncer la couleur sonore, celle plus « roots » d'un reggae sans colorants psychédéliques ni additifs rock. Sur un panneau de planches, les lettres encore fumantes du titre de l'album et du nom du groupe, comme gravées à même le bois à l'aide d'un fer rouge, entoure le portrait collectif des musiciens en bouquet, entre effigies au pochoir sur le mur d'une cité, à la fois signe de reconnaissance et de résistance, et avis de recherche de bandits en fuite dans un western tropical. Le décor ainsi planté, les choses sérieuses pouvaient commencer. La chanson *Burnin' & Lootin'* dont est tiré le titre général, résume à elle seule l'esprit de ce disque brûlot. Son texte tire parti d'un incident dont avait été victime la famille Marley à l'époque où elle habitait encore à Trench Town. Au beau milieu de la nuit, la maisonnée avait été brutalement réveillée par une escouade de policiers venue perquisitionner à la recherche d'assez de ganja pour mettre ce trublion de Bob Marley au trou pour plusieurs années. Après avoir fouillé la maison, interrogé ses occupants, ils étaient repartis laissant Bob, Rita et les enfants libres mais en état de choc. C'est de la colère engendrée par cette irruption nocturne que sortaient les mots de cette chanson appelant à « brûler et piller ». C'est de l'humiliation subie lors de ce raid, dans lequel se concentrait toute l'injustice structurelle d'une société où les plus pauvres font l'objet de tous les harcèlements, que s'échappait cette bouffée vengeresse, Marley faisant entendre là qu'il n'a d'autres choix pour répondre que la violence et la destruction. Avec cependant une nuance d'importance à la fin du refrain lorsqu'il dit qu'il va *« brûler toutes les illusions ce soir »*. D'un appel aux représailles, on passe ainsi à un mode plus abstrait de révolte intérieure, au dessillement des consciences, où les victimes de cette violence d'État peuvent s'épargner l'enfermement dans ce

cycle infernal du terrorisme et de la répression par une approche certes plus intellectuelle mais pas moins effective. Car cette restriction, si elle nuance le propos, ne change pas radicalement l'appel à la révolte que délivre cette chanson ô combien importante symboliquement dans le répertoire du chanteur (elle sera retenue par le réalisateur Mathieu Kassovitz pour accompagner les scènes d'émeutes ouvrant son film *La Haine*). Autre moment important du disque, et pour le coup véritable western tropical, *I Shot the Sheriff* part elle aussi d'une situation d'injustice appelant une réaction en dehors des lois. Marley s'identifie ici à celui qui a tué le sheriff parce qu'il le persécutait sans raison, qu'il *« tuait chaque graine »* qu'il s'efforçait de planter. S'il s'agit d'une oppression différente que celle mise en scène dans *Burnin' & Lootin'*, elle n'en est pas moins dévastatrice. Le harcèlement que subit le narrateur de cette fable est exercé par un représentant de la loi. Ce qui le rend doublement insupportable. S'y reflètent sans aucun doute les épisodes où Marley et les Wailers eurent à subir la loi de producteurs (Coxsone Dodd le premier) qui par leur intransigeance, leur ingratitude, ont certainement tué de nombreuses graines que le groupe tentait de semer. Sur un plan plus général, s'y rejoignent les histoires de ces milliers d'expropriés qui furent contraints de céder leurs lopins à des compagnies minières (la Jamaïque est l'un des plus gros producteurs de bauxite au monde) contre une bouchée de pain, entraînant ces vagues d'exode rural s'échouant dans les différents bidonvilles de Kingston. À cette réalité sociale et économique, la chanson ajoute subtilement une dimension raciale avec le choix du nom du Sheriff, John Brown. Brown (brun) étant la couleur d'un métissage qui dans une société aussi « racialisée » que l'est la Jamaïque se place symboliquement au-dessus de la majorité des noirs descendants d'esclaves.

Que la situation sociale de l'île se soit considérablement dégradée à l'époque où sont écrites ces deux chansons n'est en rien une coïncidence. L'espoir né de l'élection un an plus tôt de Michael Manley s'était depuis dilué dans un bain d'exaspération. Des émeutes éclataient quotidiennement en raison de l'augmentation du prix des produits de première nécessité. Une véritable culture de la guérilla urbaine était en

De gauche à droite : Junior Marvin, Bob Marley, Jacob Miller & Chris Blackwell
à l'aéroport Norman Manley, en Jamaïque, le 21 mars 1980. © Nathalie Delon

train de s'incruster dans de nombreux quartiers de Kingston sur fond de pénuries et d'inflation galopante. Si une chanson du disque est bien raccord avec cette montée en puissance de l'esprit de lutte, c'est bien *Get Up, Stand Up*. Si, depuis, le titre s'est transformé en carmagnole universelle pour populations maltraitées, son texte est à l'origine une charge contre la religion officielle, le christianisme, qui prêche que le *« paradis est sous la terre »*, manière de dénoncer cette vision bien connue selon laquelle la récompense d'une vie de peines et de souffrances se trouve dans le ciel après la mort. Ouvertement adossés à la foi rastafarienne, les Wailers affirment au contraire que *« Dieu tout-puissant est un homme vivant »* (*« almighty God is a living Man »*) dont les bienfaits doivent être dispensés sans plus tarder. Avec cette phrase clef que lance Peter Tosh : *« vous pouvez parfois tromper les gens mais vous ne pouvez les tromper en permanence »* c'est encore une fois à l'éveil des consciences que s'attellent les Wailers. Dans ce contexte très particulier d'insurrection, les chansons d'amour ont logiquement disparu. *Small Axe* et *Duppy Conqueror*, déjà visitées précédemment, conservent, sinon amplifient, cette dimension d'un pouvoir occulte sans laquelle les Wailers ne seraient certainement pas Jamaïquains. Interrogé sur ce qui va devenir une habitude de réenregistrer d'anciennes chansons, Bob Marley répondra en 1977 : *« Quelquefois je suis motivé par les paroles et d'autre fois c'est la musique qui commande. La première fois que j'ai enregistré* Small Axe*, j'étais surtout concerné par le message. Je parlais de ces gens qui se croient intouchables parce qu'ils ont le pouvoir et l'argent. Mais personne n'échappe au regard de Dieu. Caïn l'a appris à ses dépens. Mais pour la nouvelle version, je voulais surtout que la musique soit rénovée. Que cette chanson puisse profiter des nouvelles conditions d'enregistrement qui nous étaient offertes. »*

Disque brûlant, *Burnin'* s'achève néanmoins sur quelques notes apaisées avec deux chansons de Bunny *(Pass It On* et *Hallelujah Time)*, et une de Peter *(One Foundation)*. Toutes trois semblant s'être évadées du répertoire nocturne des nyabinghis. Celui auquel appartient bel et bien ce *Rastaman Chant* final. Ce chant accompagné des seuls *burrus drums* vient clore ce chapitre de feu dans la carrière d'un groupe

The Wailers en concert en 1973.

dont ce serait là la dernière offrande sous cette formule. Bientôt, du trio originel, ne resterait en effet qu'un seul membre. Un Bob Marley en route vers la gloire et un statut de superstar aux attributs prophétiques.

Ce *Rastaman Chant* qui accompagne chaque veillée et chacun des rites rastafariens nous ramène loin en arrière, dans le secret jalousement préservé des sectes clandestines qui, à l'époque coloniale, puisait dans cet onguent musical, fait de chants d'unité et de tambours rédempteurs, la force et la détermination nécessaire pour surmonter les épreuves de la captivité. En le reproduisant sur un disque de reggae, avec la bénédiction d'une industrie du divertissement bientôt reconnaissante, ce groupe de rescapés établissait un lien quasi-miraculeux entre une population que l'esclavage avait littéralement rayé de la carte et de l'Histoire humaine, et une nouvelle génération qui dans cette musique puissante et altière trouvait l'outil providentiel à un nécessaire redressement spirituel, comme à une urgente reconstruction culturelle. ◆

CHAPITRE 10

NATTY DREAD OU LA REVANCHE DU GHETTO

Burnin' allait mettre le feu aux poudres. Mais pas tout de suite. Pas directement. Entre-temps il y eut ces quelques concerts américains en première partie de Sly & the Family Stone. On prétend que Sylvester Stewart, le Sly Stone de la Family, celui qui avait fait du festival de Woodstock quatre ans plus tôt sa cérémonie du couronnement, brillant de mille feux, triomphant de mille a priori, en eut vite assez de se faire voler la vedette par ces types « *semblant tout droit sortis de l'Ancien Testament* ». Joe Higgs, qui suppléait toujours à l'absence de Bunny, donna une version plus détachée pour expliquer l'échec de leur association. Selon lui, rien ne collait entre les Wailers et le groupe de Sly, ni le rythme de la musique, ni le langage utilisé, ni le look affiché. Cette opposition de style et d'esprit entre un Sly, star fulgurante et pailletée d'un funk futuriste, et un Bob Marley, poète mystique du ghetto prêchant à travers le rastafarisme le retour à l'Afrique et à des valeurs ancestrales, symbolisera finalement le grand hiatus jamais surmonté entre l'Amérique et les Wailers. À Las Vegas, certainement la ville la plus « babylonienne » au monde, ce grand écart devint insurmontable. Bob, rattrapé par la déprime, s'enfermant une journée entière dans sa chambre d'hôtel. Le groupe parviendra toutefois à éclairer cette déroute d'une note plus optimiste en donnant un fabuleux concert en direct du studio Record Plant de Los Angeles que retransmit la station de San Francisco KSAN-FM. Ce concert fera l'objet d'une édition pirate longtemps prisée des amateurs. Mais cette étincelle ne suffira pas à rallumer l'enthousiasme de la troupe. Joe Higgs fut

En 1975. © David Burnett

DISCOGRAPHIE SÉLECTIVE

BURNIN'

1973, ISLAND/TUFF GONG

01. GET UP, STAND UP
02. HALLELUJAH TIME
03. I SHOT THE SHERIFF
04. BURNIN' AND LOOTIN'
05. PUT IT ON
06. SMALL AXE
07. PASS IT ON
08. DUPPY CONQUEROR
09. ONE FOUNDATION
10. RASTA MAN CHANT

le premier à jeter l'éponge. Amputé d'un membre, le groupe terminera son périple américain par un concert au Canada au profit d'une association luttant contre la famine sévissant en Ethiopie. Puis, à la fin du mois d'octobre, après quelques jours de repos, les Wailers embrayèrent sur leur seconde tournée anglaise de l'année pour le lancement de *Burnin'*. Sauf que les cinq premières dates durent être annulées, Peter souffrant d'une bronchite aiguë. Le 22 novembre, ils se produisirent à l'école Polytechnique de Leeds où le concert fut enregistré avec le studio mobile d'Island (cet enregistrement figure aujourd'hui sur la réédition Deluxe de *Burnin'* parue en 2004.) Le 30 novembre à Northampton, la neige se mit à tomber à gros flocons. Ce qui n'arrangea pas le moral de Jamaïquains à bout de nerfs. Pour un motif futile, Bob et Peter furent à deux doigts d'en venir aux mains. Le bref concert que le groupe donna le même soir fut le dernier réunissant ce qu'il restait des Wailers originaux (le trio se reformera néanmoins en deux ou trois occasions par la suite). Le lendemain Earl « Wire » Lindo annonçait qu'il quittait le groupe pour rejoindre le bluesman Taj Mahal aux États-Unis. Island en fut quitte pour émettre un communiqué informant que le reste de la tournée devait être annulé en raison d'une rechute de Peter. Voilà douze ans que les Wailers parcouraient l'un des plus durs chemins jamais empruntés par un groupe de musiciens. Tyrone Downie, qui allait reprendre le poste laissé vacant aux claviers par Wire Lindo, aura cette réflexion a posteriori : *« Ils étaient allés au bout de ce qu'ils pouvaient faire ensemble. Ils en avaient trop vu, trop enduré, pour que tout ça ne finisse pas par user leur amitié et leur envie de faire de la musique ensemble. »* Alors qu'ils étaient sur le point de toucher au but, les Wailers originaux, que personne n'eut le temps de qualifier de « Beatles jamaïquains », ce qu'ils étaient en quelque sorte, se séparèrent quelque part dans une Angleterre balayée par la neige. Trois jours plus tard, Blackwell convoqua une réunion de crise à laquelle participèrent Marley et les frères Barrett. Malgré trois mois de tournée chaotique, le boss d'Island pouvait s'estimer satisfait. *« De toute façon les choses ne pouvaient pas rester en l'état. Bunny ne voulait plus rien savoir. Quant à Peter, il était de moins en moins coopératif »*. Avec *Burnin'* et *Catch a Fire*, Blackwell avait opéré une brèche dans les lignes adverses. Le petit monde du rock si fermé, si sûr de lui, si arrogant, se trouvait complètement pris à revers. Tout ce qu'il avait inlassablement défendu, cette vision sans cesse ressassée d'une nouvelle star aux antipodes des codes et des valeurs en vigueur dans le sérail rock'n'rollien, se trouvait confirmée par l'ascension d'un clochard céleste et hirsute sorti d'un des pires endroits de la planète, juste armé d'imprécations et d'une musique violemment chaloupée.

De la réunion convoquée par Blackwell il était ressorti que le nom de Bob Marley & The Wailers serait désormais adopté. Il fallait néanmoins reconstruire le groupe qui allait en grande partie s'appuyer sur la section rythmique constituée par les frères Barrett. Et sur Family Man en particulier à qui Bob confia le rôle de *band leader* (chef d'orchestre). Au journaliste américain Rob Bowman, Bob présentera les choses ainsi : *« La basse c'est la racine. Pour jouer le reggae, il faut une fondation, et la plus solide qui soit. C'est pourquoi Family Man contrôle le reggae. »* La routine des répétitions reprit dès leur retour à Kingston. À Hope Road, Bob était toujours le premier à se lever après une poignée d'heures de sommeil. C'est aux premières lueurs de l'aube que les idées pour de nouvelles chansons surgissaient. Il y travaillait ensuite avec le groupe dans le local aménagé derrière la maison. Mais c'est en studio que les choses prenaient vraiment tournure. À Harry J, Bob était désormais pour ainsi dire chez lui. Il n'y allait jamais sans être accompagné de Gillie le cuisinier qui lui préparait les repas « ital » (autrement dit végétarien et sans sel) ainsi que les carafes de jus de goyave, de corossol et d'Irish Moss, à base d'une algue très vitaminée, qui étaient ses boissons préférées. Il se faisait également servir une décoction de racines, appelée simplement « roots » ou « bitter & tonic », qui lui redonnait de l'énergie après une longue séance de travail. Sa fidélité à Harry J tenait aussi beaucoup à la présence de Stephen Morris, l'ingénieur du son, qui avait fait ses classes à Studio One, et que beaucoup considéraient comme le meilleur de Jamaïque derrière la console. L'ambiance cool des lieux comme la profondeur des basses que restituait la sono, répondaient à ses attentes. Sauf qu'il pouvait transformer ce lieu agréable en véritable bagne. Quand il s'agissait de travail,

Bob pouvait se montrer tyrannique. Devant sa volonté d'atteindre la perfection rien ne résistait. Quelle que soit l'heure du jour ou de la nuit, si le moindre détail venait heurter l'idée qu'il se faisait d'une chanson, il revenait à la charge jusqu'à obtenir satisfaction. Travailler avec les Wailers n'avait vraiment rien d'une occupation dilettante et ne pouvait s'envisager qu'en suivant un style de vie particulier. Bob fera vite sentir à ceux qui le rejoindraient qu'être un Wailer nécessitait bien plus que des compétences musicales ou une sensibilité artistique. Cela exigeait un engagement physique et spirituel absolu. Tyrone Downie qui sera engagé au sein du groupe quelques mois plus tard, résumera ainsi l'éthique de travail et son rendu : *« Il ne faut surtout pas s'étonner si le son des Wailers est aussi dense, qu'il donne une telle impression de cohésion. Nous étions pratiquement tout le temps ensemble à jouer, à répéter, à improviser. Nous étions comme une marmite qui jamais ne s'arrête de bouillir. »*

Cette façon de s'immerger dans le travail permettait à Bob de remettre le train Wailers en marche et de digérer la séparation avec Peter et Bunny. Des trois, il était le plus atteint par cette rupture comme le confirmera Rita. *« Je crois que cette rupture fut plus difficile à encaisser pour Bob que pour les deux autres. Il le prit mal, très mal. Il se sentit blessé, abandonné et jamais ne cessa d'y penser. Cette tristesse faisait désormais partie de lui, s'ajoutait aux autres. Ils étaient si jeunes lorsqu'ils avaient commencé ensemble les Wailers et c'est comme si ses propres frères l'avaient lâché. Il souffrait en particulier de ne plus avoir Bunny à ses côtés qui était son ami depuis l'enfance, presque un frère puisqu'ils étaient parents par leur demi-sœur Pearl. Beaucoup de gens n'ont pas réalisé la profondeur de cette blessure »*. Diane Jobson, sœur de Dick Jobson, devenue entre-temps l'avocate de Tuff Gong Records se souvient elle aussi de la manière dont Bob réagit lorsqu'elle lui soumit l'idée de supprimer les noms de Bunny et Peter dans les nouveaux statuts de la société puisqu'ils n'y possédaient plus d'intérêt. *« Bob s'y opposa catégoriquement.* "On a commencé ensemble et ils seront toujours des Wailers" *fut sa réponse. »* Du côté des deux intéressés, les réactions variaient. Bunny se montrait fataliste. De son point de vue il ne s'agissait pas vraiment d'une séparation. *« Nous ne travaillons plus ensemble physiquement certes. Mais spirituellement nous continuons à faire passer le même message : Rastafari ! »* Pour Peter en revanche, c'était l'heure de régler quelques comptes, avec Bob, mais surtout avec Blackwell. Junia Walker, un intime du groupe, se souvient de certains propos particulièrement amers tenus par le guitariste. *« Peter nous disait clairement que Blackwell était un vampire, qu'il avait poussé Bob à vendre son âme pour conquérir le monde. »* Quant à Blackwell, il s'efforçait de ne pas trop s'attarder sur les inévitables bisbilles et chamailleries qui suivaient immanquablement toute séparation. *« À l'époque où ils étaient encore ensemble,* résumait-il quelque vingt-cinq ans plus tard, *je discutais essentiellement avec Bob qui était de loin le plus coopératif. Peter était tantôt chaud, tantôt froid. Quant à Bunny, il était opposé à tout ce qu'on lui proposait, et notamment à l'idée de devoir s'absenter de Jamaïque pour les tournées. Il rouspétait tout le temps, refusait de venir en Angleterre parce qu'il neigeait. Voilà pourquoi le groupe a fini par se séparer. C'était inéluctable. »*

Même s'il en souffrait intérieurement, Bob n'eut guère le temps de s'appesantir sur ce divorce, la conception du nouvel album allant bon train. Une première chanson sortit rapidement du lot sur lequel il travaillait depuis quelques semaines à Harry J. Elle s'appelait *Three O' Clock Rock* et comme *Burnin' & Lootin',* racontait un incident vécu alors qu'il conduisait de nuit sur la route le ramenant de Négril. Bob et Esther Anderson avaient aménagé dans ce ravissant spot balnéaire, un bungalow en bordure de mer. Lorsque l'envie de décrocher du brouhaha et des tracas urbains les prenait, ils partaient y couler quelques jours. C'est au retour de l'une de ces escapades amoureuses que leur véhicule tomba sur un barrage de police où ils firent l'objet d'un contrôle. Bien que sérieusement défoncé, Bob eut le temps de jeter par la fenêtre le sachet d'herbe qu'il avait dans sa poche. Malgré la forte odeur de ganja qui imprégnait le véhicule, ses occupants en furent quittes pour des remontrances. Le lendemain Bob transposait cette alerte dans une chanson pour dénoncer l'hypocrisie qui régnait dans l'île au sujet de la consommation d'herbe.

En 1974. © Gary Merrin

Un sujet qui ne cessait d'être débattu dans la société et jusqu'au parlement, sans que la législation n'avance d'un pouce. *« Pourquoi ne pouvons-nous circuler librement dans ce pays ?* s'émeut Marley dans le texte. *Pourquoi nous empêche-t-on d'être ce que nous voulons être ? »* Puis sur un ton provocateur, il lance au policier qui le contrôle : *« Eh Monsieur le flic, je n'ai pas de papier d'identité sur moi ! »* Manière de dire que rien ni personne ne serait désormais en mesure de le soumettre. Manière aussi de se rembourser des humiliations que lui, Bunny et Peter avaient subies lors des nombreuses interpellations survenues durant leur jeunesse dans le ghetto. La chanson donnait le ton d'un nouvel album au son encore plus dur que *Burnin'*. Devenu le plus gros succès de l'année sur l'île – ce qui quand même en dit long sur l'évolution des mentalités dans ce petit pays très conservateur –, *Road Block* sera finalement inclus sur l'album sous un titre plus explicite : *Rebel Music (Three O' Clock Road Block)*.

À ce stade, la carrière de Bob Marley demeurait une affaire encore confidentielle. S'il avait mis la presse rock dans sa poche, et avec elle cette frange d'amateurs aux oreilles suffisamment larges pour déceler, avec l'authenticité et l'originalité, l'importance du reggae, il lui restait à s'imposer auprès d'un public plus large. Les ventes de *Burnin'* et *Catch a Fire* ne recouvraient pas les avances consenties par Island. Ce qui rendait la position du chanteur jamaïquain assez inconfortable. Au point qu'il envoya Lee Jaffe tâter le terrain aux États-Unis auprès d'autres labels pouvant se montrer intéressés. De passage à Miami, le même Jaffe, alors qu'il organisait la première des tournées américaines des Wailers, avait eu la bonne idée de confier une cassette des Wailers à un certain Carl Radle, bassiste du groupe Derek & The Dominoes fondé par Eric Clapton. De l'écoute de la cassette Radle avait retenu une chanson en particulier qu'il s'empressa de faire écouter à Clapton, lui suggérant qu'elle pourrait faire l'objet d'une reprise. Il s'agissait d'*I Shot the Sheriff* et quand Clapton l'entendit pour la première fois, comme la plupart des néophytes, il fut déstabilisé par le rythme à contretemps du reggae. Sur ce, Clapton qui à l'époque cherchait à décrocher de son addiction à l'héroïne, partit passer quelques jours sur la Côte d'Azur chez son copain Keith Richards des Rolling Stones (qui on l'avouera, n'était pas forcément le meilleur compagnon pour l'aider à se sortir de l'héroïne) qui lui parla de Bob Marley comme d'un « Bob Dylan noir » et du reggae comme la musique la plus importante depuis le blues. Arguments qui firent aussitôt mouche auprès de celui dont le nom reste à jamais associé à l'explosion du *british blues*. De retour à Miami, Clapton enregistra *I Shot the Sheriff* au studio Criteria. La reprise fit aussitôt l'objet d'un single qui précéderait de trois mois le nouvel album de Clapton, *461 Ocean Boulevard*. Disque qui connut un tel succès qu'il relança complètement la carrière d'un Clapton au creux de la vague. L'album se vendit à plus d'un million d'exemplaires, générant plus de 9 millions de dollars de droits d'auteur dont la partie se rapportant aux éditions d'*I Shot the Sheriff* fut aussitôt reversée à Cayman Music, la boîte d'éditions de Danny Sims. Une situation qui choqua un Bob Marley dont le premier réflexe fut de créditer la plupart des chansons devant paraître sur son nouveau disque à des prête-noms afin d'éviter que ne se reproduise ce qu'il considérait comme un vulgaire *« détournement de fonds »*.

Sur le front musical, les choses évoluaient rapidement. Après avoir pris conseil auprès de Lee Perry, grand sachem du reggae devant l'éternel, il fit en sorte de s'entourer des meilleurs choristes que l'île recélait afin de combler les absences de Peter et Bunny. Son choix fut vite arrêté. Trois chanteuses comptant parmi les plus belles voix de la Jamaïque venaient de donner un concert dans un club de la ville, le House of Chen. Il connaissait plus particulièrement l'une d'entre elles puisqu'il s'agissait de son épouse, Rita, qui associée à Marcia Griffiths et Judy Mowatt avait repris le chant professionnellement après une interruption de trois ans, consécutive à ses deux grossesses successives. Ses rapports avec son époux étaient devenus si épisodiques qu'elle avait même songé à demander le divorce. De son côté, Bob la considérait toujours comme sa femme au point de ne pas supporter le fait qu'elle puisse avoir des liaisons avec d'autres hommes. Apprenant l'intimité qu'elle avait avec un ami du couple, un certain Ital, il débarqua un beau jour à Bull Bay où Rita avait fait construire sa nouvelle maison pour lui

administrer une mémorable raclée. Avant de la forcer (elle parle d'un viol dans son autobiographie) à coucher avec elle. Neuf mois plus tard, Rita devait accoucher d'une petite Stéphanie que Marley reconnaîtra, même si la paternité de l'enfant a longtemps nourri bien des interrogations (dans la même autobiographie, elle confesse que le père serait un certain Owen Stewart). S'établirait ainsi des rapports pour le moins troubles entre le mari et l'épouse que viendraient stabiliser l'association entre l'entité Bob Marley & the Wailers d'un côté et The I Threes, trio composé de Rita, Marcia et Judy, de l'autre.

À la fin août de 1974, Bob retourna à Londres en compagnie de Family Man avec les bandes non mixées du nouvel album intitulé *Natty Dread* intégralement enregistrées à Harry J. Ils y firent la connaissance d'un jeune guitariste américain de vingt et un ans, Al Anderson, venu à Londres en convalescence après avoir été victime d'un grave accident de la route. Depuis son arrivée Al avait joué avec l'un des princes du folk anglais, John Martyn, ainsi qu'avec le groupe Traffic, deux signatures Island. En l'écoutant Blackwell eut aussitôt l'intuition qu'il pouvait être celui qui donnerait cette touche bluesy désormais indispensable à la nouvelle formule des Wailers. Anderson écouta les bandes non mixées de *Natty Dread* et comme Wayne Perkins avant lui, fut à la fois fasciné et dérouté par la couleur et le rythme de cette musique. Devinant son trouble, Marley s'approcha alors pour lui souffler un rassurant *« Cool man ! »* Puis lui dit de fermer les yeux et d'entendre *« le blues derrière le reggae »*, ces mêmes mots que Blackwell avait employés pour faire entrer Perkins dans le feeling du reggae. La formule semblait posséder un pouvoir particulier puisque le musicien déroula peu après plusieurs solos, certains exécutés avec l'aide d'une pédale wah-wah, dont la précision et l'émotion mirent aussitôt Bob sous le charme. Le jeu élégant et félin du guitariste le séduisit au point que le soir même, il demandait à Blackwell de convaincre Anderson de tout plaquer pour rejoindre les Wailers en Jamaïque afin d'y préparer la prochaine tournée européenne. Anderson hésita longtemps, sa première intention étant de se rendre à Lagos au Nigeria où l'attendait le groupe d'afro-rock Shakatu. *« J'ai finalement demandé conseil à Stevie Winwood et Chris Wood de Traffic qui*

Backstage, en juillet 1975, lors de ses deux concerts au Lyceum Theatre de Londres.

me dirent sans hésiter d'aller en Jamaïque. » Sa décision de suivre Marley aura sans doute été aussi facilitée par les 3 % de royautés que Blackwell lui proposa sur les ventes du prochain album. Anderson débarqua donc à Kingston sans savoir à quoi s'attendre. Pendant les six mois suivants, il vécut à Hope Road, dormant par terre sur un matelas. Un inconfort qui ne lui pesa absolument pas. Sentant bien au contraire qu'il avait fait le bon choix, il put approfondir chaque jour sa connaissance du reggae et se mit au diapason de cette vie « roots » qui lui rendait santé et enthousiasme. La tournée européenne tardait pourtant à se mettre en place. Blackwell ayant prévu la sortie de *Natty Dread* pour le mois d'octobre 1974, elle ne devait pas démarrer avant le printemps suivant. Le nouveau groupe, auquel s'était adjoint un nouvel organiste, Touter, n'eut donc guère l'occasion de s'exprimer sur une scène pendant les six mois qui allaient suivre. À l'exception notable d'un concert donné au National Stadium de Kingston devant 15 000 personnes en première partie des Jackson 5, le 8 mars 1974. Une étonnante photo prise par Lee Jaffe montre les frères Jackson en compagnie de leur mère Katherine fraternisant avec les Wailers assis sur un vieil arbre noueux, presque couché à l'horizontale, à l'arrière du 56, Hope Road. Symboliquement cette photo véhicule l'idée de la réunion de deux branches d'une même famille de naufragés de l'Histoire ayant l'Afrique et l'esclavage pour racines communes, qui auraient suivi des routes différentes avant de se retrouver quelques siècles plus tard, et par hasard, sur le même tronc. Est-ce que Bob Marley et Michael Jackson, deux des plus grandes stars musicales du XXe siècle, ont pris le temps d'échanger ne serait-ce que quelques mots ? Rien ne nous l'indique. Leurs trajectoires respectives allaient suivre une direction diamétralement opposée, Marley le métis en quête d'une identité africaine perdue, Jackson l'Africain Américain tendant à l'inverse, et ce au prix de maintes manipulations, musicales ou chirurgicales, vers une indifférenciation raciale définitive, on ne sait de quoi aurait pu se nourrir leur discussion. À cette époque, l'un et l'autre se trouvaient au moins dans un même processus de mue artistique, Jackson, sur le point de se séparer de ses frères pour voler de ses propres ailes de nouvel Icare de la pop, Marley, très proche de devenir ce que la presse appellerait bientôt *« la première star du tiers-monde »*.

La sortie de *Natty Dread* le 25 octobre, fut sans conteste l'événement musical de l'année 1974. Les réactions qu'il déclencha en Europe furent unanimement enthousiastes. En Jamaïque en revanche, l'accueil fut d'abord mitigé. En premier lieu, il fallut au public des Wailers encaisser la disparition de Peter et Bunny du paysage et surtout se familiariser avec ce nouveau son, bien plus rock que celui de *Catch a Fire* et *Burnin'* réunis. Or il apparut très vite aux oreilles les plus attentives que les chansons de cet album, quoique tournées musicalement vers l'extérieur, s'adressaient en priorité à la population de l'île, venaient lui parler de ses difficultés au quotidien. Ces oreilles y étaient d'autant plus sensibles que le pays traversait l'une des pires crises de sa jeune histoire, avec des mouvements de grèves dans les principaux secteurs d'activité, mines de bauxite, industrie textile et agro-alimentaire. Un moment de l'Histoire de cette petite nation fragile où commençaient même à se dessiner les contours d'un État policier avec la participation de l'armée à des opérations de maintien de l'ordre. L'élection de Michael Manley avait suscité tant d'espoir concernant la réduction de cette fracture entre une petite minorité aisée et une majorité de pauvres et d'exclus qu'un immense sentiment d'amertume submergeait le pays. Deux ans après la prise du pouvoir par le PNP, l'île était quasiment en faillite et se confrontait à une sévère pénurie alimentaire. Dans une chronique publiée dans l'un des principaux quotidiens insulaires, le Daily Gleaner, un journaliste comparait *Natty Dread « au craquement que fait un os quand il se casse »*. Loin de valider l'idée d'une réduction de la fameuse fracture sociale, ce nouvel opus semblait chercher au contraire à l'exposer, plus ouverte et suppurante qu'elle n'était. Ainsi dans la chanson titre, *Natty Dread*, Marley n'hésite pas à se faire oiseau de mauvais augure en prédisant que *« la bataille va devenir plus dure et puis vous n'aurez plus rien à manger »*. Une idée déjà exprimée, presque mot pour mot, dix ans plus tôt dans *Simmer Down* (*« the battle will be hotter »*). Et c'est bien la confrontation entre cette musique dont le prodigieux impact, résultant en partie de l'âpreté d'un son qui n'a jamais été aussi dense, et la plongée sans scaphandre dans la réalité la plus noire du pays, qui va faire de ce disque un événement. Et même un monument.

DISCOGRAPHIE SÉLECTIVE

NATTY DREAD

1974, ISLAND/TUFF GONG

01. LIVELY UP YOURSELF
02. NO WOMAN, NO CRY
03. THEM BELLY FULL (BUT WE HUNGRY)
04. REBEL MUSIC (3 O'CLOCK ROAD BLOCK)
05. SO JAH SEH
06. NATTY DREAD
07. BEND DOWN LOW
08. TALKIN' BLUES
09. REVOLUTION

Déjà utilisé dans *I Shot the Sheriff*, le patois constitue l'un des basculements les plus significatifs du disque. Jusqu'à présent Marley s'était le plus souvent attaché à utiliser un anglais compréhensible à tous. Dans *Them Belly Full (But We Hungry) (Eux, ventres pleins mais nous, faim)*, il ne se donne même plus la peine de se soumettre à la syntaxe des gens éduqués, jusqu'à présent la règle dans la musique jamaïquaine, pour mieux faire ressortir son appartenance, traduire au plus juste la détresse des humbles. À travers des expressions comme *« a pot a cook but the food no'nough » (marmite cuit mais manger pas assez)* il rejoint par le langage ceux qu'il avait quittés géographiquement en s'installant à Hope Road, se range de leur côté, alors que certains persistaient à ne voir en lui qu'un « social traître » depuis son changement d'adresse. Chanter en patois, celui que Marley utilisait chaque jour, auquel il ne renoncera jamais même lorsqu'il devra répondre aux questions de journalistes étrangers, était un acte culturel et politique rompant avec l'anglais colonial bienséant que l'on enseigne dans les écoles. Le racisme dans les Antilles, qu'elles soient anglophones, hispanophones ou francophones, a toujours eu deux ancrages, la couleur de peau et le verbe. Comme l'écrit le penseur antillais Frantz Fanon : *« à l'école, le jeune martiniquais apprend à mépriser le patois »*. Ce qui le conduit à se mépriser soi-même, et il en va ainsi pour le jeune jamaïquain, trinidadien ou portoricain. Cette façon de revendiquer son origine populaire par l'usage d'un langage aussi peu châtié était proprement révolutionnaire pour l'époque.

L'autre « come out » du disque vient avec la chanson *So Jah Seh*, la première où il se présente à visage découvert comme un messager de Rastafari. *Rastaman Chant* pouvait encore passer pour l'adaptation d'un « standard », à la manière d'un Elvis Presley reprenant les classiques du gospel que sont *Amazing Grace* ou *Where Could I Go But to the Lord*. Alors que le texte de *So Jah Seh* se présente comme la transcription d'une parole divine d'où ressort ce passage en particulier : *« Aucune de mes ouailles n'aura à mendier son pain sur le trottoir »* (*« Not one of my seeds shall sit in the sidewalk and beg bread »*) qui semble être une citation de l'Ancien Testament mais revient en réalité à Marley. Deux ans après la sortie de

Natty Dread, il explicitera ce point en déclarant : *« J'ai une mission sur cette terre qui est de dire la vérité. Je m'y tiendrai jusqu'à ce que l'on reçoive le message que Rastafari est le Tout-Puissant et que le peuple noir aura sa rédemption. » So Jah Seh* lui aurait en fait été inspiré par un rêve à la manière du Joseph de la Genèse. La chanson présente un aspect fondamental du rastafarisme où Jah (équivalent rasta de Jéhovah) devient protecteur de son peuple. Avec le vers *« Je serai à vos côtés dans le ghetto »*, (*I'll be by your side down in the ghetto »*), il marque sa différence avec la pensée chrétienne traditionnelle, et sa méritocratie dans l'au-delà, sa rhétorique bien connue du « les derniers seront les premiers dans le Royaume du Seigneur ». Autrement dit, prenez votre mal en patience dans cette vie, acceptez en les offenses, les humiliations et la violence que l'on vous fait, et vous serez récompensés dans l'au-delà. Marley s'adresse surtout à ceux que les politiques ne prennent en compte qu'au moment des élections pour mieux les abandonner ensuite. Un démarquage qui ne cessera de s'amplifier au fil des mois pour atteindre un point de non-retour. À bien des égards, *Natty Dread* se présente aussi comme un manuel de survie. Il promène l'auditeur dans ce dédale des rues de Trench Town qui l'a vu grandir, se battre, survivre, aimer, jouer, devenir Bob Marley, héros moderne, dernier prophète. Ce n'est pas parce que la bataille s'annonce plus rude, la faim plus intraitable, qu'elles doivent venir entraver la jubilation que communique cette musique. Dans *Lively Up Yourself* (revivifie toi-même), il parle du reggae comme d'*« une autre camelote »* (*« another bag »*). Autrement dit d'un outil pour se relever, d'une force de réhabilitation. À Robert Palmer de Rolling Stone il en parle en ces termes : *« C'est quelque chose de très sérieux, c'est pas du divertissement. Tu ne peux divertir que les gens qui ont déjà tout, qui sont satisfaits. Les gens qui vivent dans la merde, qui n'ont rien à manger, tu ne peux pas vraiment les divertir. »* Plus loin sur l'album, *Talkin' Blues* évoque, sur un rythme plus lent, dans une tonalité plaintive, l'époque où il lui fallait dormir dans la rue où le sol lui servait de lit, et la pierre d'oreiller. *« J'ai galéré pendant si longtemps que j'ai bien cru être poursuivi par le mauvais œil. »* Le sentiment que la malchance est derrière lui, qu'il a enfin vaincu le signe indien le submerge. Il est désormais libre, sa parole est libre. Au point de lancer à la toute fin de la chanson un *«j'ai comme une envie de faire sauter une église»* (*«I feel like bombing a church»*), le genre d'attaque contre une des institutions les plus puissantes du pays que personne n'aurait osé lancer auparavant. Or cette charge anticléricale en annonce une autre contre les partis politiques. Dans *Revolution*, dernier titre de l'album, il rompt officiellement avec Manley et le PNP avec cette seule allusion : *« ne laisse jamais un politicien te faire une faveur, il essaiera de te contrôler pour le restant de tes jours »* (*« Never make a politician grant you a favor / they will always want to control you »*). De quelle faveur parle-t-il ? Du lopin de terre que le ministre de l'Équipement, Anthony Spaulding, a obtenu pour Rita à Bull Bay ? Ou plus généralement du système de « patronage » qui rend bien des habitants de Trench Town, et autres bidonvilles, inféodés aux partis politiques ? Toujours est-il que *Revolution* fit grincer bien des dents en hauts lieux et jusque dans le bureau du Premier ministre. Pour les cadres du PNP, il ne s'agissait ni plus ni moins que d'une trahison. Tandis que dans le camp adverse du JLP, on regrettait que le temps béni où tout appel à la rébellion était puni d'emprisonnement soit révolu. Même si, de part et d'autre, on reconnaissait que ce disque soulevait des questions et mettait à nu des plaies dont il était désormais impossible d'ignorer l'urgence. La chanson s'achève alors que Marley, comme ivre d'un pouvoir venu du ciel, se fait imprécateur avec des paroles de menaces (*« si le sang doit couler qu'il coule, si le feu doit brûler, qu'il brûle »*). Il en appelle même aux éléments naturels, foudre et cyclone, pour venir finir le travail. Se référant aux derniers versets de l'Apocalypse de Jean, il lance enfin un *« Que la vertu recouvre la terre comme les eaux recouvrent les mers »*. Dans son livre sur les débuts du Christianisme *(Le Royaume)*, Emmanuel Carrère nous plonge dans la construction de cette religion à partir de certains textes bibliques. Et de conclure que la façon dont Jésus manie le langage n'a pas d'équivalent historique. Personne n'a jamais parlé comme lui. On peut dire la même chose de Bob Marley dont les textes n'avaient pas d'équivalent à leur époque, tant par la formulation que par le fond du propos. Sorties du contexte dans lequel elles s'inscrivent, les paroles de *Natty Dread* auraient pu venir de l'un de ces groupes terroristes à la profession de foi fanatique partis en guerre contre l'Occident. Même s'il ne s'agissait que de paroles de chansons enregistrées sur un disque qui allait se vendre à des centaines de milliers d'exemplaires, s'inviter dans une multitude de foyers aux niveaux de vie très variés, elles tranchaient par leur radicalité. Il est vrai qu'au beau milieu de cette caisse de dynamite, se cachait une fleur de tendresse, un moment qui suffit à désarmer les esprits les plus enflammés.

Ce moment s'intitule *No Woman, No Cry*, peinture naturaliste d'une scène du quotidien à Trench Town. Bob ne vivait plus là quand il composa la chanson. On peut même parier que si cela n'avait pas été le cas, il lui aurait été impossible d'y mettre autant de nostalgie et de bienveillance. Pourtant, il n'en était jamais très loin. On peut même dire qu'il s'y rendait presque tous les jours pour acheter son herbe préférée (la *Lamb's Bread)* en compagnie de son cousin Sledger, de Skill Cole et de deux de ses protégés Tek Life et Frowzer qui constituaient pour ainsi dire sa garde rapprochée. Il s'y rendait aussi pour jouer au foot avec ses anciens partenaires. Parfois, sur le chemin du retour, il s'arrêtait saluer Buckie Marshall, l'un des chefs de guerre du PNP, avec qui il maintenait de bonnes relations. Et il faisait de même avec Claudie Massop, son équivalent au JLP. Parce que ces deux-là faisaient partie de son paysage depuis sa tendre enfance, et qu'il s'était toujours gardé de laisser la politique nuire à leurs relations. Un jour, alors qu'il recevait la presse à Hope Road, un journaliste lui demanda si de ne plus vivre à Trench Town n'avait pas une incidence fâcheuse sur son inspiration, si cela ne le privait pas d'une source essentielle ? Bob se tut un moment, regarda son interlocuteur avec un petit air mi-triste, mi-amusé avant de répondre : *« Man, tu penses que je vis dans l'opulence, mais crois-le ou non, le ghetto je ne peux pas le quitter, je l'emmène partout avec moi. Seulement, je ne vois pas pourquoi je devrais vivre toute ma vie dans la merde. »*

Il avait avec ce quartier, qu'il envisageait comme le lieu d'une malédiction collective, un compte à régler. Même s'il conservait une attache sentimentale, se sentait redevable d'une dette envers lui. Autant d'affects contradictoires qui s'harmonisent dans ce *No Woman, No Cry*. Aucune chanson ne touche aussi sensiblement à cette expérience du ghetto, à ce vécu, à la solidarité qui s'y pratique. En évoquant le temps où son ami *« Georgie ranimait le feu »* dans le Government Yard, où il n'y avait qu'un bol de porridge à partager, il rend hommage à celles et ceux qui lui ont permis de traverser tant de moments difficiles. C'est chez Georgie que Marley venait trouver refuge avec Rita au tout début de leur relation, là où ils firent l'amour la première fois. Venant de ce monde où tout n'est qu'humiliations, oppression, violence et anéantissement, ce moment d'une impensable fragilité montre ce qu'il faut conserver en soi de délicatesse, de tendresse pour parvenir à mener au quotidien cette lutte acharnée pour conserver un semblant de dignité. On peut aussi considérer la période de vie à laquelle se réfère la chanson à un « hapax existentiel », concept que Michel Onfray décrit comme *« une expérience radicale et fondatrice au cours de laquelle du corps surgissent des illuminations, des extases, des visions qui génèrent révélations et conversions. »* La foi rastafarienne de Bob Marley trouve sa source dans ce vécu à Trench Town. Et s'agissant de son travail de réhabilitation de ce quartier maudit, la mise en lumière de certaines des valeurs qui lui ont permis d'échapper au désespoir, doit nécessairement passer par un hommage aux femmes. Dans ce *« non, femme, ne pleure pas »*, il s'adresse d'abord à une mère, à une épouse, visiblement en détresse. Or, Marley le fait d'égal à égal, sans apitoiement, sans le moindre relent de sexisme, sans cette condescendance qui forge les relations dans une société aussi patriarcale. Marley qui dans la vie de tous les jours pouvait se comporter comme un vrai macho, trouve ici le ton juste le rapprochant du frère qui console et protège. Selon l'écrivain américain James Baldwin, sexisme et racisme ne sont en fait que les deux faces d'une même pièce, la virilité figurant en bonne place dans l'arsenal de l'oppresseur. Si les relations que Marley a entretenues avec les femmes se sont caractérisées par une extrême complexité, reflétées en partie dans ses chansons, *No Woman, No Cry* nous le montre accédant à une maturité, comme s'il cherchait à faire écho à cette pensée énoncée par le romancier américain Richard Wright : *« Les hommes noirs ne seront pas libres avant que leurs femmes ne le soient. »*

Parmi les chansons les plus connues et les plus jouées de son répertoire, *No Woman, No Cry* résume l'esprit d'un album entièrement consacré à réparer les préjudices subis par ses semblables, *« ces millions d'hommes et de femmes à qui on a inculqué savamment la peur, le complexe d'infériorité, le tremblement, l'agenouillement, le désespoir, le larbinisme... »* selon les mots du poète Aimé Césaire. À tous ceux-là, Marley venait dire que l'heure du rachat avait enfin sonné. ◆

Ci-dessus : Aux portes de la gloire en 1975. © Ian Patrick
Page de droite : *Backstage* avec George Harrison au Roxy en 1975. © Kim Gottlieb-Walker

running
regge

Sur scène et *Backstage* au Roxy en 1975.

WHEN QUEUEING
PATRONS ARE REQUESTED

CHAPITRE 11

LA GUERRE À BABYLONE

Avec la sortie de *Natty Dread*, les choses se mirent à s'emballer. Si le décor du 56 Hope Road restait inchangé, le casting allait beaucoup bouger. Pour commencer, la rupture avec Peter et Bunny fut suivie par celle avec Lee Jaffe. Ce dernier n'avait guère apprécié que sa contribution à l'harmonica sur le morceau *Talkin' Blues* ne soit pas créditée sur la pochette de *Natty Dread*, album dont il réprouvait aussi le titre (le premier choix ayant été *« Knotty Dread »*, expression qui signifie en patois « vagabond hirsute » à laquelle le mot « natty » donnait pour ainsi dire un coup de peigne). Déjà frustré d'avoir vu sa participation, même infime, à l'écriture d'*I Shot the Sheriff* oubliée (c'est lui qui aurait suggéré la phrase clef *« but I didn't' shoot the deputy »*), il se sentait trahi par celui qu'il considérait comme un frère. Jaffe restera malgré tout en Jamaïque, devenant même le producteur du premier album solo de Peter Tosh, *Legalize It*, et un membre de son groupe Word Sound & Power. Et, bien que distendue, sa relation avec Marley ne sera jamais complètement rompue. Quand Jaffe « tomba » pour possession de ganja et fut envoyé en prison, situation des plus périlleuses pour un Blanc, en Jamaïque, Marley fit expédier le montant de la caution pour obtenir sa libération. Des années plus tard, Jaffe se signalera par sa présence au chevet de Bob quand celui-ci sera hospitalisé à New York.

Quelques mois avant la sortie de *Natty Dread*, en mars 1974, Marley fit la connaissance d'un certain Donald Taylor qui s'occupait des affaires de nombreux artistes américains, dont Marvin Gaye. C'est à la faveur d'un concert que donnait Marvin au Carib Theatre de Kingston que Taylor se présenta à Bob. Ce concert allait offrir

De haut en bas : Les Wailers arrivent à l'Odeon de Birmingham le 18 juillet 1975. / Aston "Family Man" Barrett & Bob Marley *backstage* dans ce même Odeon. © Ian Dickson l'une des toutes dernières occasions de voir les Wailers originaux sur une scène, en première partie de la légende de la soul. Le promoteur de la soirée, un certain Stephen Hill, se faisant prier pour dédommager les frais occasionnés, Taylor se chargea de contraindre le mauvais payeur à honorer ses engagements. Ce qui surprit Marley c'est autant l'efficacité et l'habileté avec laquelle il obtint gain de cause que d'apprendre que ce dernier n'était pas Américain, comme il le pensait, mais Jamaïquain. Il allait très vite se rendre compte que Taylor et lui avaient de nombreux points communs. À commencer par une enfance pas franchement idéale. Fils de Vernon Kidd, un militaire anglais stationné à Kingston, et d'une femme noire rencontrée un soir de bordée, il avait été abandonné dès la naissance par le couple aussitôt séparé. Recueilli par un père adoptif, un jardinier du nom de Taylor qui prendra malgré tout la peine de le reconnaître, il sera à nouveau abandonné, le père adoptif déposant le bébé emmailloté sur le porche du père biologique. Le reste de son enfance, le petit Donald le passa donc entre foyers d'accueils et tantes providentielles. À ce début dans l'existence plutôt chaotique, devait suivre une période où le jeune homme, rapide et débrouillard, allait réussir à se tailler un chemin dans le monde interlope du *downtown* Kingston des années cinquante, se rendant indispensable auprès des marins en escale, officiant à la fois comme laveur de voitures, vendeur d'alcool et de cigarettes de contrebande ou rabatteur pour maisons closes.

Ce que Marley reconnut immédiatement chez lui, c'est cette capacité à survivre que lui-même avait déployée dans les mille et une embrouilles du ghetto, et ce pratiquement à la même époque. Sa chance, Taylor saura la saisir à la faveur d'un concert du passage en Jamaïque du chanteur de Rhythm'n'blues américain Lloyd Price que Taylor réussit à persuader qu'il l'engage comme valet. À la suite de quoi, il entama une carrière d'homme à tout faire dans le milieu de la musique américaine auprès de célébrités telles que Fats Domino, Jerry Butler, Jackie Wilson et Chuck Jackson. Alors qu'il accompagnait Little Anthony & the Imperials à Las Vegas, il fit la connaissance du manager d'Elvis Presley, le colonel Tom Parker, qui impressionné par le bagout et le culot du jeune jamaïquain lui promit une belle carrière dans le show-business. Et de culot, Taylor n'en manquera pas en effet en se présentant à Hope Road au lendemain du concert de Marvin Gaye au Ward Theatre, proposant de prendre en main les affaires de Marley moyennant 20 % sur toutes les recettes. Un peu éberlué, Marley demandera à réfléchir, consultera son pote Skill Cole, pour finir par faire une contre-proposition à 10 %. Ce que Taylor acceptera de bonne grâce. Aucun contrat, ni lettre d'engagement officielle ne seront rédigés. La seule parole des deux parties scellant l'accord. Ce qui n'allait pas manquer de poser problème par la suite.

Le moins que l'on puisse dire c'est que l'arrivée de Don Taylor dans l'entourage de Bob ne fut guère du goût de Chris Blackwell. Le succès remporté par la version d'*I Shot the Sheriff* d'Eric Clapton incita en effet Taylor à faire ce qu'il savait faire mieux que quiconque au monde : surenchérir. À Blackwell, il demanda carrément 1 million de dollars d'avance pour les six prochains albums, somme astronomique au regard de la précédente de 8 000 £ et des résultats décevants des deux premiers albums. Ce à quoi le patron d'Island répliqua en demandant que cette avance soit rapportée aux dix prochains albums. Mais conscient du potentiel de Marley, et de peur que d'autres propositions ne viennent entraver les négociations, Blackwell mit dans la balance l'option d'achat pour 125 000 $, autant dire pour une bouchée de pain, de la maison de Hope Road. Le deal fut conclu à Londres quelques semaines plus tard. Dans les mois qui suivirent, l'influence de Don Taylor se fit de plus en plus manifeste. L'un de ses « coups de maîtres » étant d'enregistrer la société Tuff Gong dans le petit paradis fiscal de l'île de Tortola de manière à échapper aux fortes taxations en vigueur aux États-Unis et en Jamaïque. Son efficacité comme manager devint très vite payante, même si beaucoup dans l'entourage des Wailers trouvait sa présence incompatible avec l'idéal rasta. Le guitariste Al Anderson n'allait d'ailleurs pas tarder à signifier son départ, jugeant la mentalité de Taylor aux antipodes de l'esprit du groupe. Selon Tyrone Downie, Marley avait simplement retrouvé en Taylor son double *« rude boy »*, sa part « voyou ». *« Bob avait une aptitude incroyable à discerner ce que les autres pouvaient lui offrir. »* En vérité, Taylor ne faisait que compléter une garde rapprochée déjà composée de petites frappes du ghetto comme Earl « Tek Life » Wadley ou Earl « Frowzer » Bright. Tek Life (« celui qui ôte la vie ») et Frowzer (« le refroidisseur ») n'hésitaient pas à utiliser la manière forte quand la situation l'exigeait. Par exemple quand la chanson *Road Block* fut refusée par les deux radios de l'île, JBC et RJR, car jugée trop « subversive », ils se rendirent dans les studios des deux stations et usèrent d'arguments massues, au sens littéral, pour faire changer d'avis les programmateurs. Après quoi *Road Block* se classa N°1 et le resta tout au long de l'été 1974. Ce qui en dit long sur la difficulté que continuait à rencontrer Marley pour faire accepter sa musique sur ses terres.

La configuration des Wailers connut un dernier changement cet été-là avec l'arrivée de Tyrone Downie à l'orgue. Bien que jeune musicien, Tyrone avait déjà une certaine expérience dans le monde musical, notamment au sein d'un groupe de calypso, Jo Jo Bennett & the Fugitives. Une aventure qui lui avait laissé un goût amer après une tournée au Canada pour laquelle il n'avait pas été rétribué. Bien décidé à retrouver sagement un emploi stable au sein d'un orchestre dans un hôtel pour touristes, il finira malgré tout par céder lorsque Marley lui proposera de rejoindre les Wailers, alors en panne d'organiste après le départ de Wire Lindo pour raison de santé. *« Je travaillais au Sheraton et un soir j'ai vu arriver Bob avec à son bras Cindy Breakspeare. Je rigolais intérieurement de voir Bob, le rebelle, le rasta, danser dans une boîte de luxe avec l'une des plus éminentes représentantes de la bourgeoisie blanche de l'île. C'est alors qu'il s'est approché et m'a dit :* "Avec ton talent tu n'as plus qu'une seule chose à faire : venir avec moi." » Tyrone restera pourtant indécis encore un temps, craignant de lâcher la proie pour l'ombre et de connaître d'autres déboires en tournée. C'est finalement les arguments du guitariste Al Anderson qui auront raison de ses hésitations. *« Al m'a dit :* "Tu verras, tu auras toutes les filles que tu veux, les filles et les drogues. Tu rencontreras James Brown et tu iras à Hollywood." » Perspective dont il allait d'ailleurs pouvoir vérifier l'exactitude au cours de ses six années de collaboration avec Marley. Qu'il résume ainsi des années plus tard : *« les Wailers en tournée, c'était comme les Rolling Stones mais avec la spiritualité en plus. »*

De haut en bas dans le sens des aiguilles d'une montre : Tyrone Downie aux Tuff Gong Studios en 1980. / Bob & Tyrone roulent des joints aux TG Studios. / Tyrone sur scène avec Jimmy Cliff en 1982 à Los Angeles. © Lindsay Oliver Donald / Tous droits réservés

Mais l'élément symbolisant peut-être le plus ce changement d'époque ne concernait ni le renouvellement de personnel, ni la prise en main des affaires courantes par un nouveau manager, mais bel et bien l'apparition dans le paysage d'une nouvelle conquête de Bob, Cindy Breakspeare, avec Rita, la femme qui aura la plus grande influence dans sa vie, avec laquelle il vivra sa plus grande histoire d'amour. Sa liaison avec Esther Anderson s'était achevée tristement. Tombée malade, Esther avait subi une opération qui l'avait rendue stérile. *« Elle en souffrit beaucoup car elle désirait vraiment avoir un enfant de Bob »* souligne Lee Jaffe dans un livre de photos et de mémoires. Il semblerait qu'à cette même époque, Bob courtisait déjà la belle Cindy qui était le prototype même de ce que l'on appelle une *« uptown girl »*, une fille des beaux quartiers. Même si, contrairement à ce qu'avance Tyrone Downie, elle n'appartenait pas vraiment à la grande bourgeoisie insulaire. Fille d'un père jamaïquain et d'une mère canadienne, elle était née à Toronto en 1954. Quand elle eut quatre ans, ses parents s'installèrent à Kingston avant de se séparer peu après. Elevée elle et son frère par leur mère seule, elle apprit très vite à se débrouiller. Vendeuse dans une bijouterie, chez un marchand de meubles, réceptionniste dans un hôtel, professeur de fitness, gérante de restaurant et de boîte de nuit, Cindy avait déjà un cv bien rempli pour une jeune femme âgée d'une vingtaine d'années. Brune aux yeux clairs et aux formes sculpturales, elle avait déjà remporté plusieurs prix de beauté et s'apprêtait à concourir pour le titre de Miss Jamaica quand elle fit la connaissance de Marley. À l'époque où Bob et son groupe emménagèrent à Hope Road, Dickie Jobson, le représentant d'Island à Kingston, lui louait une pièce au rez-de-chaussée de la vaste maison. Un voisinage qui devait favoriser l'entreprise de séduction que le chanteur se mit à élaborer, faisant une cour assidue à la belle avec des moyens plutôt inhabituels pour un « yardie » du ghetto dont les méthodes d'approche étaient généralement plus directes. Dans un registre tout ce qu'il y a de romantique, il se mit à lui offrir des mangues, ou à lui donner la sérénade le soir sur le seuil de sa chambre, accompagné de sa guitare acoustique. Ainsi va débuter la passion la plus dévorante de sa vie, une histoire d'amour avec ce que beaucoup en Jamaïque pouvait qualifier de « femme trophée ». Celle qui va lui inspirer un certain nombre de

Avec Cindy Breakspeare.

ses chansons parmi les plus connues comme *Waiting in Vain*, *Is This Love* ou *She's Gone*, et ainsi faire éclore la part vulnérable de cet artiste par ailleurs engagé dans une véritable croisade, au sens premier et religieux du terme. Celle qui, en l'acculant dans ses derniers retranchements affectifs, va l'obliger à la fois à affronter certaines contradictions et à s'humaniser à leur contact. Pour autant, aussi centrale soit elle dans sa vie amoureuse, Cindy n'allait pas interrompre la consommation de filles à laquelle Marley s'adonnait sans restriction et que favorisait son statut naissant de star de la musique. Cela n'allait pas l'empêcher par exemple de mettre enceinte la championne de tennis de table Anita Bellnavis avec laquelle il eut une très brève liaison. Mais dans ce festin sexuel, Cindy n'avait pas sa place. Elle était bien plus qu'une « pièce de choix » ou qu'un « mets délicats ». Elle était tout simplement LA femme, celle qui effaçait en Bob jusqu'au souvenir de ce qu'il avait jadis éprouvé pour Rita.

De contradiction, il allait certainement être question lorsqu'en 1976 Cindy allait remporter à Londres le titre de Miss Monde. Au sein de la communauté rasta, voir leur messager, leur Moïse, fricoter avec une femme blanche s'exhibant à demi nue à la télévision, à leurs yeux l'incarnation d'à peu près tout ce qu'ils honnissent, vanité, luxure etc., était proprement inacceptable. Bob préférera ignorer les réprobations remontant de la base. Pour la première fois de sa vie il était en mesure de se réconcilier, du moins momentanément, avec sa part blanche et par là augmenter les potentialités de ce que l'on peut qualifier de « stéréophonie intérieure », valider en acte mais aussi en chanson le principe même du « One Love », fondement de la philosophie rasta qui consacre l'unité retrouvée en soi et avec le monde. Un monde restant malgré tout profondément divisé. Ainsi de son côté, Cindy vivait à peu près la même situation de rejet au sein de sa propre famille et de son milieu. *« Quand ma relation fut rendue publique, beaucoup ont pensé que j'étais devenue complètement folle à fréquenter un rasta. Ils me demandaient des choses extrêmement blessantes du genre* "est ce qu'il se lave au moins ?" *Les filles blanches ne sont pas supposées fréquenter des rastas. »* Moins encore supposées tomber enceinte. Ce qui n'allait pas tarder.

La tournée *Natty Dread* démarra en juin 1975. Moment où tout bascula. Les premiers concerts se déroulèrent à Miami. Vinrent ensuite New York, Boston et le Canada. Le *Village Voice*, célèbre périodique culturel new-yorkais, en profita pour mettre Marley en Une avec pour accroche ce titre : *« le Mick Jagger du reggae »*. Ce qui fit beaucoup rire l'intéressé qui jugeait la comparaison un brin forcée, notamment s'agissant du message véhiculé. *« Faudrait qu'ils écoutent les paroles un peu plus attentivement. Faut pas confondre le reggae et le twist »* lâchera-t-il ironiquement. Mi-juillet les Wailers débarquèrent au Lyceum de Londres pour deux concerts. Les 4 000 billets ayant été vendus en un éclair, le marché noir faisait rage sur les trottoirs aux abords du théâtre. Les bobbies tentaient tant bien que mal de canaliser une foule compacte composée d'un mélange inédit de fans de rock et de jeunes noirs venus des banlieues, deux tribus qui convergeaient pour la première fois vers la même la salle. À l'intérieur régnait une atmosphère irréelle. Une cascade de fumée dont le parfum âcre ne pouvait tromper quiconque sur son origine, dévalait des balcons. Des drapeaux éthiopiens frappés du Lion de Judée ou à l'effigie de Sa Majesté Impériale Haïlé Sélassié 1er pendaient des corbeilles, preuve que la mission que s'était assigné le « Mick Jagger du reggae » était en bonne voie. Ces deux concerts, Chris Blackwell avait décidé de les enregistrer de longue date en louant le studio mobile des Rolling Stones justement. Bien lui en prit car c'est la version live de *No Woman, No Cry* qui ouvrit une fois pour toutes les portes de la consécration à Bob Marley. Pratiquement inconnu quelques mois plus tôt en Europe, ce titre était désormais diffusé sur la plupart des ondes. Symbole de ce changement de statut, au Roxy Theatre de Los Angeles, les Wailers donnèrent un autre concert mémorable, tant pour sa qualité musicale que pour le pedigree de plusieurs personnalités présentes dans le public. Se trouvaient en effet dans la salle deux anciens Beatles (George Harrison et Ringo Starr), les Rolling Stones et The Band au grand complet, quelques membres du Grateful Dead, mais aussi Herbie Hancock, Cat Stevens, Joni Mitchell, Billy Preston, ainsi que l'ancien batteur de Jimi Hendrix, Buddy Miles. Phénomène de mode ou pas, Marley se trouvait désormais au centre de toutes les attentions.

LIVE!

1975, ISLAND/TUFF GONG

01. TRENCHTOWN ROCK
02. BURNIN' AND LOOTIN'
03. THEM BELLY FULL
04. LIVELY UP YOURSELF
05. NO WOMAN, NO CRY
06. I SHOT THE SHERIFF
07. GET UP, STAND UP

De retour à Kingston, Marley et ses compagnons de route n'eurent guère le temps de goûter un repos bien mérité. Le 27 août 1975, la nouvelle de la mort de l'Empereur d'Ethiopie Haïlé Sélassié 1er occupait en effet la Une de l'actualité. Dans la communauté rasta de Kingston cette annonce fit l'effet d'un tremblement de terre, la sidération et l'incrédulité se disputant les têtes aux dreadlocks fournies. Cette mort faisait suite à la destitution du souverain un an plus tôt par une junte marxiste commandée par le lieutenant-colonel Haïlé Mariam Mengistu. Dans les mois qui suivirent, une rumeur circula selon laquelle ce même Mengistu aurait à l'aide d'un oreiller étouffé de ses propres mains le vénérable Empereur dans son lit. Aucune preuve de cet acte criminel ne fut jamais produite. Partout dans le monde, la mémoire du souverain, symbole de la résistance au colonialisme et de l'unité africaine, fut célébrée. À Kingston, la nouvelle de cette mort plongea les rastas dans un immense trouble. Elle ébranlait les fondements même d'un culte l'ayant élevé au rang de divinité, lui accordant par voie de conséquence l'éternité. Preuve de l'incrédulité qui régnait parmi les « brethrens » au lendemain de l'annonce du décès, le *Daily Gleaner*, l'un des deux principaux quotidiens de l'île, titrait en Une *« Haïlé Sélassié meurt à quatre-vingt-trois ans »*. Puis en bas de la même page un encadré précisait : *« Les Rastas affirment qu'il n'est pas mort »*. Cette confiance sera résumée par la choriste Judy Mowatt, l'une des trois I Threes, qui plus tard dira sur un ton digne de ceux qui 2 000 ans auparavant témoignèrent de la résurrection du Christ : *« Nous n'avions pas peur. Nous savions qu'il avait le pouvoir de disparaître et de réapparaître »*. Il n'empêche que, dans la ville, on assista à quelques scènes de panique et de désespoir. Le chanteur Junior Byles fit même une tentative de suicide avant d'être interné dans un hôpital psychiatrique. De son côté Bob Marley interrompit l'enregistrement de nouvelles chansons au studio Harry J pour pondre sa réponse personnelle à l'annonce de cette disparition. La chanson *Jah Live* (*« Dieu vit »*) fut rapidement enregistrée avec la participation de Lee Perry dont le concours en ces circonstances exceptionnelles semblait indispensable à Bob. La choriste Marcia Griffiths rapporte que la séance de *Jah Live* fut d'une rare intensité émotionnelle. *« Quand Bob s'est arrêté de chanter, personne n'osa rompre le silence. Tout le monde dans le studio, musiciens, ingénieurs du son, ou simples visiteurs, avait la gorge nouée par l'émotion.* » Les paroles s'insurgent contre *« ces fous qui disent :* "Rastas votre Dieu est mort !" » Et il semblerait que cette prise de position suffit à éteindre l'incendie de scepticisme se propageant au sein des rangs rastafariens. La réprobation exprimée par la communauté sur sa liaison avec Cindy semblait soudain oubliée. Et quelques semaines après la sortie du single, les spéculations sur la mort de l'Empereur cessèrent. Dans une interview accordée au Daily Gleaner, Marley clôtura le débat d'un péremptoire *« On ne peut pas tuer Dieu ! »* De fait la disparition physique de celui que les fidèles appelaient Rasta Far I ne ralentit en rien la progression d'un culte qui commençait à faire de plus en plus d'adeptes en Jamaïque, mais aussi ailleurs.

La « bonne parole » que portait le chanteur était d'autant plus audible que la situation de l'île empirait un peu plus chaque jour. Après une embellie consécutive à une importante réforme agraire, à l'instauration d'un salaire minimum, du droit de vote à dix-huit ans, du versement d'allocations familiales, d'un revenu minimum pour les sans-emploi, d'un droit à la retraite généralisé et d'autres réformes propices aux mieux-être d'une population majoritairement précaire, le pays avait subi de plein fouet le premier choc pétrolier de 1974.

Ne disposant d'aucune ressource énergétique, son endettement se creusa considérablement. Le premier ministre Michael Manley tenta alors de négocier un prêt avec son plus riche voisin, les États-Unis. Sauf qu'un Manley aux idées ouvertement socialistes n'était guère en odeur de sainteté auprès de l'administration Reagan. Moins encore à la CIA qui l'avait baptisé « la taupe rouge » en raison de ses bonnes relations avec le Cuba de Fidel Castro. De sorte que les Américains conditionnèrent leur aide à la rupture avec La Havane. Ce que Manley refusa. La situation économique empira quand le prix de la bauxite, minerai assurant 75 % des revenus du pays, chuta de moitié. Pour soutenir le coût de ses réformes sociales, Manley tenta alors d'imposer aux compagnies américaines exploitant les gisements de bauxite une série de taxes qui n'eut pour effet que de provoquer un vent de panique dans les milieux financiers. Les multinationales de l'aluminium, dont la bauxite est le minerai permettant la fabrication, s'empressèrent de relocaliser leurs activités en Afrique du Sud ou en Australie. Entraînant l'exode des cadres et des ouvriers qualifiés. Et bientôt la fuite des capitaux.

Au début de l'année 1976, la Jamaïque était au bord de la faillite. Un petit Venezuela avant l'heure avec pénuries de denrées alimentaires et apparition de tickets de rationnement. La population devait en outre faire face à un manque dramatique de nombreux médicaments de base. Selon un rigoureux enchaînement éprouvé dans bien d'autres pays aux prises aux mêmes difficultés, à la crise économique, sociale et sanitaire vint s'ajouter la crise politique. Sauf que dans un aussi petit pays avec une culture de la violence aussi enracinée, les conséquences ne pouvaient être que tragiques. Dans les quartiers de West Kingston où se situaient les principaux ghettos, dont Trench Town, la rivalité entre le PNP, le parti du Premier ministre Manley, et le JLP de son opposant Edward Seaga, se transforma peu à peu en véritable guerre civile par bandes de *gunmen* interposés, recrutés au sein de cette jeunesse des taudis dont Marley était issu. Lors d'une conférence de presse, Marley décrivait ainsi la situation : *« Beaucoup de gens se battent pour avoir un emploi. Et bien souvent le seul moyen d'en obtenir un c'est de rejoindre l'un ou l'autre camp. Sinon vous êtes sûr de souffrir. Car c'est dans votre chair qu'ils vous feront payer. Ils n'hésiteront pas à brûler des maisons avec leurs occupants. Ils la brûleront même s'il y a des enfants dedans. C'est ça la Jamaïque. »* Quatre ans plus tôt, le jeune Tyrone Downie habitait l'un de ces quartiers et avait vu les prémices de cette guerre tribale. *« J'ai grandi dans un quartier PNP et juste avant les élections de 1972, des membres du JLP ont fait une descente et ont commencé à incendier toutes les maisons. Notre rue a échappé aux flammes d'extrême justesse. »* Sauf que depuis, les gangs s'étaient vus armés via de nouvelles filières, ceux du PNP recevant de Cuba des Kalachnikovs, et ceux du JLP recevant des États-Unis des M16 et des Uzis. C'est ainsi qu'au milieu des années soixante-dix, la guerre froide entre bloc de l'Est et de l'Ouest s'enflamma dans cette petite île de deux millions d'âmes.

Quand Marley évoquait l'obligation de choisir l'un ou l'autre camp dans certains quartiers, il n'exagérait pas. Il pouvait même s'appuyer sur un exemple très précis, celui de Carlton « Batman » Wilson, frère du chanteur Delroy Wilson. Batman était apprécié des deux côtés d'une frontière divisant Trench Town avec d'un côté « Trench Town proper » sous la coupe du JLP, et de l'autre « Concrete Jungle » contrôlé par le PNP. On l'avait vu souvent séparer des belligérants des deux bords, ce qui lui avait valu ce surnom emprunté au justicier masqué de la célèbre bande dessinée. Grand et très robuste, Batman n'avait même pas besoin d'utiliser la force. Il lui suffisait de s'interposer et d'engager le dialogue. Ce rôle de pacificateur ne plaisait pas à tout le monde. Un soir où il regagnait son domicile, il tomba dans un guet-apens. Atteint de plusieurs balles, Batman réussit à rentrer chez lui et à avertir des amis qui le conduisirent aussitôt à l'hôpital. À peine sorti, il fit une demande de visa et s'exila aux États-Unis. Cette histoire sur l'impossible neutralité troubla Marley au point d'en faire l'ébauche d'une nouvelle chanson. Mêlant l'histoire de Batman à d'autres, plus dramatiques qui occupaient chaque matin la Une des journaux, il aboutit à l'un des titres clefs de ce qui allait être son nouvel album. *Johnny Was* raconte la mort d'un jeune homme, d'un innocent, victime d'une balle perdue dans la rue. Marley, toujours dans un souci d'humaniser à l'extrême son propos, prend le point de vue de la mère de la victime, une femme, sans doute celle déjà présente dans *No Woman, No Cry*. Cette peinture d'un réalisme sans concession renvoyait à un tableau réalisé par Tony Wright, l'artiste qui avait peint le portait de Marley pour la pochette de *Natty Dread*. On y voit une femme assise dans une rue, en pleurs la tête courbée. Une image de désespoir comme on en rencontrait chaque jour dans les rues de Kingston à cette époque, et que le chanteur Max Romeo utilisera pour illustrer un album intitulé *War ina Babylon*.

Cette « guerre dans Babylone » devait servir de toile de fond aux nouvelles chansons. Une guerre où Marley se garde bien de prendre parti, imputant la responsabilité des troubles à ce qu'il appelle le « système ». Un système qu'incarne le « baldhead », en langage rastafarien celui qui ne porte pas de dreadlocks. Le terme désigne aussi bien les gouvernants, les dirigeants des institutions financières, les prélats de l'église, les forces d'un ordre au service des puissants. Le « baldhead » symbolise l'oppression, le lavage de cerveaux, l'esclavage moderne et technocratique. Marley en fait la cible d'une chanson *Crazy Baldheads* où il appelle à les chasser de la ville parce qu'ils sont à la source des injustices, la racine des violences qui détruit la vie des plus fragiles. Un vers ferait beaucoup jaser en haut lieu, celui où il est dit *« Rasta ne travaille pas pour la CIA »* (*« Rasta don't work for no CIA »*), allusion on ne peut plus claire aux accusations de collusion entre la célèbre centrale de renseignement américaine et le JLP d'Edward Seaga (que sur les murs de la ville des graffitis avaient d'ailleurs rebaptisé « CIAga »). Dans les mois qui allaient suivre, cette pique prendrait une singulière résonnance. En cette période de grands troubles, où l'île était en train de basculer pour de bon dans le chaos, la chanson fut aussitôt interdite de diffusion.

Crazy Baldheads allait donner au futur nouvel album, intitulé *Rastaman Vibration*, une tonalité plus politique encore que *Natty Dread*. Venait s'y ajouter une réflexion plus générale sur la nature humaine. Avec des titres aussi fracassants que *Want More*, où il dénonce ce que les Grecs anciens appelaient l'« hubris », l'excès, la démesure dans l'orgueil et l'égoïsme, *Rat Race* où il compare à une « course de rats » cette compétition effrénée dans laquelle s'engagent ceux qui auraient au contraire intérêt à s'unir, visant probablement les habitants des quartiers poubelles où règne le chacun pour soi, Marley prend de la hauteur, sonde l'âme humaine comme il ne l'a jamais fait. C'est encore le cas dans *Who the Cap Fit* qui fourmille de proverbes et de sagesses en patois et dont on peut rapporter l'inspiration à la nouvelle situation qu'il connaissait, à sa bonne fortune attirant les intéressés, les hypocrites, les flatteurs à la langue fourchue, cette nouvelle faune que le succès allèche immanquablement. *Who the Cap Fit* relève d'un procédé déjà utilisé auparavant avec *Lively Up Yourself*, consistant à réécrire et à réarranger une chanson ancienne. Comme *Roots Rock Reggae* et *Night Shift* du même album. Autrefois intitulée *It's Allright*, *Night Shift* a pour thème le travail en usine. Marley s'inspire de son vécu d'ouvrier à l'époque où il bossait à Wilmington. Il fait plus particulièrement référence à ce job de manutentionnaire qu'il effectuait

DISCOGRAPHIE SÉLECTIVE

RASTAMAN VIBRATION

1976, ISLAND/TUFF GONG

01. POSITIVE VIBRATION
02. ROOTS, ROCK, REGGAE
03. JOHNNY WAS
04. CRY TO ME
05. WANT MORE
06. CRAZY BALDHEAD
07. WHO THE CAP FIT
08. NIGHT SHIFT
09. WAR
10. RAT RACE

la nuit, pour dénoncer l'aliénation qu'engendre ce genre de tâches répétitives. Mais le clou de l'album reste cependant la chanson *War* que Marley a composée en s'inspirant d'un discours prononcé par Haïlé Sélassié le 28 février 1968 à la tribune des Nations Unies. Alan Skill Cole l'avait ramené d'un récent voyage en Ethiopie. En le découvrant, Bob avait été immédiatement frappé par la clarté et les accents humanistes du texte. *« Tant que la philosophie qui œuvre à prétendre une race supérieure et une autre inférieure ne sera pas finalement et de façon permanente discréditée et abandonnée, il y aura la guerre. »* Cette seule phrase suffisait à ses yeux à démonter l'un des engrenages qui partout dans le monde entraîne des populations à s'entretuer, et ce avec la ferme conviction d'être dans leur bon droit. Rares sont dans l'histoire de la musique populaire les chansons ayant une portée à ce point universelle. *War* est de ce point de vue l'une des œuvres majeures du répertoire de Marley, comme le sont *What's Going On* pour Marvin Gaye ou *Masters of War* et *A Hard Rain's a-Gonna Fall* pour Bob Dylan.

La tonalité grave qui domine une bonne partie de *Rastaman Vibration* se voit toutefois contestée par l'humeur joyeuse, optimiste même que font rayonner d'autres chansons comme *Positive Vibration* ou *Roots Rock Reggae*, toutes deux empreintes de cet enthousiasme que véhiculait déjà *Trench Town Rock*. Car si le reggae *« est une autre camelote »* comme l'annonce *Lively Up Yourself*, c'est qu'il a vocation à rendre à ceux qui l'ont perdu une certaine joie de vivre. Une caractéristique que Marley met ici en évidence avec le bonheur que lui procure forcément sa nouvelle situation d'étoile de la musique enfin reconnue. Une situation qu'il ne manque pas d'ailleurs de célébrer dans *Roots Rock Reggae*, lâchant avec une légitime fierté *« we bubbling on the top 100 just like a mighty dread »* (on cartonne comme des malades dans le top 100) en référence aux différents classements des meilleures ventes où ses disques commençaient à faire irruption. Derrière la fanfaronnade, se cache le besoin de partager la joie que lui procure un succès si longuement, âprement, patiemment recherché. L'envie aussi de communiquer une intention que cette musique puissante et réparatrice fait ressentir, celle de se libérer des pensées tristes. Ainsi *Positive Vibration* s'ouvre sur cette phrase : *« if you get down and quarrel everyday, you're saying prayers to the devil »* (*« si tu déprimes et chaque jour te querelles, c'est comme si au Diable tu adressais des prières »*).

Pourtant son plaisir ne pouvait être tout à fait complet considérant l'état dans lequel se trouvait son pays. Le 19 juin 1976, le gouvernement décréta l'état d'urgence sur toute l'île avec la mise en place d'un couvre-feu immédiat. Chaque jour apportait en effet son lot de drames et sa dose de sang frais. À Trench Town une école maternelle avait même subi des tirs de mitraillette. Tout devenait complètement incontrôlable. Dans ce naufrage généralisé, le 56 Hope Road faisait l'effet d'un îlot de félicité. Y régnait une atmosphère de douce euphorie. Si bien que chaque matin apportait son cortège de quémandeurs, des mères célibataires avec leurs bébés dans les bras, des estropiés, des jeunes en quête d'un emploi ou d'une aide pour matérialiser un projet, des rastas dans le besoin, des anciens voisins, des lointains parents. Au début Marley faisait à chacun l'aumône de quelques billets. Si bien que le flux d'indigents ne cessa de grossir. À la fin, il décida de ne prendre en compte que les projets les plus solides, la construction d'un foyer dans tel quartier, l'achat d'équipements pour une équipe de foot dans tel autre, d'un véhicule pour une association. Et s'il continuait à jouer les bons Samaritains, gratifiant les plus en difficultés d'oboles plus ou moins généreuses, il lui arrivait aussi de plus en plus souvent de sortir de la maison avec les poches de son jean retournées, de manière à signifier qu'il n'avait rien à donner ce jour-là. Voilà qui donne une petite idée de la relative facilité avec laquelle on pouvait s'introduire dans la cour du 56 Hope Road. Une rue de l'espoir qui n'allait pas tarder à attirer la foudre. ◆

Ci-contre : Buckie Marshall et Claudie Massop, amis de Bob
et hommes de main des partis politiques en 1978
Ils seront avec Bob à l'initiative du Peace Concert. © Colin Jones
Pages suivantes : À Hope Road en 1975. © Kim Gottlieb-Walker

A
A

CHAPITRE 12

EMBUSCADE DANS LA NUIT

Un an plus tôt, le 4 novembre 1975, Stevie Wonder donnait un concert de charité au National Stadium de Kingston au profit de l'Institut National des aveugles auquel les Wailers originaux daignèrent prendre part (ce serait leur toute dernière apparition ensemble). À la fin Stevie et Bob se retrouvèrent sur la scène pour « jammer » sur *Superstition* et *I Shot the Sheriff*. De cette rencontre au sommet, Wonder devait tirer son fameux *Master Blaster (Jammin')*, l'hommage qu'un génie de la musique rendait à un autre. À ce souvenir, l'idée d'un « benefit concert » se mit à trotter dans la tête de Bob qui, bien qu'impuissant, ne pouvait se résoudre à voir la Jamaïque sombrer chaque jour un peu plus dans le chaos. Aussi se mit-il à ébaucher l'idée d'un concert gratuit avec Skill Cole et Don Taylor où il s'efforcerait d'apporter, à la veille des fêtes de Noël, un peu de réconfort à une population qui en avait un besoin urgent. Le temps pressait si bien que pour accélérer les choses il crut bien faire en appelant Michael Manley en personne. Ses relations avec le Premier ministre n'étaient certes plus les mêmes qu'à l'époque du Musical Band Wagon, la caravane musicale qui avait soutenu la candidature de Manley lors de l'élection de 1972. Marley avait depuis pris ses distances avec le monde politique dans son ensemble pour devenir assez clairement un artiste « anti système ». Une rupture que le fameux passage de *Revolution* (*« ne laisse jamais un politicien te faire une faveur, il fera en sorte de te contrôler pour toujours »*) avait pour ainsi dire officialisée. Mais ce divorce ne lui interdisait pas de rechercher le soutien du gouvernement pour un projet qu'il jugeait d'intérêt public : réconcilier le temps d'un concert une nation jamais aussi divisée. Manley accueillit l'idée avec l'enthousiasme qu'on imagine et invita aussitôt

À Hope Road en 1975. © Kim Gottlieb-Walker

Bob et ses conseillers à venir en discuter dans son bureau. Bien conscient du risque qu'encourrait l'événement d'être récupéré, Marley insista à plusieurs reprises lors du rendez-vous sur le fait qu'il ne s'agissait en aucun cas d'un meeting mais d'un acte de paix et de réconciliation totalement apolitique. Manley donna sa parole. Quelque temps plus tôt le Jamaican Tourist Board avait demandé à Bob de lui accorder l'exclusivité d'une chanson pour accompagner une campagne de promotion visant à endiguer la chute des réservations que subissaient les hôtels d'une île désormais classée « destination dangereuse » dans la plupart des agences de voyage. Marley reprit l'idée et griffonna aussitôt les paroles de *Smile Jamaica*, titre qu'il jugeait de circonstance. Quoi de plus mobilisateur et de rassurant en effet qu'une chanson qui, rendant le sourire à la population, inciterait les touristes à revenir sur l'île. Le disque sortit le 18 novembre, jour où Cindy Breakspeare fut élue Miss Monde au Royal Albert Hall de Londres. L'idée de baptiser le concert Smile Jamaica s'imposa d'elle-même.

La date du concert Smile Jamaica fut arrêtée pour le 5 décembre. Bob appela Cindy à Londres pour la féliciter et la tenir au courant de l'avancée du projet. Il semblait alors confiant et optimiste. D'abord prévu dans le parc de la Jamaican House, une résidence située à quelques hectomètres du 56 Hope Road mais jugé trop exiguë, et surtout trop connotée politiquement (la maison avait jadis été occupée par le Premier ministre), le show fut finalement déplacé au National Heroes Stadium, là où repose la dépouille de Marcus Garvey. Mais alors que la date approchait, le gouvernement annonça l'organisation d'élections anticipées pour le 15 décembre. Inutile de dire que la nouvelle mit Marley hors de lui. Il avait très nettement le sentiment de s'être fait manipuler. Avec cette décision surprise, et surtout la date choisie par Manley, le Smile Jamaica Concert n'avait plus du tout le même sens. Cela donnait même l'impression d'un concert de soutien au gouvernement et au PNP. Sauf que la promotion en était bien trop avancée, les affiches déjà collées, les encadrés dans la presse arrêtés, pour faire machine arrière. Pour filmer l'événement, Don Taylor avait contacté une équipe de tournage américaine qui était déjà sur place. À Hope Road, les discussions sur la pertinence de maintenir ou d'annuler le concert tournaient à l'aigre. Don Taylor plaidait pour le maintien prétextant que son annulation entraînerait de lourdes pertes financières. En revanche Chris Blackwell, la choriste Judy Mowatt ou l'attaché de presse de Tuff Gong, Tommy Cowan, dont personne n'ignorait la proximité avec le JLP, comptaient parmi ceux qui désapprouvaient l'idée. Claudie Massop, un ami de Marley de l'époque Trench Town et considéré comme un « chef de guerre » du JLP, fit passer un message de la cellule où il était incarcéré mettant en garde Bob sur les risques à maintenir l'événement. Certains avancent l'idée que le ministre de l'Équipement, Anthony Spaulding, aurait alors personnellement insisté auprès de Marley pour qu'il n'annule pas le show et que celui-ci, lui étant redevable, avait fini par opter pour le maintien. À Hope Road, les répétitions se déroulaient dans un climat de tension comme en témoigne Tyrone Downie : *« Dès que je voyais un type du JLP ou du PNP débarquer je me sentais mal à l'aise. Je savais que ces mecs étaient armés et que le moindre incident pouvait déboucher sur une fusillade. Bob leur disait d'ailleurs* "ne dégainez pas chez moi !" » Quelques jours avant la date du concert, CBS dépêcha leur présentateur vedette Dan Rather pour réaliser une interview de Bob à Hope Road. Lors de l'interview Rather demanda à Bob s'il allait *« être le prochain Premier ministre »*. Question évidemment sans fondement mais disant bien l'influence qu'avait désormais le chanteur sur le destin de l'île. Un pouvoir peut être trop important pour un si petit pays…

Le soir du 3 décembre se déroulait la répétition quotidienne dans la pièce située à l'arrière de la maison. Le morceau sur lequel les Wailers travaillaient était l'un des mieux maîtrisés du répertoire par le groupe puisqu'il s'agissait d'*I Shot the Sheriff* auquel Marley souhaitait donner un « coup de jeune ». En manque d'herbe, Bob attendait ce soir-là la visite de son « fourgueur ». Il demanda à Neville Garrick, l'illustrateur qui venait de réaliser la pochette de *Rastaman Vibration*, de bien vouloir raccompagner chez elle Judy Mowatt, alors enceinte de huit mois. Neville s'exécuta empruntant pour l'occasion la BMW que Bob venait de s'offrir, un choix qui devait autant aux performances du véhicule qu'à la coïncidence entre l'acronyme de la marque allemande et celui de Bob Marley & the Wailers. Neville et Judy partis, et avant de rejoindre le reste du groupe qui avait commencé la répétition sans lui, Bob passa par la cuisine qui donnait sur le jardin où Don Taylor l'attendait pour régler quelques problèmes de business, notamment l'encaissement d'un chèque de 143 000 dollars que Don ramenait de Miami, correspondant à un récent relevé de royautés. Appuyé contre l'évier de la cuisine, Bob écoutait les explications de Don Taylor qui lui faisait face en épluchant un pamplemousse. C'est alors que retentit dans le jardin une série de détonations que les deux hommes prirent d'abord pour des pétards de carnaval. Une seconde rafale retentit mais plus proche. C'est alors que deux têtes se penchèrent à l'intérieur, l'une par la fenêtre, l'autre par la porte restée ouverte. Les deux intrus munis chacun d'un revolver se mirent aussitôt à tirer en direction de Bob et de son manager. Atteint de cinq balles, Taylor s'écroula tandis que Bob, touché au bras et à la poitrine, se redressa en tentant d'endiguer le flot de sang qui s'écoulait des blessures. Dans la salle de répétition, les coups de feu provoquent la panique. Family Man, son frère Carly, la section de cuivre de Zap Pow et Tyrone Downie se retranchent dans la salle de bain et s'entassent dans la baignoire. Quand Bob les y rejoint il est couvert de sang. Dans la cour un dernier coup de feu retentit. C'est Rita qui vient de prendre une balle dans la tête. On entend le moteur d'une voiture qui démarre en trombe. Puis plus rien. L'attaque a duré moins de trois minutes.

Rita, Don Taylor et Bob sont aussitôt transportés à l'University Hospital de Mona à l'est de Kingston où Don Taylor est d'abord déclaré décédé. Sans la perspicacité d'un chirurgien il aurait été envoyé à la morgue. Opéré le soir même, il ne reprendra conscience que le lendemain. Chanceuse, Rita s'en tire quant à elle avec une blessure superficielle à la tête, la balle s'étant logé entre l'os du crâne et le cuir chevelu. Bob sera le premier à quitter l'hôpital après avoir été soigné pour des blessures jugées moins inquiétantes qu'à première vue. Le chirurgien estimant qu'extraire la balle logée légèrement au-dessus du coude risquait d'endommager les nerfs et lui faire perdre l'usage de ses doigts, lui interdisant par conséquent de jouer de la guitare, préférera ne pas intervenir. Quant à l'autre projectile il n'avait fait que glisser sur les côtes flottantes. Des infirmières se contentèrent de lui bander la poitrine tandis

À Hope Road en 1975. © Kim Gottlieb-Walker

qu'il recevait les visites de Lee Perry, Chris Blackwell, du ministre des Finances David Coore, père de Cat Coore, guitariste du groupe Third World, et enfin de Michael Manley accompagné de son épouse Beverley. Bob fut conduit secrètement dans une maison que possédait Blackwell à Strawberry Hill dans les hauteurs de Kingston, gardée par une brigade au grand complet de policiers, tandis que les rastas armés de machette vinrent en renfort se hissant jusqu'à la cime des arbres pour faire le guet.

Le lendemain matin, Bob récupérait quand il reçut un appel du Premier ministre qui évita de poser la question sur le maintien ou l'annulation du concert. Mais dans l'après-midi, Tony Spaulding se présenta à Strawberry Hill pour tenter de convaincre Bob de maintenir le show. Bob pesait le pour et le contre depuis son réveil. Bien que blessé et dévasté par l'attaque, son orgueil lui dictait de donner la réponse la plus forte possible à ceux qui avaient voulu sa mort. Car pour tous, il ne faisait aucun doute que c'est bien lui qui était visé. Apporter la preuve qu'il était non seulement vivant mais toujours combatif lui semblait l'attitude la plus honorable, à défaut d'être la plus raisonnable. L'ensemble du pays était traumatisé par cette attaque qui faisait la Une de tous les journaux et nourrissait l'essentiel des bulletins d'informations à la télé et à la radio. La rumeur qui circulait était que le JLP était à l'origine de la tentative d'assassinat. Aussi, Spaulding lui fit part des préoccupations prioritaires au sein du cabinet du Premier ministre : que des membres du PNP organisent des représailles et s'en prennent à des quartiers JLP avec pour conséquence de nouveaux bains de sang et une spirale sans fin de la violence. Après avoir longtemps discuté sur les mesures de sécurité, Bob accepta de monter sur scène comme prévu. Sauf que l'événement avait eu pour conséquence la dispersion de ses troupes. Pour Judy Mowatt et Marcia Griffiths, il n'était pas question d'affronter un public au sein duquel risquait de se cacher d'autres hommes de main bien résolus « à finir le travail ». Family Man avait disparu après la fusillade et trouvé un refuge à Bull Bay qu'il était bien décidé à ne quitter sous aucun prétexte. Tyrone Downie fut donc chargé de prendre la basse. Bob dut faire appel à des membres de Third World et à la formation de percussionnistes de Ras Michael & the Sons of Negus pour compléter le groupe.

Le jour J, c'est une foule plus recueillie que festive, donnant même l'impression d'accompagner un cortège funéraire, qui se pressait aux abords du National Heroes Stadium. L'éventualité d'une réplique de l'attentat étant dans tous les esprits, l'humeur générale n'était décidemment pas à la fête, même si la volonté de ne pas céder à la peur l'emportait. Bob et les musiciens furent conduit jusqu'au pied de la scène dans une fourgonnette blindée, escortée par plusieurs voitures chargées d'hommes en arme. Tandis que l'enceinte était sans cesse survolée par un hélicoptère de l'armée. Le concert fut relativement bref comparé aux habituelles prestations des Wailers. Tyrone jouait machinalement de la basse comme s'il était sous hypnose. Rita se présenta sur scène avec un bandage autour de la tête sous son traditionnel foulard africain. En outre elle avait préféré conserver sa blouse d'hôpital plutôt que de revêtir sa robe aux couleurs rastafariennes. Ce qui accentuait la dimension dramatique de ce concert pas comme les autres. Le reste du groupe tentait tant bien que mal de donner à ce set un semblant de cohésion, alors que la confusion régnait encore dans tous les esprits. Bob, quant à lui, était comme survolté. Exhibant ses bandages, il prit le public à témoin pendant la chanson *Positive Vibration*. Le moment le plus intense fut celui où il déclara que l'amour de Rastafari l'avait protégé, formule dont il allait se servir pour la chanson *Ambush in the Night* (Embuscade dans la nuit). Sortie qui souleva une immense clameur. Au bout des quatre-vingt-dix minutes que dura le concert – qui s'acheva par un bouleversant *Rastaman Chant* accompagné par les seuls *burrus drums* de Ras Michael –, Bob jeta un dernier regard au public et lui fit un signe de la main. Celui d'un long au revoir.

Selon tous ses proches, Bob Marley ne fut plus le même homme après l'attentat du 3 décembre. Les blessures physiques guéries, les psychologiques ne se refermèrent jamais vraiment. *« Cette attaque m'a changée* souligne Rita dans son autobiographie, *comme elle a changé Bob. Même si pendant le concert Smile Jamaica il a relevé sa manche et montré ses blessures au public, comme par défi, après ça il s'est installé dans la peur. »* Pour Cindy, c'est l'incompréhension qui le rongeait. Une chose le hantait : ne pas comprendre pourquoi on avait pu chercher à l'abattre. *« Il était*

profondément blessé qu'on ait pu lui vouloir du mal, lui qui avait toujours souhaité le meilleur pour le peuple jamaïquain. » La journaliste anglaise Vivien Goldmann, à l'époque attachée de presse du label Island et proche des Wailers, confirme cette impression. « *Bob était bouleversé, très remonté, ne comprenant pas qu'on ait voulu le supprimer et que ceux qui l'avaient fait puissent être des gens comme lui, qui venaient du ghetto, des gens qu'il connaissait peut-être.* » Cet attentat avait en effet pour conséquence de réduire à néant toute une œuvre entièrement consacrée à chanter la souffrance et l'espérance des plus démunis. Sa musique encourageait la jeunesse à sortir de ce système la poussant à s'autodétruire. Et pour seule récompense, voilà qu'on s'en prenait à sa vie. « *Sa première réaction fut le choc et la confusion. Puis vinrent la révolte, la déception, l'amertume* » souligne le graphiste Neville Garrick. En conséquence, il préféra quitter la Jamaïque, tant par dépit que pour assurer sa sécurité et celle des siens. Car personne ne doutait qu'une autre attaque était possible. Dès le lendemain du concert Smile Jamaica il s'envola pour les Bahamas. Pendant ce temps à Kingston, on cherchait à identifier les membres du commando dans l'espoir de remonter jusqu'aux commanditaires. Tous les indices plaidaient en effet pour une expédition téléguidée. La jeunesse et l'amateurisme des tueurs ne faisaient aucun doute. D'après le bilan humain, trois blessés dont un grave, Don Taylor, et considérant le nombre de balles tirées – on retrouva plusieurs dizaines de douilles fichées un peu partout – les enquêteurs conclurent que les tireurs étaient des novices en la matière. Ce qu'allait confirmer Marley et ceux qui avaient aperçu le visage des assaillants, dont l'âge était estimé à vingt ans tout au plus. Par contre l'armement professionnel dont ils disposaient, des pistolets automatiques, renforçait la thèse d'un contrat.

Dans son livre *Guns & Ganja*, Don Taylor, le miraculé, soutient que la CIA serait à l'origine de l'attaque dont elle aurait confié l'exécution à des jeunes recrutés au sein du JLP. Version qu'il tente d'étayer en relatant une rencontre secrète entre lui, Marley et Michael Manley à Londres en juillet 1977 au cours de laquelle le Premier ministre assura que la CIA était bien derrière le coup. L'agence américaine voulant

En 1976. © Gijsbert Hanekroot

à tout prix « neutraliser » Manley et ses soutiens de manière à lui faire quitter le pouvoir. Fallait-il ajouter la fameuse phrase *« Rasta don't work for No CIA »* de la chanson *Rat Race* au motif de pareille entreprise ? Sauf que l'enquête n'a jamais abouti, qu'aucune preuve n'a jamais été produite pour valider cette version et que l'affaire a depuis été classée. Entre-temps, d'autres hypothèses ont été émises. Celle par exemple d'un pari truqué lors d'une course de chevaux qui aurait mal tourné et dans laquelle Alan Skill Cole aurait été impliqué. Lors de l'embrouille, Cole aurait utilisé la fameuse BMW de Marley, ce qui aurait conduit les tueurs jusqu'au 56 Hope Road. Des années plus tard, Cindy Breaskpeare allait tenter de tirer un bilan de cet événement qui devait changer la vie de Marley et celle de ses proches. *« Je ne sais pas qui croire. Je pense que Bob était aimé par les gens du PNP comme du JLP* (...) *Mais il est permis de penser à propos de la politique en Jamaïque qu'à partir du moment où quelqu'un se met à avoir une certaine influence pendant le mandat d'une administration, il est obligatoirement perçu comme supporter de celle-ci. De sorte qu'il peut y avoir une réaction de l'autre bord. À partir de là, que vous adhériez ou non à l'un ou l'autre bord, vous ne savez jamais de quel côté va tomber la colère. C'est très triste. De toute façon, il y a eu tellement d'autres versions sur cette affaire, impliquant d'autres personnes à propos de sombres combines, que vraiment je ne sais plus qui croire... »* Dans son récit, Don Taylor évoque un sombre épisode qui aurait eu lieu dans le courant de l'année 1978 après le retour de Marley en Jamaïque où des membres du commando auraient été traduits devant un tribunal de justice improvisé, et donc sans aucune légalité, dans un quartier pauvre de Kingston. Condamnés à morts par cette « ghetto justice », ils auraient été aussitôt exécutés, et ce en présence de Marley. Ce qui bien entendu fait partie du domaine du possible quand on connaît les mœurs du pays. Mais reste cependant improbable s'agissant d'un homme comme Bob Marley qui la même année allait organiser un mémorable *Peace Concert* dans l'espoir de mettre un terme à des hostilités partisanes ayant coûté la vie à un très grand nombre de personnes. En outre, que cette information ait pour origine un Don Taylor dont la crédibilité sera largement entamée quelques mois plus tard, invite à la plus grande prudence.

Arrivé dans l'archipel des Bahamas, Marley va profiter du calme retrouvé pour composer plusieurs chansons qui figureront sur les albums suivants, notamment *Exodus* et *Kaya*. Confortablement installé dans une maison prêtée par Chris Blackwell à Sea Pussy, où il sera bientôt rejoint par Rita et les enfants, mais le plus souvent traînant à Compass Point où Blackwell allait bientôt faire ériger un studio, il se mit à convertir tous les effets négatifs de l'agression en paroles et en musiques. Seront ainsi ébauchés des titres comme *The Heathen*, *Waiting in Vain*, *Jamming* et *Ambush in the Night*. Ainsi que *Turn Your Lights Down Low* qu'il avait déjà entamé à Hope Road. Tyrone Downie qui tomba sur lui un peu par hasard après avoir fui lui aussi l'île, se dira stupéfait par sa capacité à rester fertile après un tel traumatisme. *« Il vivait dans un état de créativité permanente. Le mec était constamment branché. Un pur poète. Jamais à sec. »* Si *The Heathen* et *Ambush in the Night* découlent assez clairement de l'attaque à Hope Road, *Waiting in Vain* et *Turn Your Lights Down Low* ont pour source commune sa passion pour Cindy Breakspeare. Celle-ci, restée à Londres après son sacre et, morte d'inquiétude, ne tardera pas à le rejoindre. Si bien qu'au moment des fêtes de Noël, Bob dut partager son temps entre honorer ses obligations de père à Sea Pussy avec Rita et les enfants et filer doux avec Cindy à Compass Point. Point d'orgue de leur idylle, un séjour à Paradise Island, joyau de l'archipel, où Cindy lui fit part de son désir d'avoir un enfant. Un petit Damian Marley devait d'ailleurs naître quelques mois plus tard.

Passé les fêtes, Bob s'envola pour Londres où il avait donné rendez-vous aux Wailers. Logé dans une grande maison de style George V à Oakley Street dans le quartier de Chelsea, il s'installa dans une routine faite de répétitions, de *« reasonings »* (méditations), de lectures de la Bible avec des membres de la communauté Twelve Tribe of Israel basés à Londres et de matches de foot. Le choix de son nouveau domicile ne devait rien au hasard. La proximité de Battersea Park où il se rendait quotidiennement pour taper la balle, avait dicté son choix. Selon Chris Blackwell, l'humeur de Bob après quelques semaines passées à Londres était redevenue stable, quoique le plus souvent teintée de mélancolie et souvent contemplative. Désireux de ne pas se laisser écraser par le traumatisme, il s'immergeait dans le travail. Une même question revenait malgré tout : *« qu'est-ce-que j'ai fait pour mériter ça ? »* Conscient qu'il restait une cible même à Londres, il se mit à s'entourer de mille précautions pour que sa présence en Angleterre demeure ignorée le plus longtemps possible. Elle le sera jusqu'à son arrestation lors d'un banal contrôle routier au cours duquel la police découvrit un joint dans sa poche et un autre dans la chaussette de Family Man. Lors de son interpellation, il eut la présence d'esprit de donner l'adresse où Rita et Marcia Griffiths partageaient un appartement, et non celle d'Oaxley Street où il vivait avec Cindy, où se trouvait sa réserve de ganja, en quantité suffisante pour être envoyé en prison pour plusieurs années. Marley et Family Man seront traduits devant le tribunal de Marylebone le 6 avril 1977. Le bassiste sera condamné à une amende de 25 livres sterling. Ayant expliqué au président de la cour qu'il fumait depuis l'âge de douze ans et que c'était depuis devenu un rituel religieux, un « sacrement », Bob écopa quant à lui d'une amende de 50 livres. L'affaire ne manquant pas de faire les titres de la presse britannique, sa présence à Londres n'était plus un secret pour personne. Bien que souvent sujet à des bouffées paranoïaques, il se mit à mener une vie qu'il n'avait jamais envisagée, celle d'un nouveau métropolitain suffisamment intégré pour goûter à des plaisirs qui parfois pouvaient sembler contredire ses principes religieux. Comme s'il voulait effacer dans les agréments de la vie londonienne jusqu'au souvenir du cauchemar vécu. C'est ainsi qu'on le vit fréquenter certains clubs ou restaurants les plus *selects* de la ville, dont certains soumis à un *dress code* si strict qu'il dut porter pour la première fois de sa vie un costume et une cravate. On le vit avec à son bras de nouvelles beautés, princesses arabes ou éthiopiennes, qui le distrayaient lors des absences répétées de Cindy partie à l'autre bout du monde honorer son statut de Miss Monde. On le vit même ici ou là porter à ses lèvres une coupe de champagne. Cette saison des plaisirs n'allait toutefois en rien le détourner de sa mission artistique et spirituelle mais plutôt ajouter à celle-ci une nouvelle dimension, compléter son être, l'épanouir. Cette cohabitation entre deux natures, l'une solidement arrimée à une philosophie rigoureuse, soumise à une vision du monde plutôt tragique, l'autre bien décidée à ne rien sacrifier des jouissances qu'offre notre passage dans ce monde, allait trouver sa pleine cohérence dans l'album *Exodus*, l'un des chefs-d'œuvre de sa discographie.

Les séances d'enregistrement qui devaient fournir le matériel d'*Exodus* mais aussi de *Kaya*, se déroulèrent entre mars et avril 1977. Une nouvelle fois en quête d'un guitariste après le départ de Donald Kinsey parti comme Al Anderson rejoindre le groupe de Peter Tosh, Word Sound and Power, Bob et Blackwell auditionnèrent un jeune anglo-jamaïcain du nom de Donald Hanson Marvin Kerr. Que tout le monde appelait Junior. Entre autres états de service, il avait accompagné Stevie Wonder, Billy Preston, Ike & Tina Turner et le bluesman texan T Bone Walker. Son jeu présentait l'avantage de faire la synthèse des trois précédents guitaristes, le style élégant d'Al Anderson, le lyrisme de Wayne Perkins, la puissance de Donald Kinsey. Il avait aussi pour lui un jeu de scène très démonstratif inspiré de celui d'Hendrix qu'il avait vu en concert dix ans plus tôt au Bag of Nails. Du coup Bob ne se sentirait plus obligé d'assurer à lui seul le spectacle. Une fois intégré, Junior Murvin rejoignit son nouveau groupe au studio Island de Basing Street. Pour la première fois, la musique des Wailers serait enregistrée sur un 24 pistes. Ce qui ouvrait la porte à de nouveaux instruments, notamment des claviers – Fender Rhodes, Hammond C3, Clavinet, Moogs etc. – que Tyrone Downie s'était empressé d'acheter dans une boutique de Notting Hill Gate, rénovant pour le coup le son du groupe. La contribution de Tyrone serait de fait plus conséquente que celle d'accompagnateur à laquelle il était habituellement cantonné. Il participerait ainsi à l'écriture et aux arrangements de *Jammin'* et *Waiting in Vain*. Sans toutefois voir sa contribution créditée.

Le titre de l'album s'imposa le jour où Family Man arriva à Oaxley avec une VHS du film d'Otto Preminger *Exodus* racontant un épisode de la naissance d'Israël. Quelque temps plus tard, Bob prenait à part Fam (surnom du bassiste) pour lui faire écouter l'ébauche de son *Exodus* à lui. Il trouvait dans sa situation personnelle, celle d'un exilé, un argument pour s'emparer à bras-le-corps de la mystique globale propre à l'exode en mettant en perspective, et en les confondant, l'histoire des Juifs de

DISCOGRAPHIE SÉLECTIVE

EXODUS

1977, ISLAND/TUFF GONG

01. NATURAL MYSTIC
02. SO MUCH THINGS TO SAY
03. GUILTINESS
04. THE HEATHEN
05. EXODUS
06. JAMMING
07. WAITING IN VAIN
08. TURN YOUR LIGHTS DOWN LOW
09. THREE LITTLE BIRDS
10. ONE LOVE/PEOPLE GET READY

l'Ancien Testament et celle des descendants d'Africains mis en esclavage à qui le Rastafarisme promet le retour en Terre Promise. Cette thématique du « mouvement du peuple de Jah » l'amena à dynamiser le tempo, de sorte que le morceau *Exodus* échappe au registre reggae à proprement dit pour « tourner » carrément funky. Voire disco. Le disque est conçu comme un voyage autant physique que spirituel. Qui commence avec *Natural Mystic*, retour sur soi d'une rare profondeur. Cindy dira qu'aucune autre n'est plus proche de l'autoportrait. Que dans cette chanson *« la conscience s'efface afin de laisser s'exprimer l'inspiration divine »*. D'après Family Man, l'idée était *« d'adapter les visions de la Bible en musique avec un son énorme »*. Énorme et même un peu terrifiant avec sur un rythme lancinant, quasi funèbre, une suite d'imprécations plus sombres les unes que les autres, l'intention étant clairement de transposer des visions du livre de l'Apocalypse du Nouveau Testament, celui qui annonce la fin des temps. *« Many More will have to die, many more will have to suffer »* (Beaucoup d'autres vont mourir, beaucoup d'autres vont souffrir). On est à mille lieux du chanteur plein d'optimisme qui un an plus tôt triomphait, exultait presque. Cette première face va se poursuivre sur cette sombre tonalité au diapason de l'attentat de Hope Road et des séquelles laissées. Ainsi dans *So Much Things to Say* le trouve-t-on dans une situation de solitude aggravée. Lui qui jusqu'alors avait toujours cherché à s'identifier au peuple jamaïcain, se met à faire des analogies entre sa situation et trois personnages de l'histoire, Paul Bogle, Marcus Garvey et Jésus Christ. Le premier est un héros national jamaïquain, chef religieux à la tête d'une des révoltes les plus sanglantes de l'histoire de l'île (Morant Bay en 1865). Il finira par être pendu par les Anglais après avoir été trahi par les siens. Marcus Garvey le sera de même cinquante ans plus tard par les syndicats et les milieux d'affaires. Quant à Jésus... C'est autant au degré d'exemplarité de ces personnages qu'à l'amère rétribution venue sanctionner leurs vertus que Marley fait référence pour évoquer ce que lui-même est en train de vivre. Le sentiment change avec *Guiltiness* où il promet à ceux qui ont voulu sa mort de subir cette justice immanente, longue à agir mais implacable, qui n'est plus du ressort des hommes mais de Dieu. Dans *The Heathen*, il se place dans la peau d'un combattant des croyants qui après avoir essuyé une défaite (l'attentat, l'exil) repart de plus belle à la charge. C'est à l'issue de cette série de morceaux vengeurs, tirant leur inspiration de la même source, que s'engage le titre moteur du disque, cet *Exodus* tellement dynamique et entraînant qu'il mettra pendant longtemps un point final à tous les concerts des Wailers.

S'ouvre alors la seconde face, antithèse quasi parfaite de la première. Autant la face A est entièrement occupée par les ruminations d'un homme profondément blessé et dont la seule réponse reste sa foi, autant la face B reflète un esprit qui, loin d'avoir rompu avec les plaisirs du monde, entend s'y consacrer, parfois même... religieusement. Il y a d'abord *Jammin'* qui recentre le débat autour d'une vocation dont les derniers évènements n'ont su saper les fondations. *Jammin'* du verbe « to jam » – se mélanger, s'unir, jouer ensemble – brille autant par son contenu musical que par la polysémie qu'il essaime. Si l'ombre de l'attentat y plane encore (*« aucune balle ne peut nous arrêter »*), la chanson célèbre cette idée de communion qui va envers et contre tout tramer toute son œuvre. Viennent ensuite deux compositions où la présence de Cindy se fait sentir, et même désirer. Dans *Waiting in Vain*, il y a le Marley qui se languit, se désespère de conquérir sa belle voisine de Hope Road, celui qui offre des mangues et des aubades en espérant un jour pouvoir arriver à ses fins. Tandis que dans *Turn Your Lights Down Low* se devine le moment intime où ayant vaincu les dernières réticences, il goûte une félicité que vient bénir une lumière divine (*« Let Jah moon come shining in »*). Les deux dernières chansons du disque naviguent quant à elles dans une atmosphère apaisée, dont la sérénité contraste avec les turpitudes exposées au début. Il y a d'abord *Three Little Bird* où le spectacle des ébats de trois petits oiseaux consacre une forme d'innocence retrouvée. Puis *One Love* dont le thème appartenait déjà au répertoire des Wailers depuis l'époque Studio One à laquelle vient se mêler la reprise du *People Get Ready* du trio américain The Impressions dont le leader, Curtis Mayfield, fut l'un des modèles pour Marley à ses débuts. *One Love* reste l'une des expressions favorites au sein de la communauté rasta, comme un signe de reconnaissance, souvent suivie par la formule *« one heart, one destiny »*. C'est avec cette trinité de la réconciliation que

Pages suivantes : Au studio Tuff Gong. © Tous droits réservés s'achève ce « voyage » musical, semé de doutes, de colères, de souffrances, mais qui au final parvient à échapper à l'obscurité pour rejoindre la lumière.

En 2000, après plusieurs mois de débats internes, le journal américain *New York Times* élira *Exodus* comme l'album du XXe siècle devant *Sergeant Pepper* des Beatles, *Blonde on Blonde* de Bob Dylan et *Kind of Blue* de Miles Davis. Distinction qui aurait sans doute amusé Marley, lui qui ne parviendra jamais de son vivant à s'imposer sur le territoire américain. ◆

"LA MUSIQUE PEUT RENDRE LES HOMMES LIBRES."

BOB MARLEY

CHAPITRE 13

UN TEMPS POUR LA GUERRE UN TEMPS POUR LA PAIX

La tournée européenne qui suivit la parution d'*Exodus* s'achevait par une série de concerts donnés au Rainbow Theatre de Londres au début du mois de juin 1977. Dans un compte rendu pour l'hebdomadaire britannique *New Musical Express*, Nick Kent, après avoir longuement développé son peu d'empathie pour le reggae, admettait que la personnalité scénique de Bob Marley ne souffrait à ses yeux d'aucune comparaison, qu'il était vain de lui trouver le moindre équivalent. Que l'on cherche dans le présent ou que l'on fouille le passé, personne ne ressemblait à cet ovni hirsute et comme possédé. *« Son rôle s'apparente certainement plus à celui d'un shaman que d'une star du rock, vivante ou disparue »* certifiait Kent que beaucoup considéraient comme l'un des maîtres à penser du mouvement punk, dont Londres était alors l'épicentre. Force était de constater qu'entre le reggae et le punk, le courant passait beaucoup plus que ne l'imaginait l'ami Kent. Musicalement du moins. Johnny Rotten, le chanteur des Sex Pistols, ne ratait aucune occasion de louer la musique jamaïquaine (invité d'une célèbre émission de la *BBC*, il y diffusera quelques-uns de ses morceaux favoris). Le groupe Police, associé au punk à ses débuts, avait définitivement adopté son rythme, un peu comme les Rolling Stones ou les Pretty Things l'avaient fait avec le blues quinze ans plus tôt. Quant au groupe Clash, sans doute le plus zélé de tous, il venait de sortir un premier album

En concert aux Pays-Bas, le 13 mai 1977, pendant la tournée *Exodus*. © Gijsbert Hanekroot sur lequel figurait en bonne place une reprise du *Police and Thieves* de Junior Murvin devenue en quelques semaines un hymne rebelle transracial. Produite par Lee Perry, la chanson avait aussitôt trouvé sa place dans le répertoire du quatuor mené par Joe Strummer et Mick Jones. Ces deux-là, comme Rotten, ne tarderaient pas à faire le voyage jusqu'à Kingston pour s'imprégner des « *vibes* ». Avec plus ou moins de bonheur. Lee Perry qui allait produire quelques morceaux pour Clash dans son studio Black Ark, avait très tôt manifesté son intérêt pour le punk et sa radicalité. Ce qui n'était pas du tout le cas de Marley qui s'était arrêté aux épingles de nourrice dans le nez, aux litres de bières consommés pendant les concerts, aux tubes de colle sniffés et aux slogans nihilistes de type *No Future*. Selon lui, le punk ne servait qu'à confirmer l'état de putréfaction dans lequel se trouvait le « système de Babylone ». Là où le reggae, ce gospel du ghetto, se consacrait corps et âme à la rédemption des damnés de la terre, le punk se limitait à refléter la décadence d'un monde courant à sa perte. Le jour où Tyrone Downie se pointa en répétition avec un pantalon à multizips, attribut vestimentaire propre au look punk, Marley ne manqua pas de le cingler d'une remarque pleine de mépris. *« Ah, tu es punk maintenant ! »* Perry réussira néanmoins à changer sa perception, arguant que punk et reggae partageaient une même contestation de l'ordre établi, un même idéalisme, bien qu'exprimé différemment, qu'un début de fraternisation entre jeunesses du ghetto et des banlieues urbaines occidentales était en train de s'opérer grâce au reggae. Convaincu par les arguments de Scratch, et changeant complètement de cap, Marley allait pour ainsi dire sceller cette alliance avec le titre *Punky Reggae Party*, produit par Scratch Perry où sont cités le nom de plusieurs groupes comme les Damned, les Jam, les Clash ainsi que Doctor Feelgood (qui ne sont pas vraiment punks). Mais pas les Pistols.

Dans son compte rendu du concert du Rainbow, Nick Kent parle avec une certaine emphase d'un Marley *« tournoyant dans une zone tangentielle d'hyper énergie et de fulgurance visionnaire »*. Sa gestuelle scénique se composait généralement de pas de danse en rythme, mais aussi de moments où son corps chavirait, donnant l'impression d'un homme ivre ou en perte d'équilibre, parvenant malgré tout à retrouver sa stabilité et sa verticalité après avoir frôlé la chute. L'image du shaman visité par des forces obscures venait en ce sens à propos. Pourtant, ceux qui suivaient le groupe depuis le début de la tournée ne manquèrent pas de remarquer combien la mobilité du chanteur semblait amoindrie depuis quelques dates et particulièrement ce soir-là. Et pour cause. En regagnant la loge après le *set*, Rita constata que lorsque Bob avait ôté sa botte, sa chaussette était pleine de sang. Personne dans l'entourage n'ignorait qu'il s'était blessé un mois plus tôt lors d'un match de foot à Paris, à la veille du premier concert de la tournée au Pavillon de Paris. Une partie disputée sur un stade proche de la tour Eiffel entre l'équipe des Wailers, augmentée de quelques journalistes locaux (dont moi-même) et les Poly Musclés, club composé de personnalités appartenant au show-business. Évoluant à l'aile droite, Marley avait reçu un tacle assez appuyé sur le pied droit qui l'avait contraint à quitter la pelouse. Le docteur de l'hôtel où il résidait avait été requis le soir même pour panser la blessure qui semblait relativement bénigne. Avant le soir du Rainbow personne ne s'inquiétait de voir Bob boitiller. Voyant la chaussette pleine de sang, Rita le conjura malgré tout d'aller consulter un médecin, trouvant anormal qu'une blessure vieille de plusieurs semaines tarde autant à cicatriser. Une série d'examens furent donc réalisés dont une biopsie. Quelques jours plus tard, les résultats révélaient la présence de cellules cancéreuses. Bob prit la nouvelle de plein fouet. Le soir même il téléphonait à sa mère à Wilmington pour lui annoncer la nouvelle. « *Sa voix était angoissée* raconte celle-ci. *Il m'a dit* "Maman je n'ai fait ni de tort ni de mal à personne, pourquoi Jah me donne-t-il le cancer ?" » À partir de là s'engagea une lutte d'influence entre ceux qui préconisaient une amputation de l'orteil et ceux qui voulaient croire à une guérison à l'aide de plantes médicinales et de remèdes ancestraux. Une rivalité qui n'allait pas tarder à prendre un caractère idéologique, voire racial après que Rita eut conclu que la probabilité pour un sujet noir de développer un mélanome – le type de cancer dont Bob était atteint – étant quasi nulle, le mal ne pouvait donc trouver son origine que dans les gènes européens transmis par son père. Une thèse sur laquelle s'empressèrent de surenchérir les membres de la communauté des Twelve Tribes of Israel, dont son leader Prophet Gad, pour qui un vrai rasta ne pouvait avoir le cancer. D'autres théories furent avancées. L'une d'elles prétendait que Bob avait été empoisonné par ceux qui avaient cherché à l'éliminer à Hope Road. L'idée de devoir être amputé d'un orteil déplaisait à Bob qui craignait de ne plus pouvoir monter sur une scène ni jouer au foot. Un climat de paranoïa, mêlée de désarroi, se mit à envahir le clan Marley. Peu à peu, Bob se persuada même qu'il n'était pas vraiment malade. À la fin, entre les adeptes de l'amputation et ceux qui comme l'intéressé s'y refusaient catégoriquement, fut trouvé un compromis. On allait sectionner la partie de l'orteil infectée avant de procéder à une greffe de peau. L'opération eut lieu à Miami dans les derniers jours de juillet et lorsque les premiers examens postopératoires révélèrent la disparition des cellules cancéreuses, Bob se crut tiré d'affaire.

L'épisode eut pour conséquence l'annulation de toute la tournée américaine. Un crève-cœur pour Marley qui après avoir conquis le continent européen espérait pouvoir enfin planter victorieusement le drapeau rastafarien sur le sol américain, partie du monde qui se dérobera toujours à son emprise de son vivant. Il en profita pour régler quelques affaires personnelles. La plus importante à ses yeux était l'achat d'une maison à Miami pour y installer sa mère qui, devenue veuve et souffrant d'arthrite, désirait quitter Wilmington et son climat humide pour se rapprocher de la Caraïbe. Lorsque Don Taylor missionné pour l'acquisition du bien demanda à Bob quel genre de propriété il désirait offrir à Cedella, telle fut la réponse du chanteur : *« une maison aussi grande que celle des Blancs qu'elle avait à nettoyer dans sa jeunesse »*. Et bientôt Cedella déménageait à Vista Lane, luxueux quartier résidentiel de Miami où les Noirs étaient si rares que le voisinage manifesta aussitôt son hostilité à l'égard des nouveaux arrivants. Bob passa une bonne partie de l'automne dans cette nouvelle demeure dotée d'une immense piscine où il récupéra et composa de nouvelles chansons. La plupart n'apparaîtraient que trois ans plus tard sur l'album *Uprising*. En faisait partie *Redemption Song* que beaucoup ont considéré après la mort du chanteur comme un testament.

Sur la scène du Rainbow de Londres, le 3 juin 1977. © Vincent McEvoy

BOB MARLEY & THE WAILERS
EXODUS
LIVE AT THE RAINBOW

Quelques jours avant que le cancer ne soit révélé, un secrétaire du cabinet du Premier ministre jamaïquain Michael Manley, réélu lors des élections anticipées de décembre 1976, avait appelé Bob pour lui proposer un rendez-vous à l'ambassade de Jamaïque à Londres. La rencontre avait officiellement pour but de faire le point sur l'enquête concernant l'attaque de Hope Road, dont Manley faisait de la CIA le véritable commanditaire. Or, la vraie raison de ce rendez-vous concernait le retour du chanteur en Jamaïque, retour que le ministre souhaitait accélérer. Plus divisée que jamais, l'île ne pouvait se passer d'une figure telle que celle de Bob Marley, aussi influente et somme toute consensuelle. Marley demanda à réfléchir tout en posant d'ores et déjà ses conditions. La principale concernait sa sécurité et celle de sa famille. Mais aussi la protection dont son ami Alan Skill Cole devrait bénéficier. Requête pouvant venir étayer cette thèse du pari truqué sur une course de chevaux à Kingston dans laquelle l'ancienne star du foot aurait été impliquée. L'annonce de son cancer ayant relégué la possibilité d'un retour au pays à plus tard, ce n'est qu'au début de l'année 1978 que le projet refit surface à la faveur d'une nouvelle tragédie. Le 4 janvier, une douzaine de militants du JLP tombaient dans une embuscade tendue à Green Bay. Un massacre. Comme souvent en Jamaïque, l'affaire engendra des versions contradictoires, certains voyant derrière cette tuerie la main du ministre de la Sécurité nationale Dudley Thompson, d'autres celle de dirigeants du JLP qui, dans le sacrifice de certains de ses membres, auraient cherché à jeter le discrédit sur Thompson et le PNP. Une troisième hypothèse était qu'il s'agissait d'un règlement de compte entre *gunmen*, autrement dit d'une énième péripétie dont le ghetto avait la sinistre habitude. Encore traumatisés par cette sanglante affaire, deux jeunes leaders appartenant chacun à un camp se mirent à parler d'un cessez-le-feu. Claudie Massop et Buckie Marshall, l'un chef de guerre du JLP, l'autre *gunman* expérimenté à la solde du PNP, purgeaient tous deux une peine dans la même prison lorsque le massacre de Green Bay eut lieu. À l'issue d'une conversation qui se déroula dans la cour de la prison, ils imaginèrent un concert de réconciliation qui viendrait symboliser l'entrée dans une nouvelle ère. Marshall comme Massop avaient pour ami commun Bob Marley qu'ils avaient connu et fréquenté à l'époque où celui-ci habitait encore Trench Town. Un concert de cette importance ne pouvait se dispenser de la présence de la superstar planétaire qu'était en train de devenir leur ami.

En février 1978, Massop fut libéré après avoir purgé sa peine. Il sollicita aussitôt une entrevue avec Bob pour évoquer ce projet de concert, déjà baptisé Peace Concert. Très enthousiaste, Bob lui envoya un billet d'avion afin qu'il puisse le rejoindre à Londres. Des négociations s'engagèrent avec le chef de guerre du JLP auxquelles participèrent Don Taylor et les principaux membres de la communauté londonienne des Twelve Tribes of Israel. Il s'agissait dans un premier temps de garantir à Bob et aux siens un retour au pays le plus sûr possible. Massop s'y engagea. Dans son autobiographie *(Guns & Ganja)*, Don Taylor affirme que Bob exprima aussi le souhait que les membres du commando ayant participé à l'attaque sur Hope Road soient « neutralisés ». Désir que Massop promit de satisfaire. Un point qui pouvait renforcer l'hypothèse, souvent avancée, d'une implication plus ou moins directe de certains cadres du JLP dans le projet d'attentat. Fut ensuite évoqué le concert, que Bob considérait comme symboliquement important mais politiquement insuffisant. C'est pourquoi il pria Jah Blue, l'un des leaders des Twelve Tribes, de l'accompagner afin de faire de cet événement le premier pas vers une transformation du paysage politique jamaïquain. *« L'idée était de convertir la communauté rasta à une vision politique et sociale active »* confiera Jah Blue à la journaliste Vivian Goldman. En somme, de mobiliser les différentes communautés pour qu'elles se transforment une fois réunies en une véritable force d'opposition aux deux partis traditionnels usés et corrompus. Que s'était-il donc passé pour que Marley, qui au lendemain de l'attentat semblait avoir rompu définitivement avec sa patrie, se mobilise soudain pour lui venir en aide ? Et même envisage de créer une alternative à sa gouvernance ? Il semble que la convergence des témoignages apportés par Claudie Massop et Buckie Marshall sur la lassitude qu'inspiraient les mœurs anciennes à une nouvelle génération, sur son désir d'un renouveau auquel le mouvement rasta pouvait apporter un souffle, finirent par le convaincre de se lancer dans l'aventure.

DISCOGRAPHIE SÉLECTIVE

KAYA

1978, ISLAND/TUFF GONG

01. EASY SKANKING
02. KAYA
03. IS THIS LOVE
04. SUN IS SHINING
05. SATISFY MY SOUL
06. SHE'S GONE
07. MISTY MORNING
08. CRISIS
09. RUNNING AWAY
10. TIME WILL TELL

« Derrière le Peace Concert, il y avait une vision, celle d'un Bob Marley désireux de voir la jeunesse jamaïquaine échapper au contrôle des partis et s'engager dans de nouvelles pratiques sur la base des valeurs de justice et d'équité propres au rastafarisme » écrit Vivian Goldman. D'autres réunions eurent lieu, notamment au Keskidee Center, un foyer du nord de Londres où travaillait bénévolement un jeune poète jamaïquain, Linton Kwesi Johnson. Se débarrasser des vieux partis était peut-être dans les plans, mais en attendant, la première étape consistait à obtenir leur feu vert pour l'organisation du concert. Manley donna aussitôt sa bénédiction. Bientôt suivi par Edward Seaga. Le même Seaga qui dans un entretien accordé à Lloyd Bradley dira : *« La paix ayant été décidée, il fallait que Bob Marley vienne la sceller symboliquement. Parce que Bob représentait grâce à sa musique une force d'unité. Ce n'était pas que du show-biz. C'était du show-biz avec une mission... »*

À la fin mars, Island sortit le septième album de Bob Marley & the Wailers, intitulé *Kaya*. Les dix titres appartenaient au même lot de chansons enregistrées un an plus tôt à Londres dont *Exodus* s'était abreuvé. Pourtant, tant par la thématique que par l'approche sonore, ces deux œuvres ne pouvaient être considérées comme jumelles. Comparée à celle du précédent, la production de *Kaya* se distinguait par sa couleur presque métallique, un son d'une brillance inédite susceptible de satisfaire aux critères d'un réseau de radios FM alors en pleine expansion, mais rompant totalement avec l'esthétique *« roots »* jusqu'alors privilégiée. C'est ainsi qu'un titre comme *Is This Love* en accrochant les playlists de nouvelles radios (mais aussi celle des discothèques) allait élargir considérablement le public d'un artiste considéré jusque-là comme « spécialisé ». Cette nouvelle donne eut pour effet de chagriner une partie de cette presse qui ne pouvait concevoir le phénomène Marley que dans un cadre précis, celui de l'artiste engagé qui rompt avec la pensée dominante. De le voir ainsi rejoindre le *« mainstream »*, se mêler à la grande bataille des ondes et des supermarchés à laquelle se livrent les ténors des hit-parades, eut le don d'irriter les plus intransigeants parmi les commentateurs. L'argument pouvait d'autant mieux porter que l'objet ne contient aucune chanson « politique » à proprement dit, aucun message particulier, aucune vision sinon celle, troublée, d'un homme en proie au doute, parfois en plein désarroi. Il demeure que *Kaya*, souvent considéré péjorativement comme l'album le plus « commercial » de Marley, reste une œuvre plus complexe qu'il n'y paraît, conçu comme un voyage, celui d'un Ulysse des temps modernes, loin de chez lui, errant dans des contrées hostiles. Un voyage qui à l'inverse de celui que balise *Exodus*, va du plus lumineux au plus sombre.

Avec *Easy Skanking* (littéralement « doux balancement ») c'est au relâchement que nous invite Marley, à un lâcher-prise, celui goûté par lui-même pendant les quelques mois passés à Londres. De ce point de vue, les premiers vers de cette chanson d'ouverture (*« excusez-moi si j'allume mon joint mais, oh Dieu, je dois prendre du recul »*) sont suffisamment éloquents. Cette déclaration liminaire se fait sur un tempo qui correspond effectivement au « skank » du titre, à savoir une manière de danser typiquement jamaïquaine, celle en vigueur dans les *sound systems* depuis l'ère du ska, dans laquelle les bras se balancent en rythme en avant du corps. Le message ici est qu'il y a des moments pour chaque chose dans l'existence, comme il est dit dans l'Ecclésiaste, livre de l'Ancien Testament souvent consulté par Marley. Un temps pour la guerre et un temps pour la paix, pour travailler et pour danser, pour pleurer et pour rire. Cette humeur *carpe diem* coïncide à la séquence londonienne qui a vu le miraculé de Hope Road, l'exilé encore traumatisé, s'autoriser quelques plaisirs, se mettre à jouir de chaque instant et des opportunités s'offrant à lui dans cette ville monde avec une soif et un abandon, parfois une démesure, à laquelle le fait d'avoir frôlé la mort de si près n'était sans doute pas étranger. Dans son esprit, la meilleure façon de prendre les choses du bon côté étant encore de fumer la ganja, il est normal que le titre suivant, *Kaya*, soit une célébration de la fameuse herbe magique. La chanson qui datait d'une dizaine d'années, fut composée en collaboration avec Lee Perry. Enregistrée et produite une première fois par le sorcier du Black Ark à l'époque de leurs premières collaborations, elle ressort ici totalement rénovée, comme passée à la peinture chrome. *Kaya* appartient, avec « collie weed » et bien d'autres, à ce vocabulaire clandestin utilisé pour évoquer la marijuana dans le langage de la rue. Issue de la même période que Kaya, celle « coiffée » par Scratch Perry et enregistrée une première fois dix ans plus tôt, *Sun Is Shining* apporte, malgré son titre, les premiers nuages dans le ciel jusque-là immaculé de cet album. À la différence de la version originale, celle-ci marque une évolution dans l'humeur du chanteur qui loin de son pays, et de son climat, connaît aussi des moments de spleen, est submergé par le mal du pays. Ce premier cycle de chansons terminé, s'ouvre celui consacré à sa relation avec Cindy Breakspeare dont la première étape est *Is This Love*, l'une des chansons les plus déconcertantes de son répertoire, mais aussi l'une qui aura rencontré le plus de succès et reste parmi les plus jouées aujourd'hui encore.

Jusqu'à présent, dans la plupart de ses chansons d'amour Marley se trouvait en position de force. Posture déjà remise en cause avec *Waiting in Vain* mais complètement renversée ici avec l'interrogation qu'induit le titre. Car avec cet *« est-ce cela l'amour ? »*, nous sommes invités à l'accompagner dans la zone affective la plus secrète et profonde de son être. Comme s'il éprouvait ce sentiment pour la première fois, il se parle à lui-même, et en est presque à se pincer pour être sûr de ne pas rêver. Le Marley que Cindy a souvent dépeint, cette personne bourrue derrière laquelle se cachait un être *« doux, charmant, vulnérable »* se dévoile ici véritablement pour la première fois, se met littéralement à nu. Il y a dans chaque mot du texte la même volonté de laisser le sentiment amoureux s'emparer de sa personne, sans restriction. Il dit à cette femme, qui ne peut être que Cindy, qu'il joue *« cartes sur table »* et que c'est la première fois. Évidemment pour ceux qui ne voyaient en Bob Marley que le combattant du tiers-monde, le croisé de Jah à la folle chevelure, le voir rendre les armes devant une femme avait de quoi surprendre. Mais c'est sans doute mal évaluer l'œuvre de l'artiste que de la limiter à une seule dimension. C'est en revanche lui rendre justice que d'y relever une complexité qui correspond à l'expérience humaine dans sa totalité. Avec *Satisfy My Soul* (réécriture d'un vieux morceau intitulé *Don't Rock the Boat)* le rapport amoureux change radicalement de nature avec une allusion on ne peut plus transparente au plaisir sexuel, renvoyant la femme aimée à un rôle utilitariste. Cette « dégradation » se conclut par *She's Gone* qui fait état de sa rupture avec Cindy qu'il impute à *« la pression qui l'entoure »* (*« the pressure around me »*). Dans une longue interview accordée à Roger Steffens dans les années deux mille, Cindy évoque l'environnement particulier de Bob pendant les années où elle partagea sa vie. *« En 1977, nous habitions à Londres une maison sur Oaxley Street dont il a fallu aménager le dernier étage en appartement privé afin d'avoir un peu d'intimité parce qu'en bas c'était jour et nuit l'embouteillage. Les gens étaient attirés par Bob comme des papillons par une flamme. »* Pour autant, *She's Gone*, composée au début des années soixante-dix et qui ne devait trouver son objet que dans le contexte de la relation avec Cindy, donne une version erronée de ce qui s'est réellement passé entre eux. *« Ça n'a pas été une situation où je lui ai dit* "c'est fini entre nous" *mais plutôt un concours de circonstances qui nous a éloignés progressivement l'un de l'autre. Lui, parti à Miami pour les répétitions avant la tournée, et moi qui voulais m'éloigner du cirque qui l'entourait. »* Dans les semaines qui vont suivre le retour de Bob en Jamaïque au printemps 1978, Cindy donnera le jour à leur fils Damian, dixième enfant de Bob, et s'installera dans une petite maison à l'abri de l'incessant tumulte entourant le chanteur.

Le dernier cycle de *Kaya* se compose des trois chansons parmi les plus énigmatiques et sombres du répertoire : *Misty Morning*, *Crisis* et *Running Away*. La première évoque « un mystère » qui ne peut être éclairci. Elle correspond à l'état d'esprit d'un homme qui doute profondément, ne parvenant plus à déchiffrer la réalité, un homme qui, comme le titre l'indique, navigue en plein brouillard. Une situation de crise trouvant son apogée dans le bien nommé *Crisis*. Dans les Évangiles, les exemples de personnages venant à douter du bien-fondé de leur foi abondent. À commencer par Pierre, apôtre le plus proche de Jésus Christ. Cette crise de foi, Marley en fait état dans un texte où l'on sent comme jamais la lassitude d'un homme victime d'un attentat, frappé par la maladie et dont les résultats dans sa mission restent dérisoires. Car le monde n'a pas changé. Comment le pourrait-il ? Les injustices, la violence et l'oppression y dominent de manière toujours aussi

Possédé, pendant la tournée *Kaya*. © Kate Simon

implacable. Quand bien même le refrain invite à *« prier et à remercier Jah »*, on sent bien que c'est au raffermissement de sa propre foi qu'il s'encourage. Quant à *Running Away*, elle poursuit sur un même ton, avec en point de mire les critiques qui ont vu dans son départ de Jamaïque, une fuite. Le retour sur cet épisode est assez révélateur des commentaires auxquels il a dû faire face, notamment de la part de ceux considérant la tentative d'assassinat comme le résultat d'actes mauvais. *« You must have done something wrong »* extrapole-t-il en prenant le point de vue de ses détracteurs, qui n'est pas éloigné du sentiment de culpabilité dans lequel Marley était lui-même plongé. Avec pour conclusion ce *« tu ne peux pas te fuir toi-même »*, il tente d'apporter une réponse à cette accusation. Mais ne fait en réalité que révéler l'extraordinaire solitude dont il est alors prisonnier, que vient résumer ce vers définitif, *« tu croyais vivre au paradis alors que tu es en enfer »*. Ce disque étrange ne pouvait pourtant le laisser en aussi fâcheuse posture. En conséquence un regain de sérénité s'y fait sentir en toute fin avec *Time Will Tell*. *« Le temps fera son œuvre »*, tel est le message délivré dans cette dernière chanson par celui qui à ce stade se demande encore la signification de ce qu'il vient d'endurer. Une chanson dont les seuls attributs sonores associent une guitare acoustique à des percussions rastas. Manière d'annoncer son retour prochain au sein de sa communauté.

Le 23 février 1978, un communiqué officiel émanant du ministère jamaïquain de l'Information rendait publique la date du One Love Peace Concert pour le 22 avril au National Heroes Stadium, la même enceinte qui avait vu Bob Marley et les Wailers faire leurs adieux dix-huit mois plus tôt. Et le 26 février, Bob débarquait à l'aéroport Norman Manley attendu par ses proches et quelque 2 000 personnes en liesse se pressant contre les barrières à l'extérieur du bâtiment. Le fils prodigue était enfin de retour. À ce moment précis, l'impression était que tout repartait comme avant. Que l'attentat n'était qu'un mauvais rêve. Le cancer, une péripétie. D'ailleurs les derniers examens ne disaient pas autre chose, certifiant la disparition totale des cellules malades. Une vingtaine d'années plus tard, Chris Blackwell ne pouvait que blâmer l'entourage et lui-même de ne pas avoir été plus vigilants. *« J'aurais dû insister pour qu'il fasse des contrôles réguliers. Mais sa relation et celles de ses amis à la médecine moderne demeuraient empreintes de beaucoup de méfiance. Si bien qu'une fois rétabli il négligea de se surveiller. »* Bob reprit donc ses habitudes à Hope Road, divisant son temps entre matches de foot et répétitions avec les Wailers. Seule la présence de quelques vigies en armes à l'entrée trahissait un changement d'époque.

Le 22 avril au matin, Kingston se réveilla d'excellente humeur. Par petits groupes, le public se mit à converger vers le quartier de Nannyville Gardens où se trouve le stade. Et dès le milieu de l'après-midi, les artistes invités se mirent à défiler sur la scène. Dennis Brown, The Mighty Diamonds et Lloyd Parks ouvrirent le bal. Suivis par Trinity et Dillinger, deux des DJs les plus en vue du nouveau style à la mode, le Dancehall. La prestation de Leroy Smart, dont la chanson *Ballistic Affair* à propos de la violence politique sur l'île faisait un carton sur les ondes, reçut une ovation. Comme celle de Jacob Miller et de son groupe Inner Circle qui invitèrent à la fin de leur set, Claudie Massop et Buckie Marshall les deux initiateurs de l'événement pour une ronde fraternelle. Le concert semblait atteindre son but : consacrer la réconciliation des camps ennemis et faire taire les armes une bonne fois pour toutes. C'était sans compter les talents de trouble-fête de Peter Tosh qui accompagné de son groupe Word Sound & Power commença par provoquer les premiers rangs, essentiellement composés d'officiels, membres du gouvernement et de l'opposition confondus, en reprenant sa chanson pro cannabis *Legalize It* qu'il termina en allumant un énorme joint. Geste de défi qui eut le don d'irriter les forces de police formant un cordon de sécurité autour de la scène. Puis se sentant intouchable, il s'en prit directement aux deux leaders, Michael Manley et Edward Seaga, pointant sur eux un doigt accusateur et leur adressant une diatribe conclue par sa chanson *Equal Rights* où il est dit qu'il ne pouvait y avoir de paix tant que la justice était bafouée. Cet éclat eut pour effet de plomber un peu une ambiance jusque-là joyeuse. Aussi s'empressa-t-on de faire monter sur la scène les tambours de Ras Michael & the Sons of Negus pour rendre à l'événement un peu de sérénité et annoncer la star de la soirée. Accompagné par les chants et les percussions lancinantes de

LEGALIZE IT
LEGALIZE IT

la formation rasta, Bob fit son entrée sur la scène, vêtu d'un pantalon de treillis et d'une vareuse bleu ciel se terminant par des manches aux couleurs éthiopiennes. *« Tout n'était que vibration ce soir-là »* se souvient Cindy Breakspeare alors enceinte de leur fils Damian, évoquant cette soirée comme d'un moment « chargé ». *« Vous sentiez que cela allait être historique. »* Après avoir parcouru une partie de son répertoire, de *Trench Town Rock* à *Exodus*, Bob se mit à danser sur *Jamming* dans ce style caractéristique où il donnait l'impression d'un homme ivre à deux doigts de tomber. Puis il se lança dans un discours un peu décousu mais dans lequel se retrouvaient des accents prophétiques, ceux d'un Martin Luther King faisant part de son « rêve » sur l'esplanade du Lincoln Memorial à Washington. C'est alors qu'il invita Michael Manley et Edward Seaga à venir le rejoindre sur la scène. Ni les deux leaders, ni leurs entourages respectifs n'ayant été prévenus, Bob prenait tout le monde au dépourvu. Et dans cette situation, face à quelque 80 000 personnes en pleine expectative, il leur était interdit de se défiler. Une certaine confusion régnait devant la scène. Acculés, ces deux hommes que tout séparait, à commencer par un fleuve de sang et des milliers de cadavres, vinrent maladroitement se placer de part et d'autre du chanteur qui dès lors devenait seul maître du jeu. Bob prit alors la main des deux ennemis pour les réunir au-dessus de sa tête de manière à former une arche qu'il se mit à bénir. Tout ça sous l'objectif de dizaines de photographes et cameramen. À ce moment-là, la foule hésitait entre l'euphorie, l'incrédulité et la panique, certains se disant qu'une chose aussi impensable allait forcément se terminer en bagarre générale et par un nouveau bain de sang. *« J'avais les larmes aux yeux »* se souvient Tyrone Downie. Et il y avait de quoi. Jamais dans l'histoire, un chanteur n'avait réussi pareille prouesse symbolique. *« On savait qu'ils avaient l'un et l'autre des arrière-pensées. Mais pendant un instant, sous le coup de l'émotion, on y a cru, on a cru que la paix était enfin à notre portée »* conclut Tyrone.

Sans doute Bob a-t-il cru lui aussi qu'il venait de réussir l'impensable, qu'il était devenu sous le coup d'une inspiration divine, cet ange du pardon rendant à ce petit pays son droit à vivre libre et en paix. En ce cas, la suite allait lui donner tort.

Peter Tosh en 1977 juste après la sortie de *Legalize It*. © Kate Simon
Pages suivantes : Bob unit Michael Manley & Edward Seaga sur la scène du *One Love Peace Concert*. © Ebet Roberts

Le lendemain du concert un homme se présenta à Hope Road avec la partie lui revenant de la recette récoltée par la vente des billets (d'un prix modique et qui devait servir à couvrir les frais). C'est alors que Bob reconnut dans l'homme en question, un certain Jim Brown, l'un des assaillants qui avait tiré sur lui la fameuse nuit. Brown se révélera être un proche du JLP mais aussi le « don » (le parrain) d'un des ghettos les plus dangereux de Kingston, Tivoli Gardens, qui allait prendre la tête d'un cartel spécialisé dans le trafic de cocaïne et d'héroïne en Jamaïque, le Shower Posse. Il semblerait qu'il aurait été bel et bien le cerveau de l'attaque sur Bob Marley. Cette révélation fut suivie d'une autre, des armes avaient été clandestinement embarquées à Miami dans les caisses transportant le matériel d'éclairage pour le concert. Tout ce que Marley avait tenté était de sorte réduit à néant. Dans les mois qui suivirent, son ami Claudie Massop tomba dans une embuscade et fut liquidé. Réfugié à New York, Buckie Marshall ne lui survécut que quelques mois. En septembre 1978, Peter Tosh fut sévèrement passé à tabac par des policiers, trop heureux de se venger de l'humiliation subie lors de son passage sur scène. Pour Bob, son île était décidément un cas désespéré. Lors des interviews, il aura d'ailleurs coutume de dire : *« La Jamaïque ? C'est un œuf cassé. On ne peut pas recoller les morceaux. »* ◆

Pendant la tournée *Kaya*. © Kate Simon

CHAPITRE 14

ZIMBABWE

La désillusion fut vite chassée des esprits. Le 29 avril, une semaine après le Peace Concert, les Wailers commençaient à Tampa en Floride une tournée mondiale dont les moments forts seraient le concert du 16 juin au Madison Square Garden de New York – à propos duquel le magazine *Black America* parla d'*« hystérie pacifique »* – et celui du 26 au Pavillon de Paris dont l'enregistrement allait remplir en partie le double album live *Babylon by Bus*. L'envers du décor de ces moments magiques, la choriste Judy Mowatt le décrit dans une interview donnée en 2007 au magazine anglais *Mojo*, évoquant la pression constante que subissaient les musiciens… *« Après certains concerts, nous étions tellement épuisés que nous n'avions qu'une idée en tête : regagner nos chambres d'hôtel et dormir, dormir. C'est alors que le téléphone se mettait à sonner et que Bob nous demandait de le rejoindre dans sa chambre pour travailler une partie dont il n'était pas satisfait. On était si crevés que parfois, on se mettait à pleurer. Voilà le genre de perfectionniste qu'il était. Sauf qu'on ne pouvait rien lui refuser parce qu'il n'exigeait jamais de nous ce que lui-même n'aurait pu faire. »* Pour donner plus d'ampleur au son des Wailers, Marley avait rappelé à la rescousse pour cette tournée deux anciens membres, le claviériste Wire Lindo et le guitariste Al Anderson, l'un au renfort de Tyrone Downie, l'autre secondant Junior Marvin. L'un des moments clefs de l'album *Babylon by Bus* étant le dialogue entre leurs deux guitares sur *Lively Up Yourself*.

La seconde partie de la tournée ne débutant qu'à l'automne, Bob mit à profit l'intervalle pour réaliser un projet, ou plutôt un rêve, qu'il caressait de longue date : se rendre en Ethiopie. Profitant de la présence de son ami Alan Skill Cole à Addis Abeba, où ce dernier entraînait l'équipe de foot éthiopienne en vue des Jeux Olympiques de

En 1978. © Pictorial Press Ltd.

Moscou, il se proposait de venir lui rendre visite. Don Taylor fit donc les démarches pour obtenir un visa auprès de l'ambassade d'Ethiopie à Washington. Deux semaines plus tard une lettre du service concerné l'informait que sa demande avait été rejetée. À l'évidence, la présence sur le sol éthiopien d'une personnalité comme Bob Marley, revendiquant haut et fort son allégeance à l'Empereur défunt Haïlé Sélassié, n'était pas du goût des nouveaux maîtres du pays. Qu'à cela ne tienne, Bob prit l'avion pour Nairobi où il fit la même démarche auprès du consulat éthiopien au Kenya, pariant sur une notoriété moindre et donc moins invalidante. Un calcul qui se serait révélé vain sans l'intervention d'un fonctionnaire, gendre de l'ambassadeur, qui se trouvait être un exilé jamaïquain. Bob reçut donc un visa touristique de quatre jours, laps bien court si l'on considère l'importance que ce voyage revêtait à ses yeux.

Il faut se pencher sur la riche histoire de ce mystérieux pays de la corne de l'Afrique pour comprendre l'attrait qu'il avait pour Marley et la communauté rasta. À son sujet la légende et l'histoire se mêlent intimement. Mille ans avant Jésus Christ, le Roi Salomon ayant hérité de son père David d'un fragile petit royaume dont Jérusalem était la capitale, se mit à vouloir étendre son influence. C'est ainsi qu'il vint chercher en Abyssinie, nom de cette lointaine contrée, une alliance qu'il trouva en la personne de Makeda, reine vierge de Saba, dont il eut un fils, Ménélik 1er. Ce dernier allait inaugurer la dynastie salomonienne dont l'empereur Haïlé Sélassié 1er serait le cent vingt-cinquième et dernier représentant. Le concept royal éthiopien a la particularité de se compléter d'une dimension mystique et religieuse très puissante. Le rappel de l'origine biblique de cette monarchie est constant dans ses annales. Selon elles, David étant lié à Jésus par Joseph, père putatif du Christ, Dieu aurait retiré son affection au peuple juif après la crucifixion de celui-ci pour la reporter sur les Éthiopiens, qui auraient ainsi hérité du statut de « peuple élu ». C'est ainsi que les armoiries de la dynastie ont la particularité de faire fusionner l'étoile de David et la croix chrétienne.

Marley débarqua à l'aéroport d'Addis Abeba le 25 novembre, accueilli par Skill Cole et quelques *brethrens* (frères en religion) qui le conduisirent au Ghion Hotel, le seul de la capitale de standard international. Il se rendit ensuite à l'Africa Hall où se tenait le vernissage d'une exposition photos. L'événement avait toutefois moins d'importance à ses yeux que le lieu où il se déroulait, l'Africa Hall étant le siège de l'OUA, Organisation de l'Unité Africaine, assemblée fondée par l'Empereur Haïlé Sélassié dont il avait présidé la première séance en 1963. Le lendemain, Bob partit de bon matin pour Shashamane, petite ville de la province du Choa située à 250 kilomètres d'Addis où s'était installée la confrérie des Twelve Tribes of Israel. Bob avait financé en grande partie le centre de cette communauté qui en 2001 devait compter jusqu'à deux cents membres. Les Twelve Tribes n'étaient pas les seuls, ni les premiers rastas à s'être installés dans cette petite localité du centre de l'Ethiopie. L'origine de cette implantation remontait aux années trente, époque où l'Ethiopie avait été envahie par les troupes de Mussolini et vu son Empereur destitué. L'utilisation par l'Italie d'armes non conventionnelles, le gaz ypérite notamment, avait soulevé l'indignation de nombreuses organisations au point d'aboutir à la création aux États-Unis de l'Ethiopian World Federation dont le but était d'informer l'opinion publique sur les entorses répétées de l'armée italienne à la Convention de Genève, de recueillir des fonds et d'envoyer vivres, médicaments et vêtements sur place. C'est en remerciement de ces services rendus que l'Empereur, une fois rétabli sur son trône, offrit aux membres de l'EWF environ 200 hectares de terres aux alentours de Shashamane dont la répartition se fit en fonction des différents contributeurs, parmi lesquels figuraient quelques rastas jamaïquains. Mais depuis la mort de l'Empereur en 1974, et l'arrivée au pouvoir du Derg, une junte militaire d'obédience marxiste, la situation de ces immigrés s'était passablement fragilisée. Des miliciens commencèrent par les contraindre à brûler les portraits de l'Empereur. Puis on les expropria de 75 % des terres que leur avait offertes Haïlé Sélassié. Certains préférèrent quitter le pays. D'autres firent profil bas, coupèrent leurs dreadlocks et tentèrent de survivre en attendant des jours meilleurs. C'est dans ce contexte que Bob Marley séjourna pendant deux jours dans le QG des Twelve Tribes situé dans le quartier de Malkoda, du nom du cours d'eau qui le traverse. Un Polaroïd le montre dans le jardin sous l'ombre d'un grand sycomore, vêtu d'une chemise

BOB MARLEY & THE WAILERS

blanche, les dreadlocks tenues dans un large bonnet en laine – le tam – aux trois couleurs, rouge, vert, or, celles du drapeau éthiopien. Lors de ce bref passage, il eut le temps de se rendre à Wondo Genet situé à quelques kilomètres pour se baigner dans des sources chaudes naturelles. Puis le soir il se retrouva au milieu des membres de la communauté à discuter de l'avenir de l'Afrique, en particulier de la situation en Rhodésie où faisait rage une guerre d'indépendance. Après quoi, il sortit sa guitare de son étui et ébaucha une chanson qui allait devenir *Zimbabwe*, nom que prendrait deux ans plus tard la Rhodésie devenue libre, et dont l'impact allait installer Bob au cœur même de l'Histoire.

À son retour, gonflé à bloc, il consacra beaucoup de son temps à l'aménagement du studio Tuff Gong dans les anciennes dépendances du 56 Hope Road où ne tarderait pas d'être mis en œuvre le nouvel album. Il en passa aussi suffisamment avec l'une de ses nouvelles conquêtes, Yvette Morris secrétaire de Tuff Gong, pour qu'elle mette au monde quelques mois plus tard une petite fille baptisée Makeda en hommage à la Reine de Saba, dernière née de la progéniture officielle de Marley. Le reste du *Kaya tour* l'avait conduit à se produire dans des contrées jamais visitées jusqu'alors, où il put prendre conscience d'une popularité désormais universelle. Après le Japon et l'Australie, il arriva à Auckland en Nouvelle Zélande où il fut accueilli par une délégation maorie qui lui décerna le titre honorifique de « Rédempteur ». Quelques semaines plus tard, il vécut une scène similaire au Canada où des chefs indiens l'accueillirent rituellement, le traitant comme si lui-même était un chef traditionnel. Ces égards prouvaient combien à travers ses chansons, Bob Marley touchait un grand nombre de minorités confrontées à des situations souvent semblables de discrimination et d'injustice, trouvant dans ses mots et sa musique un formidable et stimulant écho au combat qu'elles menaient pour leur dignité. En Australie, son passage eut un impact tel qu'il modifia sensiblement la scène musicale, notamment celle du rock aborigène emmenée par le groupe Yothu Yindi pour qui les chansons de Marley servaient de modèles dans la manière d'aborder les problématiques auxquelles cette minorité était confrontée : racisme,

Accueilli et honoré par les Maori, 1979. / Les Wailers reçoivent également un disque d'or pour leur ventes en Nouvelle-Zélande.

spoliation des terres, nuisances industrielles... Et le même phénomène se répétait un peu partout. Aux États-Unis, au sein de la tribu des Havasupaï de l'Arizona, l'on conduisait certaines cérémonies sacrées au son du reggae de Marley. Au Brésil, l'ensemble tambourinaire *(blocos)* Olodum adopta le discours africaniste et les couleurs rastafariennes après avoir découvert sa musique. Assez souvent, celle-ci servait de point de départ à la naissance d'une nouvelle communauté. Comme dans l'ancien Honduras Britannique, le Belize, où, au sein du peuple Garifuna, le culte rasta vint pour ainsi dire en renfort de celui dédié aux ancêtres. Plus étrange était de constater son émergence dans des pays comme le Japon, sans le moindre lien avec l'Afrique ou l'esclavage. Comme si à travers le prisme du reggae, de sa spiritualité, de la figure prophétique de Marley, s'incarnait la contestation mondialisée d'un mode de vie matérialiste dont les ravages se faisaient désormais sentir partout sur la planète. Un altermondialisme avant l'heure teinté de religiosité, au rythme du reggae donnant à qui voulait l'entendre le sentiment de pouvoir reprendre possession de son destin, de se réenraciner dans sa propre histoire. Babylone, nom qui historiquement désignait l'ancienne cité de la Mésopotamie antique où le peuple juif des temps bibliques avait été retenu en esclavage, servait aujourd'hui de mot passe-partout et de métaphore pour désigner le « mal » sous toutes ses formes, politique, policière, économique, religieuse... Et comme le répétait joyeusement cette chanson très ancienne clôturant les nyabinghis, *Babylon Must Fall*, sa chute était prochaine.

Au cours du mois de janvier 1979 fut inauguré le studio Tuff Gong avec les premières séances de l'album *Survival*. D'une surface de quelques dizaines de mètres carrés, entièrement lambrissée de bois, la cabine d'enregistrement équipée d'une console 24 pistes ne pouvait accueillir guère plus de cinq personnes. Comment imaginer que musique aussi puissante puisse sortir d'un endroit aussi exigu ? La réponse ne pouvait être uniquement technologique. La vérité, c'est qu'à son retour d'Ethiopie, Marley avait remis le turbo dans le sens d'une musique plus engagée. Qu'en prélude aux morceaux de *Survival*, il avait donné un signal clair de son retour sur le champ de bataille avec deux singles qui ne devaient sortir que sur le marché jamaïquain :

De haut en bas : Bob, Mick Jagger & Peter Tosh *backstage* au Palladium de New York, le 19 juin 1978. / Keith Richards, Mick Jagger et Peter Tosh *backstage* en 1978. © Michael Putland / Peter Simon

GUEST

Rastaman Live Up et *Black Man Redemption*. La rédemption du peuple noir devenait peu à peu un thème central de la pensée de nombreux intellectuels africains américains, comme Cornell West et Toni Morrison, ou africains britanniques comme le sociologue Paul Gilroy auteur de *L'Atlantique Noir*, ouvrage décisif où l'auteur décrypte le phénoménal impact culturel qu'a eu la transhumance forcée des Africains vers le Nouveau Monde. Dont il tirait des conclusions captivantes… « *La capacité des Noirs à racheter et à transformer le monde moderne par l'intermédiaire de la vérité et de la clarté qui émerge de leur douleur est un élément familier de la théologie de Martin Luther King. Lequel affirme non seulement que la souffrance du peuple noir a un sens mais que ce sens peut être extériorisé et amplifié de sorte qu'il dispense ses bienfaits au statut moral du monde entier* » écrit-il. À la faveur de ses voyages aux quatre coins de la planète, Marley sentait exactement la même chose. De ce constat il devait tirer matière à l'écriture de chansons qui toutes embrassent la réalité contemporaine. Réalité dont il tire une lecture sans concession à la lumière des nombreuses crises traversant les cinq continents. C'est ainsi que la première à figurer sur l'album *Survival, So Much Trouble in the World*, se nourrit de cette impression que tout un chacun avait à l'esprit à la fin des années soixante-dix, d'un monde au bord de l'effondrement avec des systèmes économiques dans l'impasse, des communautés entières dévastées par le chômage et la pauvreté, des écarts explosifs entre pays du Sud et du Nord et une dramatique dégradation des écosystèmes. « *Tu crois avoir trouvé la solution / Quand il ne s'agit que d'une autre illusion* » est l'une des phrases clefs de la chanson. Et d'un album entièrement tourné vers une conversion à la réalité la plus nue, la plus cash. Preuve en est : les références à Jah ou au rastafarisme s'y font rares. Même si la terminologie s'y rapportant ne l'est pas. Ainsi dans *Babylon System* où, pour cibler les responsables de ces déséquilibres, il emploie la métaphore du vampire « *qui suce le sang des déshérités* », ou « [construit] *des églises et des universités pour abuser du peuple* », dénonçant sans distinction les éducations religieuse et scolaire. Marley dernier prophète mais premier complotiste ? Le fait est que cette idée d'une entreprise de lavage de cerveau à laquelle contribuent toutes les institutions, la mise en œuvre d'un vaste plan de dressage et de soumission par une élite spoliatrice, est récurrente dans le milieu rastafarien, où tout ce qui justement « fait système » est rejeté en bloc. D'où l'invitation à se rebeller qui revient à chaque refrain, mais de manière presque caressante dans cette chanson à la tendre tonalité dont il fait des enfants les premiers destinataires (*« tell the children the truth »*), comme s'il tenait à encourager, non à exhorter. Quant à l'utilisation de l'image du vampire, elle a pour origine l'engouement pour les films d'horreur abondamment diffusés à l'époque dans les cinémas de Kingston, mais aussi la persistance du mythe du zombie, le « duppie », dans la culture populaire caribéenne.

Avec l'éducation, l'autre idée maîtresse de ce disque c'est l'unité. Dans nombre de chansons – *Top Rankin'*, *Zimbabwe*, *Africa Unite*, *Wake Up and Live* – revient ce thème : la stratégie du système de Babylone est de diviser. *« Tout ce qu'ils veulent c'est que l'on s'entretue »* chante-t-il dans *Top Rankin'* faisant référence à l'embrigadement qu'opèrent les partis politiques auprès de la jeunesse des ghettos, envoyée par commandos entiers pour cibler leurs semblables du camp adverse. Dans ce registre, *Ambush in the Night* qui raconte l'attaque subie deux ans plus tôt à Hope Road, vient-elle à brûle-pourpoint. *« De ton frère, ils feront ton ennemi »*, ainsi se résume la partie qui se joue dans le ghetto entre gens de pouvoir et les autres, et dont Marley a été une cible de choix, une simple tête mise à prix. Jamais dans sa discographie, disque n'aura mis autant l'accent, avec aussi peu de nuances, sur l'hostilité d'un monde – celui des nantis, des possédants, des gardiens de l'« ordre » – contre un autre, ce peuple dont il s'était détourné après l'attentat, dont il se sent malgré tout solidaire. Au point de s'identifier à lui en lui prêtant cette vertu d'innocence que n'auraient pas reniée certains penseurs du siècle précédent. Comme dans *Le Peuple* de Michelet, pour ne citer que lui qui, comme Marley, procède à un même transfert de spiritualité, accorde au peuple une mystique qui selon lui a le pouvoir d'absorber des vertus évangéliques. Dans ce livre l'auteur fait parler : *« tous ceux qui gémissent ou souffrent en silence, tous ceux qui aspirent à vivre.* » Marley ne fait pas autre chose dans des chansons qui arrachent à ce théâtre d'ombres, à ce jeu de dupe social, ces derniers voiles mystificateurs. Le deal est

DISCOGRAPHIE SÉLECTIVE

SURVIVAL

1979, ISLAND/TUFF GONG

01. SO MUCH TROUBLE IN THE WORLD
02. ZIMBABWE
03. TOP RANKIN'
04. BABYLON SYSTEM
05. SURVIVAL
06. AFRICA UNITE
07. ONE DROP
08. RIDE NATTY RIDE
09. AMBUSH IN THE NIGHT
10. WAKE UP AND LIVE

simple : c'est « eux » contre « nous ». Le système veut notre mort, à nous de rester vigilants pour survivre, maître mot du disque. Plus besoin de se bercer d'illusions : *« dans ce monde de compétition » (Ride Natty Ride)*, dans cet *« âge d'inhumanité technologique », « d'atrocités scientifiques » (Survival)*, il faut rester en vie coûte que coûte. D'où l'appel final, d'une puissance inédite, qu'est *Wake Up and Live*, véritable arrachement au monde des illusions, formidable encouragement à faire de son existence un combat, poussé par une rythmique proprement herculéenne en soutien de laquelle surgit une section de cuivres à faire tomber les murs de Jéricho, de Babylone et d'ailleurs.

Car après le déroutant *Kaya*, sur lequel avaient fondu maintes critiques à propos du manque de combativité et d'une production jugée trop clinquante, *Survival* apportait un cinglant rectificatif. Non seulement le thème des chansons montrait un Marley combatif, mais musicalement ce disque renversait tout ce qui avait été produit précédemment. Comme si la matrice qu'offrait à sa gestation la petite enceinte du Tuff Gong Studio avait su restituer pour chaque instrument, en particulier les cuivres, une chaleur absente du précédent. L'album sortit le 2 octobre 1979. La première idée de l'intituler *Black Survival*, jugée trop restrictive par Chris Blackwell comme par Neville Garrick, ayant été écartée, Marley s'enthousiasma lorsque Garrick lui soumit le concept d'une pochette représentant un grand pavois rassemblant quarante-neuf drapeaux de pays africains dans lequel venait s'incruster à la manière d'une frise, le croquis d'un navire négrier transportant sa cargaison d'esclaves. Comme s'il incombait aux descendants de ceux qui avaient survécu à cette redoutable « traversée du milieu » (ainsi était appelé le voyage à bord de ces navires entre l'Afrique et le Nouveau Monde) de renouer physiquement et spirituellement avec cette Afrique en passe de se libérer définitivement du joug colonial. Un trait de génie. Jamais l'idée d'une libération de l'homme noir dans toutes ses composantes n'avait été aussi bien symbolisée que par ce simple carré de carton. Ne manquaient finalement à l'appel que deux étendards. Ceux de l'Afrique du Sud et de la Rhodésie libre, le Zimbabwe. Dans le courant du mois d'octobre, Marley et les Wailers donnèrent à l'université de Harvard un concert de charité au profit d'Amandla, une ONG soutenant des projets humanitaires en Afrique du Sud, au cours duquel il réserva aux 25 000 personnes rassemblées dans un stade du campus la primeur de la chanson *Zimbabwe*. Sans savoir qu'à 13 000 kilomètres de là, cette même chanson allait bientôt devenir l'hymne des combattants luttant pour la libération de ce petit pays d'Afrique australe.

C'est à la faveur d'un autre concert de charité à Los Angeles, au profit de la fondation pour enfants déshérités créée par l'ancien boxeur Ray Sugar Robinson, que Bob fit la connaissance de Pascaline Bongo qui allait devenir l'une de ses dernières maîtresses. Fille du président gabonais Omar Bongo, elle souhaitait « offrir » un concert des Wailers à son père à l'occasion de son anniversaire et se disait prête à y mettre le prix. Bob qui ne s'était jamais produit sur le sol africain manifesta aussitôt son enthousiasme. Des négociations s'engagèrent alors entre Don Taylor et Charlie Bobette, ancien manager de James Brown, qui se proposa comme intermédiaire pour régler les conditions financières. Et le 1er janvier 1980, le groupe s'envola pour Libreville, capitale du Gabon. Bob venait de passer les fêtes en famille à Kingston, tentant de récupérer d'une tournée mondiale et de l'enregistrement d'un album qui l'avaient proprement lessivé. Certains commençaient du reste à s'inquiéter de son état physique. Tyrone Downie qui l'avait accompagné lors d'interviews en radio, avait remarqué ses problèmes d'élocution. Sans parler des absences que Tyrone tentait de combler du mieux possible. Pourtant l'idée de se produire en Afrique avait relégué ses troubles à l'arrière-plan. Comme avait été reléguée la nature du régime d'Omar Bongo, accusé d'être le spoliateur de son peuple, le genre d'autocrate sans scrupule que l'Afrique postcoloniale reproduisait hélas en grand nombre. Bob était-il informé de cette situation ? Connaissait-il les conditions de vie misérables qu'endurait l'immense majorité du peuple gabonais ? Avait-il choisi de l'ignorer ? Sa réaction face à l'une des petites filles de Haïlé Sélassié, rencontrée à Londres quelques mois plus tôt, qui sans ménagement avait désacralisé son grand-père devant lui avait été l'incrédulité et l'offuscation. Que cet Empereur mythifié à l'extrême, déifié par les rastas, puisse être un tyran était proprement inconcevable pour Bob Marley. Toujours est-il que l'aventure gabonaise allait verser dans le psychodrame. Il y eut d'abord la nature même de ce concert que Bob avait rêvé comme une communion avec le public africain et qui se révéla finalement n'être qu'un *showcase* donné sur un court de tennis devant un public composé de cadres du régime auxquels s'étaient joints quelques invités triés sur le volet. Il y eut ensuite l'affaire Don Taylor. Le soir même Bob apprenait de la bouche de Pascaline Bongo que ce n'était pas 40 000 $ que la famille Bongo avait déboursés pour la venue des Wailers, comme le prétendait le manager, mais 60 000. Les 20 000 de différence allant probablement dans la poche du manager. L'affaire fit grand bruit, remonta jusqu'au palais présidentiel. Dans son autobiographie, Taylor impute l'imbroglio à l'intermédiaire, le fameux Charlie Bobette, avec qui Pascaline avait négocié, et prétend que l'avance de 20 000 $ n'était pas passée entre ses mains mais entre les siennes. Selon certains, fou de rage, Bob alla aussitôt trouver Taylor pour le rouer de coup. On a parlé de coups de pied donnés alors que celui-ci était à terre. Tyrone Downie, qui assista à la scène, parle quant à lui de gifles et de coups sur la tête à l'aide d'une bouteille en plastique. Qui croire ? Il demeure que Bob finit de gré ou de force par obtenir des aveux complets sur les pratiques de son manager qui maquillait les comptes sur à peu près tout ce que percevait Marley et qui avait établi un système de commissions occultes dont le produit pouvait parfois dépasser le montant même du cachet de l'artiste. Sans parler des malversations opérées lors des conversions entre dollars américains et jamaïquains, le plus souvent au marché noir. Bref, Marley avait été volé par son plus proche collaborateur. Taylor fut viré sur-le-champ. Le retour à Kingston se fit dans la morosité la plus absolue.

Comme toujours, la réponse à cette nouvelle crise, Bob la trouva dans le travail. Enfermé dans ses appartements ou dans son studio, il se consacra à peaufiner de nouvelles chansons dont l'une, *Redemption Song*, à l'écriture de laquelle Earl Wire Lindo avait collaboré, semblait refléter son humeur du moment. Celle d'un homme profondément blessé cherchant au fond de son être la seule vérité qui

atlas
ZIMBABWE
PRIDE of AFRICA

puisse justifier tout ce qu'il venait d'endurer – l'attentat, la maladie, la trahison – qui était de partager avec le monde entier des chants de rédemption. Le 6 février, il fêta en famille son trente-cinquième anniversaire. Mais le cœur n'y était pas. Et en mars, il s'octroya quelques jours de vacances au Brésil où il partit accompagné de Chris Blackwell, de son ami le chanteur Jacob Miller et de Junior Murvin. Le but de ce voyage était de préparer le terrain d'une tournée brésilienne dont Inner Circle, le groupe de Miller, assurerait la première partie. Bob, considéré au pays de la samba comme un « dangereux révolutionnaire », dut passer par le Panama pour obtenir un visa brésilien. D'ailleurs il fut placé sous surveillance à peine le pied posé à l'aéroport de Rio de Janeiro. Au cours de ce bref séjour, il trouva quand même le temps de réaliser l'un de ses rêves, jouer au foot avec l'une de ses idoles, le Roi Pelé. Compagne de Chris Blackwell à l'époque, l'actrice Nathalie Delon se souvient d'un homme tantôt plein d'humour et tantôt d'une intimidante gravité. Or la gravité serait certainement la tonalité dominante pour Bob en ce début d'année 1980. À peine de retour du Brésil, la nouvelle de la mort de Jacob Miller le foudroya. Rentré fatigué du Brésil, le chanteur avait perdu le contrôle de sa voiture en plein cœur de Kingston alors qu'il tentait de calmer ses enfants assis à l'arrière. Le véhicule avait percuté un réverbère et la nuque brisée, Miller était mort sur le coup. Bob qui aimait tant la compagnie du jovial Jacob en fut très affecté. Certains diront – notamment Nathalie Delon dans son autobiographie *Pleure pas, c'est pas grave* – que cette tragédie aurait pu être la conséquence de pratiques occultes, l'obeah, menées par une fiancée éconduite que Miller avait promis d'épouser avant de se raviser. Version saugrenue si l'on veut, sauf qu'en Jamaïque aucune piste ne peut jamais être écartée. Dans la même séquence, Bob allait bientôt apprendre l'assassinat de Buckie Marshall, avec Claudie Massop, celui qui avait été à l'initiative du Peace Concert. Si bien qu'en l'espace de quelques mois, tous les acteurs de l'événement avaient été éliminés.

Au début du mois d'avril, Bob reçut un coup de téléphone longue distance chargé de fritures. À l'autre bout du fil, une voix disait appeler de Salisbury, ou plutôt de Harare, le nouveau nom de l'ancienne capitale de la Rhodésie, devenue le

Bob, Judy Mowatt et Junior Marvin lors de la remise d'un disque d'or pour l'album *Survival*. © Lynn Goldsmith

Zimbabwe depuis l'indépendance. La personne prétendait être un responsable du nouveau gouvernement et proposait à Marley et aux Wailers de venir jouer lors des célébrations officialisant la naissance de ce nouveau pays. La personne justifiait sa proposition par le rôle qu'avait joué la chanson *Zimbabwe* dans les rangs des combattants de l'armée de libération ayant tenu tête aux troupes du régime ouvertement raciste de Ian Smith. Bob croyant à un canular fit vérifier l'information par un membre du consulat. Rassuré, il mit aussitôt en route toute la logistique pour se trouver sur place à la date prévue du 18 avril. Un Boeing 707 fut affrété pour transporter le matériel. Opération qui allait lui coûter un quart de million de dollars. Mais pour ce rendez-vous si spécial, sans doute aurait-il été prêt à se saigner aux quatre veines. Le 15 avril, l'avion décolla de Gatwick à Londres avec le matériel. Bob et le groupe partirent le lendemain sur un vol régulier du même aéroport. À Nairobi, où ils firent escale, ils eurent la surprise de retrouver dans le salon VIP, le Prince Charles d'Angleterre qui comptait lui aussi parmi les invités à la cérémonie en tant que représentant du Commonwealth et de l'ancienne puissance coloniale. Le Prince fit transmettre à Bob une invitation pour qu'il le rejoigne dans son salon privé. Que ce dernier déclina poliment. Dans son esprit, il était clair qu'il ne s'était pas déplacé jusqu'ici pour deviser gentiment avec l'homme symbolisant la domination britannique mais bien pour en célébrer la défaite. À son arrivée à Harare, il fut accueilli par Joshua Nkomo, l'un des chefs historiques de la lutte pour l'indépendance accompagné de plusieurs membres des nouvelles autorités qui lui firent comme une haie d'honneur. Le soir même une réception eut lieu dans le palais présidentiel en présence du nouveau président, Robert Mugabe. À la fin d'un repas donné dans une ambiance des plus compassée, Bob fut invité à se mettre au piano. Gêné, il consentit finalement à chanter quelques bribes de *No Woman, No Cry*, priant que la suite de son séjour soit quand même moins guindée. Pendant ce temps au stade Rufaro où devaient se tenir les cérémonies, l'équipe technique découvrait que les planches de la scène étaient passablement vermoulues. En plus, faute de disposer de logements à proximité, tout le groupe allait être hébergé à 35 kilomètres du centre-ville. Mais Bob semblait complètement indifférent à l'annonce de ces désagréments, comme si rien désormais ne pouvait ternir le moment historique qu'il s'apprêtait à vivre.

Le lendemain, jour du concert, Bob fut invité à visiter un camp de la ZANLA, l'armée de libération du Zimbabwe. L'un des chefs de guerre, le très redouté Edgar Tekere, devenu ministre du Développement depuis la fin des combats, lui servit de guide. Bob prit plaisir à se mêler aux combattants qui l'accueillirent à leur manière en lui offrant un cône de marijuana locale qu'il jugea excellente. Un à un, des soldats vinrent le saluer et le remercier pour cette chanson qui leur avait donné du courage au cours des dernières semaines de la *chimurenga* (la guerre de libération). Il apprit ainsi que chaque matin, *Zimbabwe* était joué en ouverture des programmes de la *ZBC*, la radio libre, et que sur le front, les combattants la guettaient l'oreille collée au transistor. Au moment de prendre congé, les soldats entonnèrent le premier couplet, inspiré de la Déclaration des droits de l'homme et du citoyen : *« Tout homme a le droit de décider de sa propre destinée... »* Bob en fut ému aux larmes. Les cérémonies débutèrent en début d'après-midi avec plusieurs discours. Dont ceux de Samora Machel et Julius Nyerere, respectivement présidents du Mozambique et de la Tanzanie. *« Vous tenez entre vos mains le bijou de l'Afrique, prenez en soin. »* Voilà ce que dirent en substance les deux présidents à leur homologue Robert Mugabe. Suivit le moment symbolique où le drapeau anglais fut descendu tandis que celui du Zimbabwe s'élevait dans le ciel, sous l'œil impassible du Prince Charles et plutôt rieur d'Indira Gandhi, la Première ministre indienne.

La nuit commençait à tomber quand le speaker annonça *« Mesdames et Messieurs... Bob Marley and the Wailers »*. Bob vint se placer au centre de la scène et dans le micro poussa un formidable : *« Viva Zimbabwe »*. Mais dès l'entame du troisième morceau, *I Shot the Sheriff*, des incidents éclatèrent à l'extérieur de l'enceinte. Frustrées de ne pouvoir assister au concert, plusieurs centaines de personnes tentaient de forcer le cordon de sécurité aux abords du stade. Des gens venus des quatre coins du pays mais aussi d'Afrique du Sud, de Zambie, du Congo et du Mozambique se retrouvaient ainsi écartés d'un événement dont ils avaient sans doute rêvé, sans penser un jour pouvoir le vivre : voir un concert de Bob Marley. Proche d'être submergée, la police lança alors des grenades lacrymogènes. Poussés par le vent, les gaz envahirent bientôt l'intérieur du stade. Les musiciens se mirent à pleurer, à suffoquer et durent quitter la scène précipitamment. Dans un chaos indescriptible, le public se mit à vouloir évacuer le stade. Des femmes et des enfants furent piétinés. Les Wailers trouvèrent refuge dans le car qui, se dégageant tant bien que mal de la cohue, reprit la route de l'hôtel. À l'exception de Bob qui préféra rester sur place et attendit que le calme revienne. Plusieurs heures s'écoulèrent avant que la situation ne redevienne normale et que le concert reprenne. S'achevant sur un *Zimbabwe* repris par un public s'accrochant à chacune des paroles avec cette énergie que donne l'espoir. Ou le désespoir. Le lendemain Bob et les Wailers purent remonter sur scène pour donner un second concert, cette fois accessible à tous ceux qui n'avaient pu assister à celui de la veille. Soit environ 100 000 personnes.

La fin du séjour se déroula pourtant dans une ambiance plutôt glauque. Bob et les Wailers furent invités par Edgar Tekere à une soirée au cours de laquelle l'ancien chef de guerre proposa à Bob de prolonger leur séjour au Zimbabwe afin d'y entamer une tournée à travers le pays. Bob déclina l'offre le plus diplomatiquement possible. Ce qui s'avéra insuffisant concernant un homme de la trempe de Tekere qui du coup s'en prit à Phil Cooper, responsable européen de la promotion de Marley pour Island. Bob surprit d'ailleurs dans le courant de la soirée une conversation où Tekere faisait comprendre qu'il voulait *« la peau de ce Blanc »*. Marley alerta aussitôt l'intéressé, lui disant qu'il avait tout intérêt à quitter les lieux et le pays le plus rapidement possible. Dans les mois qui suivirent, Tekere serait arrêté pour l'assassinat de plusieurs fermiers blancs. Quand au Zimbabwe, ce « bijou » de l'Afrique, Robert Mugabe allait le diriger pendant trente-sept ans avec un solde catastrophique du point de vue de l'économie (80 % de chômage), de la santé, avec l'une des pires pandémies de Sida au monde, et un non-respect des droits de l'homme, avec notamment une réforme agraire aboutissant à d'innombrables expropriations, parfois accompagnées d'assassinats. De ce désastre, les fermiers blancs ne furent pas, tant s'en faut les premières victimes. En rasant de nombreux *townships*, le pouvoir jeta sur les routes de l'exil les citoyens les plus pauvres qui tentèrent de trouver refuge dans l'Afrique du Sud voisine. Dernier point, purement symbolique celui-là, mais d'une cruelle ironie : c'est Robert Mugabe qui, quelques années plus tard, offrit l'asile politique à Haïlé Mariam Mengistu, celui qui avait chassé l'empereur Haïlé Sélassié de son trône en 1974, et dont on dit qu'il l'aurait peut-être assassiné. Seule consolation, que Bob Marley n'ait rien vu de tout cela se produire de son vivant. ◆

"COMBAT LE DIABLE AVEC CETTE CHOSE QUE L'ON APPELLE L'AMOUR."

BOB MARLEY

CHAPITRE 15

L'APOCALYPSE

Au cours du printemps 1980, franchir les grilles du 56 Hope Road, gardées par deux Lions de Judée en fer forgé, c'était comme accoster une terre inouïe. Entre cour des miracles et bulle High-Tech. Assis à même le bitume, de vieux rastas édentés somnolaient à l'ombre d'un manguier. D'autres, accroupis, faisaient mijoter le *fish tea*, soupe de poissons locale, dans une petite marmite posée sur quelques briques. Des vendeurs ambulants vous proposaient bananes, mangues ou grappes de quenette, fruit tropical proche du litchi. Mais aussi des bibles et, plus discrètement, des carottes de ganja compressées dans du papier kraft. En passant par la droite de la maison, on accédait à la boutique, un cabanon de planches peintes aux couleurs éthiopiennes où, derrière un comptoir, étaient exposés à la vente T-shirts, photos et disques. Pour la plupart, les dernières productions du label Tuff Gong. Celles de Bob bien sûr mais aussi des récentes signatures du label, comme le vétéran Burning Spear ou la débutante Nadine Suthertland. Ainsi que le premier enregistrement des Melody Makers, le groupe formé par les enfants Marley : Ziggy, Stephen, Sharon et Cedella. L'idée première de Bob était de faire de son label un Tamla Motown jamaïquain. Sauf qu'il ne trouvait ni le temps ni l'énergie pour s'y consacrer. Depuis la défection de Don Taylor, les affaires courantes occupaient bien assez les quelques employés du 56 Hope Road, dont Rita que l'on pouvait croiser dans la cour agitant des feuilles de comptabilité, l'air exaspéré. Une chanson du nouvel album intitulée *Work* allait restituer le climat de ruche laborieuse et bourdonnante des lieux. En dehors de quelques touristes appareils photo en bandoulière, les seuls à fréquenter la boutique étaient le plus souvent des désœuvrés qui malgré la pancarte avertissant que les oisifs n'étaient pas les bienvenus, enregistraient le son sorti des enceintes à l'aide d'un ghetto blaster, faute de mieux. Mais la première chose

En 1980. © Peter Simon

UPRISING

1980, ISLAND/TUFF GONG

01. COMING IN FROM THE COLD
02. REAL SITUATION
03. BAD CARD
04. WE AND THEM
05. WORK
06. ZION TRAIN
07. PIMPER'S PARADISE
08. COULD YOU BE LOVED
09. FOREVER LOVING JAH
10. REDEMPTION SONG

que l'on remarquait généralement en pénétrant dans les lieux, c'était ce drapeau du Zimbabwe accroché à la façade que Bob avait ramené de son récent voyage. La bannière d'une victoire comme aucun musicien avant lui n'en avait remporté.

Derrière la maison, régnait une tout autre ambiance. À la fois plus feutrée et nettement sous tension. Dans le studio, l'ingénieur du son lançait de derrière la console, la bande d'un nouveau morceau intitulé *Coming In from the Cold*. Le son puissant et rond remplissait alors la cabine, donnant l'impression d'être sur le point de la faire éclater comme une vulgaire coquille d'œuf. Dans un premier temps, le « froid » dont parle le morceau semblait se rapporter à l'exil londonien qu'avait connu Bob pendant l'hiver 1977. Mais lors d'une interview qu'il m'accorda à Kingston à cette époque, il tentait d'en élargir la signification, définissant ce « froid » comme le symbole d'une origine commune à toute l'humanité, évoquant aussi le ventre des femmes d'où sortent, sanglants, vagissants, pathétiques, tous les nouveau-nés, qu'ils aient pour destin d'être couronnés rois ou de finir mendiants. Il disait viser à travers cette image le manque d'humilité qui lui paraissait être l'un des pires fléaux de ce monde. Avec la question *« would you let the system kill your brother, man ? »*, il en remet aussi une dernière couche sur le thème du « système » qui cherche à inciter les « frères » à s'entretuer, ultime séquelle d'un épisode devenu central dans sa vie, comme dans sa musique : l'attentat dont il avait été victime. Autant la musique ne cherche pas à se démarquer d'un style Wailers devenu classique avec le temps, sa rythmique pachydermique autour de laquelle batifolent guitare, synthé, piano et Clavinet, autant la symbolique appartient à un domaine encore inexploré, presque ésotérique. Voilà qui donnait le ton d'un album, le dixième pour le label Island, qui malgré son titre offensif, *Uprising* (Soulèvement), allait se caractériser d'abord par sa posture morale raffermie et une tonalité souvent amère. Comme dans *Real Situation* qui affiche un pessimisme – et même un fatalisme – auquel Marley n'avait jamais cédé auparavant. À l'entendre, pour lui, les jeux étaient faits. L'avidité, l'égoïsme, la jalousie l'avaient emporté. *« La destruction totale semble la seule solution »*, envisage-t-il avec une froide sérénité, sur le ton détaché de quelqu'un qui ferait un constat d'ordre général, alors qu'il s'agit bien du devenir de l'espèce humaine. En 1980, cette chanson était relativement passée inaperçue. Aujourd'hui, où le sort de l'humanité n'a jamais semblé aussi incertain en raison de la convergence de plusieurs menaces, climatique et nucléaire notamment, elle prend évidemment une tout autre résonance. Suivent quelques portraits de personnages de son entourage qui servent à éclairer sa vision morale du monde, comme *Bad Card* où l'on reconnaît dans celui qui a *« tiré la mauvaise carte »*, Don Taylor, le manager félon. Alors que dans *Pimper's Paradise*, Marley s'adresse à ces nombreuses filles dont il a fait longtemps grande consommation, top models, bimbos et groupies en tout genre, sur un ton plutôt condescendant. L'image de Cindy entre-t-elle dans ce portrait collectif ? C'est un Casanova repu et mélancolique qui parle ici sur un ton détaché. C'est un homme qui a souvent confessé son amour charnel des femmes comme sa principale faiblesse, son seul « péché » disait-il, qui sent en lui le désir s'estomper. Sauf qu'au lieu d'une repentance, il entoure le souvenir de ses nombreuses conquêtes d'un halo triste.

Avec *Could You Be Loved*, l'un des gros succès dans sa carrière, on touche à la zone la plus sensible de l'artiste. Dans cette chanson, pendant du *Is This Love* de l'album *Kaya*, Marley s'interroge à nouveau sur sa capacité à inspirer l'amour, à dominer cette insécurité affective avec laquelle il a toujours tenté de cohabiter. Cette incertitude sur sa capacité à susciter un sentiment sincère restera à la fois l'une des inquiétudes majeures de sa vie et l'un des moteurs de sa création. Parvenir à surmonter la peur de se mettre à nu devant autrui a été pour cet « abandonnique », ayant conservé toutes les traces d'une enfance malmenée, tiraillée, déracinée, un vrai challenge. C'est dans cette perspective psychoaffective que la répétition de la tournure « reggae - reggae », à la manière d'une formule magique, éclaire sur la fonction essentielle prêtée à cette musique, celle d'aider au redressement, à la consolidation individuelle, comme à la rédemption collective. De ses récents voyages en Afrique et au Brésil, Bob avait conservé le souvenir de sonorités bien particulières, celles des guitares en cocottes et des percussions afro-brésiliennes, qu'il introduit ici. Assurant à ce titre une immense et éternelle popularité sur les continents africain et sud-américain.

Après avoir dans *We and Dem* (Nous et Eux) clôt le débat sur sa soi-disant trahison sociale, tué cette rumeur persistante selon laquelle il serait devenu le jouet de la classe dirigeante – *« we have no friends in high society »* prend-il la peine de préciser –, il s'embarque dans deux de ses chansons les plus religieusement ferventes, *Zion Train* et *Forever Loving Jah*, authentiques gospels rastafariens. Dans la tradition des spirituals, le train a toujours revêtu une grande importance. Avec toujours cette même idée d'un convoi qui conduit ses passagers, élus de Dieu, vers la délivrance et la Terre Promise. Ce train roulait déjà dans le répertoire des Wailers depuis *This Train* et le *Stop That Train* de Peter Tosh. Sauf qu'avec cette nouvelle formulation du thème, la destination fait clairement référence au « sionisme » rastafarien, ce qui n'était pas le cas à l'époque où sont sorties les deux précédentes, marquées par la difficulté à s'avouer rasta dans une Jamaïque tout empreinte de puissants préjugés. Quant à *Forever Jah*, il s'agit d'un chant de dévotion, d'une profession de foi dans la plus pure acceptation du genre gospel. Arrive enfin *Redemption Song*, moment de vérité du disque mais aussi de toute une carrière, l'une des toutes dernières chansons qu'il ait enregistrée, et la dernière à figurer sur un disque paru de son vivant. D'où la charge particulière, historique, symbolique, affective, qu'elle porte. Il est difficile de penser qu'il n'ait pas senti la mort approcher en écrivant cette magnifique ballade d'une désarmante simplicité qui touche au cœur et à l'âme sans passer par l'intellect. On y retrouve le Marley de *Slave Driver*, le même qui disait encore ressentir la cinglante brûlure du fouet du contremaître dans les plantations. Là il remonte à nouveau le temps, se projette jusqu'à celui de la traite négrière dont il devient l'une des « marchandises » (*« les pirates m'ont enlevé et livré aux bateaux des marchands »*), mettant en évidence à travers sa propre trajectoire combien certaines blessures du passé peuvent affecter le présent. Passé ce préambule, la chanson évolue à la manière d'un psaume biblique avec pour leitmotiv la foi en Dieu et dans ces « chants de rédemption » dont il dit en substance qu'ils sont les seules vraies richesses qu'il ait à partager. C'est un homme animé d'une foi prodigieuse mais aussi confronté à un péril qui le dépasse. En disant qu'il n'*« a aucune peur de l'énergie atomique »*, il induit l'idée à la fois d'un prochain cataclysme et d'un certain messianisme propre à son art, dont il rappelle aussi la modestie. *« Je n'ai jamais eu que des chants de rédemption »* souligne-t-il presque en s'excusant. Aussi, il demande à ceux qui l'écoutent, de chanter avec lui *« puisqu'il nous reste à achever le Livre »*, référence on ne peut plus claire au livre par lequel se referme l'Ancien Testament, l'Apocalypse (« book of Revelation » en anglais). Cette chanson, véritable cristal de son répertoire dominé par le pressentiment de sa fin prochaine, est la seule où Marley s'accompagne d'une simple guitare acoustique. Comme pour souligner la situation d'un homme désormais seul face à l'inéluctable. Autant dire que la pochette, un dessin de Neville Garrick le montrant à la manière d'un King Kong bras levés et muscles bandés dans une posture victorieuse, ne pouvait pas être plus à contre-emploi. Comme semble l'être aussi le titre, *Uprising* (soulèvement), d'un disque où ne figure aucun moment de révolte à la *Get Up Stand Up*, *Rebel Music* ou *Burnin' & Lootin'*. Le seul « soulèvement » dont cet album assez sombre peut faire état est d'ordre intérieur. Une révolte contre l'inéluctable.

Vers la fin mai, Bob et les Wailers se retrouvent à l'aéroport Norman Manley prêts à embarquer pour une nouvelle tournée. Dans le hall, Bob croise Mortimer Planno, son guide religieux, qui plus tard dira : *« J'ai eu le sentiment que c'était la dernière fois que je le voyais »*. Et en effet, la Jamaïque ne le reverra pas vivant. La tournée démarrait le 30 mai par un concert à Zurich en Suisse. Elle devait se poursuivre dans douze autres pays parcourus en six semaines. Le 3 juillet, il se produisait à l'aéroport du Bourget non loin de Paris devant 50 000 personnes, la plus grosse affluence pour un concert en France. Et même plus que le pape Jean Paul II une semaine plus tôt au même endroit. Une information qui eut un effet revigorant sur Marley mais gâchée par le braquage de la recette le soir même, conséquence fâcheuse et imprévisible de sa popularité. Juste après le concert eut lieu une petite cérémonie de remise du disque d'or pour *Uprising* organisée par Island France sur une péniche

À Londres au début des années quatre-vingt. © David Corio

qui déambula sur la Seine. Après la France, la tournée passa par l'Irlande, la Suède, l'Allemagne et l'Angleterre. Avec à chaque apparition, des foules de plus en plus considérables. Après un bref séjour à Londres, les Wailers regagnèrent la Jamaïque avant d'entamer le volet américain de cette tournée marathon. Bob lui fit escale à Miami où il rencontra Danny Sims, son ancien producteur et toujours éditeur. Bob songeait à lui proposer de prendre en main son management, considérant qu'*« un Diable que l'on connaît vaut mieux qu'un que l'on ignore »*, formule qu'il employa lorsque Family Man s'étonna du regain de faveur dont bénéficiait cette vieille connaissance. En fait, Sims se plaçait surtout pour servir d'intermédiaire dans les prochaines négociations. Avec *Uprising* le contrat liant Marley à Island se terminait. Bob allait de nouveau être libre de tout engagement. Autour de son nom, des pontes de l'industrie du disque commençaient à renifler le bon coup. Notamment Walter Yetnikov à la tête de CBS qui lui proposa dix millions de dollars d'avance, pas moins, là où Blackwell n'en proposait que deux. Yetnikov représentait la version *« bad boys »* de l'industrie du disque avec des liens avérés avec la mafia. Mais Marley qui caressait l'idée d'un super studio sur Marcus Garvey Drive, en lieu et place d'un autre, Federal, et du développement de son label Tuff Gong, ne s'interdisait aucune option. D'autant que CBS à l'inverse d'Island était une compagnie américaine qui saurait avoir raison d'un marché qui s'était montré jusqu'à présent hermétique au reggae. Finalement, Bob dit à Sims qu'il préférait prendre le temps de la réflexion. D'autant que Phonogram proposait aussi beaucoup d'argent. Avant que ne débute la tournée américaine, il se proposait de rentrer à Kingston. Mais finalement y renonça après que Rita et son avocate Diane Jobson l'eurent mis en garde. L'île pénétrait à nouveau dans une zone de fortes turbulences politiques avec des élections générales prévues en octobre et des violences qui repartaient de plus belle. À l'évidence, dans un climat semblable à celui des précédentes consultations électorales, sa présence n'était pas souhaitée. Bob se fit une raison.

Les tractations autour de la signature d'un nouveau contrat, les sommes considérables en jeu, avaient eu pour effet de rendre nerveux les autres Wailers. Depuis

En concert à Dublin, le 6 juillet 1980. © Eddie Mallin

qu'ils accompagnaient Bob Marley dans son ascension, leurs conditions n'avaient guère évolué. Ils restaient membres d'un groupe mais sans le moindre contrat, ni lettre d'engagement. La situation devenait d'autant plus sensible que certains d'entre eux, Tyrone Downie, Family Man ou Wire Lindo notamment, avaient d'une manière plus ou moins décisive contribué à l'écriture de certains titres. Et non des moindres comme *Waiting in Vain* ou *Redemption Song*. Mais l'idée d'affronter un Bob Marley de plus en plus ombrageux, voire colérique, semblait annihiler toute velléité de rébellion au sein de la formation. D'autant que chacun pouvait constater combien Bob avait l'air en piteux état. Amaigri, mangeant à peine, ne dormant pas plus de trois heures par nuit, sa santé inquiétait les membres de son entourage bien plus que leur condition de travail. Lors d'un repas pris en commun auquel il toucha à peine, Bob fut pris d'une violente et interminable quinte de toux. Pour les rassurer, Skill Cole, redevenu manager avec Danny Sims, certifia que de récents examens prouvaient que Bob allait très bien et qu'il n'y avait aucune raison de se faire du souci. Après une première date le 14 septembre à Boston, les Wailers arrivèrent à New York où ils devaient se produire en première partie des Commodores, le groupe de Lionel Richie, au Madison Square Garden (ce qui en dit long sur la différence de notoriété dont jouissait Marley entre l'Europe et les États-Unis). Bob prit ses quartiers à l'Essex House dans un appartement que lui prêta Chris Blackwell, preuve d'une complicité toujours active entre les deux hommes. Loin du reste du groupe logé dans un hôtel, Bob s'isolait là en compagnie de Pascaline Bongo, la fille du président gabonais, élevée au rang de favorite. Le lendemain du premier concert au Madison Square Garden, il semblait complètement essoré mais consentit malgré tout à se rendre au West Indian American Day Carnival où un char à son effigie devait défiler. Et le soir, après le second concert, il fit une brève apparition au Negril, un club de reggae de Manhattan avant de regagner l'Essex avec Pascaline. Le lendemain, dimanche 20 septembre, lui, Skill Cole, plus quelques *brethrens*, partirent pour un footing dans Central Park histoire de s'oxygéner. Depuis la veille, Bob était pris de nausées et pensait pouvoir s'en débarrasser après un peu d'exercice. Mais à peine avait-il parcouru quelques mètres qu'il fut pris d'un malaise et s'effondra dans les bras de Skill Cole qui trottinait avec lui. Paralysé, on le transporta jusqu'à l'Essex où après un peu de repos, il retrouva peu à peu l'usage de ses membres. Cole et Sims s'entendirent pour ne pas ébruiter l'incident. Et le lendemain, comme prévu, le groupe se prépara pour rejoindre Pittsburg où avait lieu le prochain concert. Bob lui, différa son départ prétextant une interview.

En réalité il se rendit chez un neurologue pour passer un scanner en compagnie de Danny Sims et du Docteur Frazier, qui le suivait depuis l'épisode du mélanome. Le verdict fut sans appel. L'image révélant qu'une importante tumeur obscurcissait une partie du lobe droit de son cerveau, le spécialiste ne chercha pas à dissimuler la gravité du mal, ne lui donnant tout au plus que quelques semaines à vivre. Dans ces circonstances, tout autre que lui aurait sombré dans le renoncement et le désespoir. Bob encaissa d'abord le choc, perdit pied. Puis face au gouffre, il tenta de s'accrocher coûte que coûte au rebord étroit que lui offrait le simple fait d'être encore en vie. Et à peine sorti du cabinet, son orgueil lui dictait de ne pas s'arrêter à ce premier diagnostic, de faire d'autres examens et de ne pas annuler le concert de Pittsburg. Quelques heures plus tard, il rejoignait le reste du groupe à l'hôtel. Où il sembla errer plus qu'autre chose, ne reconnaissant personne. Devant l'insistance de Rita, il finit par lui avouer la situation. Se changeant en furie, celle-ci s'en prit à Skill Cole et à Danny Sims qu'elle accusa de vouloir maintenir la tournée. Elle appela successivement Cedella, la mère de Bob, puis Diane Jobson, Chris Blackwell et le docteur Bacon à Miami, qui avait soigné Bob trois ans plus tôt. Elle joignit également David Steinberg, l'avocat d'affaires à qui Marley avait confié ses intérêts sur le sol américain, à qui elle demanda de le convaincre de tout arrêter. *« J'étais dévastée* écrit-elle dans son autobiographie, *je suis revenue à la charge auprès de Danny et Alan en hurlant* : "On ne peut pas continuer comme ça, c'est dingue. Vous devez annuler le show maintenant ! Maintenant ! Stop ! Stop ! Stop !" » Mais rien ni personne ne semblait en mesure de faire changer d'avis l'intéressé. Et le lendemain après midi, Bob rejoignait le groupe sur la scène du Stanley Theatre de Pittsburg pour le *soundcheck*. Après quelques tests sonores, Bob ébaucha à la guitare les accords de *Keep On Movin'*, qu'il fit durer un bon moment. Cette adaptation d'un morceau des Impressions, les Wailers originaux l'avaient enregistrée dix ans plus tôt sous la houlette de Lee Perry. L'un après l'autre, les musiciens lui emboîtèrent le pas. *« Seigneur, je dois continuer à avancer, Seigneur, je dois poursuivre la route... »* Les paroles portaient un message de persévérance qui en ces circonstances prit aussitôt une signification dramatique n'échappant à personne. À la fin, la voix des I Threes fut brouillée par les pleurs. Et lorsque le morceau s'arrêta enfin, un douloureux silence s'abattit sur la salle. Le soir même, 22 septembre, Bob Marley & The Wailers firent leur dernière entrée sur une scène. Le *Zion Train* arrivait à son terminus. Les enregistrements pirates du concert de Pittsburg font entendre une entrée en matière plutôt laborieuse avec un *Natural Mystic* où l'on sent la voix de Bob mal assurée. Puis peu à peu, au fil des titres, elle gagne en fermeté comme si pour chacun d'entre eux une part de la force et de la passion injectée à l'heure de leur écriture lui revenait, stimulant ce corps défaillant. Et ce fut comme l'ultime traversée d'une carrière dont les moments épiques s'intitulaient *Positive Vibration*, *Jamming*, *Zimbabwe* ou *Redemption Song*. Après *Coming In from the Cold* et *Could You Be Loved* en rappel, il insista pour revenir et interpréter un dernier morceau, *Work*. Puis, son travail achevé, Bob Marley quitta la scène une fois pour toutes.

Le lendemain un communiqué laconique annonçait l'annulation du reste de la tournée. Raison invoquée : Bob était épuisé et avait besoin de repos. L'urgence pour l'entourage était de ne rien ébruiter quant à son état de santé. Hormis le cercle restreint, composé de Rita, Blackwell, Diane Jobson, Skill Cole, le Docteur Frazier et Danny Sims, personne n'était exactement au fait de la gravité de la situation. Cette discrétion se justifiait sans doute au regard des enjeux financiers considérables, mais aussi par la volonté de préserver le plus longtemps possible l'image d'un artiste symbolisant, plus que tout autre, la vitalité. Le reste de cette tournée devait conduire Bob Marley à se produire à la même affiche que Stevie Wonder, occasion rêvée pour asseoir enfin son statut d'artiste incontournable dans ce pays qui persistait à l'ignorer. Ou presque. Ce qui le contrariait le plus, c'était qu'en dépit de tous ses efforts, il n'arrivait pas à capter l'attention du public noir américain. Lors d'une série de concerts donnée deux ans plus tôt au fameux Apollo de Harlem, salle mythique de la musique afro-américaine, il avait été complètement anéanti en constatant que le public qui s'y pressait était le même qu'en Europe, soit une grande majorité de Blancs, fans de rock. Cette tournée devait lui permettre d'élargir enfin son public. Au lieu de quoi, il se présentait le 24 septembre au service de cancérologie du Cedars of Lebanon Hospital de Miami où après examen, les médecins lui dirent qu'ils ne pouvaient rien pour lui, vu l'état avancé de la maladie. Ils le dirigèrent toutefois vers le Memorial Sloan Kettering de New York, centre anti cancéreux le plus à la pointe du pays. Danny Sims, qui habitait non loin de l'hôpital, l'accompagna quelques jours plus tard en compagnie du Docteur Frazier, d'Alan Skill Cole et de Cindy Breakspeare, arrivée le matin même du Canada où elle venait de se marier et avait emménagé avec leur fils Damian. Bob l'avait appelée et, lui révélant son état, celle qui avait sans doute été la plus aimée parmi ses dames de cœur, n'avait pas hésité à prendre l'avion pour le rejoindre.

Les nouveaux examens effectués au Sloan Kettering confirmèrent non seulement ceux réalisés à Miami mais révélèrent également la présence de cellules cancéreuses dans les poumons et l'estomac. Danny Sims loua une chambre dans un hôtel de la 56e rue, non loin de l'hôpital où Bob se rendait à pied pour y subir des séances de rayons. Le soir, sa mère venue de Miami le rejoindre lui lisait des passages de la Bible, en particulier les Psaumes, dans lesquels il puisait un peu de réconfort. Au bout d'un certain temps, son état sembla s'améliorer. Il en profita pour sortir un peu. Par un bel après-midi d'automne, il accompagna Skill Cole jusque dans le Queens pour assister à un match de foot entre potes. Incapable de résister, il voulut frapper quelques balles. Mais à bout de souffle après quelques tirs au but, il regagna la tribune pour se reposer. Le 3 octobre, Danny Sims l'invita chez lui pour assister en direct du Caesar Palace de Las Vegas, à la retransmission du dernier combat de boxe de Mohammed Ali contre Joe Frazier. À la onzième reprise, Ali préféra abandonner, incapable de répondre aux coups de son jeune adversaire. Bob, tentant de se rassurer, se disait que lui n'avait pas encore jeté l'éponge.

Les quelques signes encourageants furent rapidement contredits par une attaque qui la paralysa partiellement. Aussi les médecins décidèrent de le mettre sous chimiothérapie. Il perdit très vite plusieurs kilos et ses dreadlocks commencèrent à tomber. Sa crinière indomptable, la plus célèbre depuis celle du lion de la Metro Goldwin Mayer, disparut en quelques jours. Désormais il ne sortirait plus que coiffé d'une calotte le faisant ressembler à un pèlerin parti en quête d'un miracle. Un jour, Lee Jaffe, le compagnon des jours heureux, se présenta à son appartement. Quand Bob lui ouvrit la porte, il eut un choc en découvrant son ami le crâne aussi chauve que celui de Kojak ou de Yul Brynner. Une autre surprise attendait Jaffe. Dans le salon, un groupe de *brethrens* se passait une pipe à eau sur laquelle Marley tirait lui aussi. Il tenta de le rassurer en lui disant que c'était là le seul moyen qu'il avait pour se débarrasser de ses nausées consécutives à la chimio. Les deux amis évoquèrent les bons moments, si proches, si lointains. La virée en avion avec Blackwell et Esther. Le carnaval de Trinidad. Le bungalow de Negril. Bob se promettait de revivre des jours heureux comme ceux-ci. *« Une fois guéri... »* Le samedi suivant, Jaffe passa prendre Bob et l'emmena jusqu'à sa maison de campagne dans l'État de New York où ils passèrent le week-end. D'autres souvenirs furent échangés et ils jouèrent un peu de musique. Jaffe fut surpris que, même très affaibli, Bob continuait à composer de nouvelles chansons. Ce qui eut le mérite de le rassurer. Comment un artiste de cette trempe, qui n'avait pas encore tout donné, aurait-il pu s'arrêter là ? Pourtant sa santé déclinait chaque jour un peu plus. Au point que Rita, devenue chrétienne, insista pour qu'il se fasse baptiser à l'Église Orthodoxe éthiopienne à laquelle ses enfants et elle appartenaient depuis quelque temps. Rita avait déjà tenté par le passé de le convaincre de se convertir. Mais compte tenu des circonstances, elle n'eut pas à insister beaucoup cette fois-ci. Et c'est ainsi que le 4 novembre 1980, l'abouna (évêque) Yesuhaq baptisa Bob Behrane Marley, « Behrane » signifiant en amharique « lumière de la Sainte Trinité ». *« Ensuite, nous nous sommes enlacés avec les enfants et nous avons pleuré. »* Bob Marley, le rasta, était devenu chrétien, avait rejoint la même Église que l'Empereur Haïlé Sélassié. Deux ans plus tôt, il avait semble-t-il déjà amorcé cette conversion, conceptuellement du moins, en disant à la journaliste Vivian Goldmann : *« Quand je dis Rastafari, c'est Jésus Christ avec un autre nom. Comme le reggae est une autre manière de parler du ska et du rocksteady. »* De son chemin de croix, ne lui restait qu'une dernière station.

Le 9 novembre Bob Marley débarquait à la Ringberg Klinik sur les bords du lac Tegernsee au cœur des Alpes bavaroises, accompagné du docteur Frazier, de Bird, ex-*gunman* improvisé cuisinier, et d'un certain Wolfgang qui servait parfois de traducteur quand Bob tournait en Allemagne. Il y fut aussitôt accueilli par le docteur Josef Issels, directeur de cet hôpital d'un genre particulier, dont le parcours dans le domaine spécifique du traitement des cancers était jalonné de controverses. Mais aussi de témoignages de cas désespérés que la médecine traditionnelle avait renoncé à soigner et que l'athlétique médecin septuagénaire était parvenu à sauver grâce à des pratiques qui lui valurent toute sa carrière l'hostilité des institutions. A priori ce que l'on sait de Josef Issels n'était pas de nature à en faire l'ultime recours pour un malade tel que Bob Marley. Enrôlé dans les SS pendant la guerre, il avait porté l'uniforme de ce corps d'élite nazi, s'était illustré en Belgique ainsi que dans la Flandre française avant de rejoindre le front russe où il avait été fait prisonnier. Une fois libéré, il s'était consacré corps et âme à la pratique d'une médecine alternative, la *Gangzheitstherapie*, prenant en charge des cas jugés incurables. En 1951, sur les quarante-trois patients qu'il soignait, seuls onze décédèrent dans les premières semaines du traitement, les autres bénéficiant d'une rémission plus ou moins longue. En 1961, un procès lui fut intenté pour homicide et fraude. D'abord condamné à un an de prison, il fut acquitté en appel. Le Docteur Frazier ayant lu un article sur Issels dans la presse avait suggéré de faire appel à lui. Bob était logé dans un pavillon loué à un professeur en disponibilité. Chaque matin, il se rendait à pied à la clinique située, à quelques centaines de mètres en contrebas, où il suivait un protocole de soins commençant par une série de rayons ultraviolets localisée sur les tumeurs dont il sortait épuisé. Ensuite il fallait endurer une ponction pleurale, soit le drainage de l'eau accumulée dans ses poumons. On lui, plantait une aiguille dans la cage thoracique et le supplice durait jusqu'en milieu de matinée.

On procédait aussi régulièrement à des transfusions sanguines et parfois à l'injection d'un produit, le Pyrifer, qui provoque des poussées de fièvre dans le but d'évacuer le maximum de toxines par la sueur. Bob était en outre soumis à une diète rigoureuse qui l'obligeait à jeûner une semaine sur deux. On lui injectait alors une solution de protéines et de vitamines. L'hiver approchant à grand pas dans cette région montagneuse, le froid ajoutait à la sensation de vivre un martyre.

Si les premiers temps, il avait pu se lancer dans des balades à travers les sentiers alpestres, il y renonça après avoir été victime d'une nouvelle attaque qui l'avait paralysé. Dès lors il se contenta de quelques pas sur les bords du lac, emmitouflé dans une parka et coiffé d'un bonnet de laine, accompagné de sa mère venue le rejoindre, ou de Diane Jobson qui faisait d'incessants allers-retours entre Kingston et la Bavière. Au cours de l'automne, Pascaline Bongo lui rendit visite. Elle apporta un petit magnétoscope et quelques films, dont ceux de Bruce Lee que Bob aimait beaucoup. Mais le plus clair de son temps, il le passait dans son lit écoutant dans un demi-sommeil sa mère lui lisant des passages de la Bible en faisant brûler des bâtons d'encens qui, disait-il, lui évoquaient les odeurs de l'Afrique. Les maux de tête, les nausées et les douleurs articulaires ne lui laissant plus guère de répit, il restait couché, immobile et gémissant. Dans les derniers jours de décembre, on le transporta dans une ferme des environs où il put disposer d'une plus grande chambre au rez-de-chaussée, plus pratique vu les difficultés qu'il avait à se mouvoir. Sa mère s'occupait de lui comme elle n'en avait sans doute jamais eu l'occasion au cours de son enfance, lui préparant des jus de fruits ou de légumes, le massant quand il se plaignait de maux de tête ou de ventre. Avec son visage amaigri et ses cheveux qui repoussaient, son fils ressemblait d'ailleurs de plus en plus au petit Nesta de Nine Miles. Elle le surprit, un soir où il se plaignait auprès de Diane Jobson, à parler comme s'il était effectivement retombé en enfance : *« Regarde comment maman est avec moi. Si c'est Pearl* (sa demi-sœur) *qui fait une bêtise, elle ne dit rien. Mais si c'est moi, elle me gronde. »* Chris Blackwell qui vint le visiter pour lui faire écouter des morceaux inédits qu'il venait de mixer à Londres, se souvint de

Avec Cedella, en Bavières, le 31 mars 1981 lors de son traitement contre le cancer. © AGIP / Bridgeman Images

cette devise jamaïquaine en le voyant : *« une fois homme, deux fois enfant »*. Cindy Breakspeare eut la même impression après s'être rendue à son chevet. Puis ce fut Rita qui débarqua pour les Fêtes. Le jour de Noël, Bob resta au téléphone avec son fils aîné, Ziggy, qui lui fit écouter une nouvelle chanson des Melody Makers, *Sugar Pie*, que Bob jugea *« trop bubblegum »*.

Début janvier, le docteur Issels prit son poids. Bob ne pesait plus que 50 kilos. Le jour de ses trente-six ans, le 6 février 1981, les Wailers, sans les frères Barrett, vinrent lui rendre visite. *« On était dans le salon, se souvient Tyrone Downie, quand il est arrivé avec une guitare à la main pour nous accueillir et peut-être nous prouver qu'il était encore Bob Marley. Mais il pouvait à peine tenir l'instrument tellement il était faible. Il a réussi à jouer deux accords, mais comme un débutant. Je me souviens du silence qui a suivi. C'était terrible. »* Quelques jours après son anniversaire, Edward Seaga, élu Premier ministre en octobre, l'appela pour lui annoncer qu'il venait d'être décoré de l'Ordre du mérite national. Une distinction qui ne lui procura aucun plaisir, le déprima même, car trop tardive. Et surtout il comprenait qu'avec ce geste le gouvernement venait de s'éviter la honte d'avoir à le décorer à titre posthume. Pourtant Bob ne désarmait pas. À un journaliste du *Daily Mail* débarqué à l'improviste à la clinique avec un photographe, il dira *« Je sais que je peux vivre. Je l'ai déjà prouvé. »* Mais la photo accompagnant l'article le montrait au bras de Diane Jobson, emmitouflé dans une parka, coiffé d'un bonnet, chétif et apeuré.

Qu'il ne s'avoue pas vaincu l'incitait sans doute aussi à se refuser de rédiger un testament comme le lui suggéraient ses proches. Ce qui aurait épargné les ennuis qui suivirent. Un dimanche de mars ses maux de tête furent tels qu'il se mit à délirer. Cedella et Diane Jobson partirent en quête de médicaments, mais sans succès. Le Docteur Issels était en vacances. Le Docteur Frazier avait déjà quitté la Bavière. Comme Skill Cole et Bird. Cedella prétend qu'une fois anéanties leurs chances de se voir couchés sur le testament, plus rien ne les retenait auprès de leur « ami ». Quand le printemps arriva, il ne pesait plus que 35 kilos. Une faiblesse rendant ses gémissements presque inaudibles. Pourtant, quand ses maux de tête cessaient, ceux du ventre le tyrannisaient. À la fin avril, Issels lui enleva un bout d'intestin truffé de tumeurs. Ce qui eut le mérite de le soulager un temps. Enfin, début mai, Issels procéda à un dernier examen et conclut qu'il ne pouvait plus rien faire pour lui. Rétrospectivement, le bilan du docteur allemand fut diversement apprécié par la famille. Cedella ne retint que son échec. Rita admit qu'il avait réussi à maintenir son mari en vie quelques mois de plus.

On loua un Boeing de la Lufthansa qui devait ramener Bob jusqu'à Miami. Il fut transporté jusqu'à l'aéroport de Munich en ambulance, accompagné par deux médecins et une infirmière de la clinique. Le voyage s'effectua de nuit et à son arrivée à Miami il fut transporté à nouveau par ambulance jusqu'au Cedars of Lebanon Hospital où Rita et les enfants le rejoignirent. Dans la petite chambre qu'il occupait, se pressaient Ziggy, Stephen, leur mère, ainsi que Richard Booker, fils de Cedella et demi-frère de Bob. Il bénit chacun d'eux en leur touchant la tête, puis à Ziggy il dit ceci *« On your way up, don't let me down »* (Ne me laisse pas tomber quand tu t'élèveras). Presque le titre d'une dernière chanson. Le lundi 11 mai au matin, Cedella fut réveillée par le téléphone. C'était Rita qui la pressait de la rejoindre à l'hôpital où son fils la réclamait. La veille les médecins l'avaient informée qu'en raison du régime très spécial imposé par le Docteur Issels, Bob souffrait d'anémie. Avant de quitter la maison, elle lui prépara un jus de carotte et une mixture à base de foie et de légumes. En arrivant dans la chambre elle trouva Rita et Diane Jobson qui avaient veillé son fils toute la nuit. Selon Rita, Bob aurait demandé à Diane, ce qui allait se passer s'il venait à mourir. Ce à quoi l'avocate aurait répondu : *« Rien, ta femme et tes enfants hériteront et je suis certaine qu'ils prendront soin de ta mère »*. Rita a depuis regretté que Diane n'ait pas insisté pour lui faire signer un acte de donation. La juriste en revanche nie jusqu'à l'existence de cette conversation. Quand les deux femmes quittèrent la pièce, Cedella vint s'asseoir sur le lit et prit la main de son fils. Voyant des larmes couler sur les joues de sa mère, il lui dit *« Ne pleure pas, ça va aller »*. De la main, il fit mine de vouloir enlever le tuyau enfoncé dans l'une de ses narines. Cedella tenta de l'en empêcher et s'enquit d'une infirmière qui remit le tuyau en place. Puis Bob finit par s'assoupir.

Il était bientôt midi. Rita était descendue chercher à boire dans le hall. Cedella et Rita se tenaient dans le couloir pour parler sans risquer de réveiller Bob. Au bout de quelques minutes, Diane retourna dans la chambre et constata que la poitrine de Bob ne se soulevait plus pour respirer. Elle appela aussitôt l'infirmière. Celle-ci s'approcha du lit et prit son pouls au poignet. Alors se retournant vers les deux femmes, elle dit simplement : *« Il est décédé. Je suis désolée »*. Judy Mowatt raconte qu'au même moment à Kingston *« un coup de tonnerre retentit, un éclair zébra le ciel, et chose étrange, sa lumière se réfléchit sur la photo de Bob que j'avais dans mon salon »*. Une anecdote digne de la Bible.

Le mercredi 20 mai, des milliers de Jamaïquaines et Jamaïquains de tout âge, de toutes conditions ou obédiences vinrent se recueillir devant le cercueil de Bob Marley, exposé au centre de la National Arena. Un défilé ininterrompu qu'accompagnait un mélange inédit de chants, de pleurs et de tambours. La route menant au stade était jalonnée de baraques vendant des T-shirts à l'effigie de Marley, sur lesquels étaient inscrites les dates de naissance et de décès ainsi que le titre Honorable. D'autres proposaient boissons et beignets. Comme pour un match de foot. On estime à 40 000 le nombre de personnes à s'être pressées ce jour-là pour lui rendre hommage. Le lendemain, jour des obsèques, la cérémonie officielle débuta par une bénédiction à l'Eglise Ethiopienne Orthodoxe. La suite se fit en présence de la plupart des leaders politiques de l'île. Michael Manley et le gouverneur général Florizel Gasspole prononcèrent des homélies. Les I Threes chantèrent, leurs voix brisées par l'émotion, *Natural Mystic* et *Rastaman Chant*. Puis ce fut au tour des Melody Makers, le groupe des enfants de Bob, d'interpréter une chanson. Du haut de ses douze ans, Ziggy fit sensation, parvenant même à égayer un peu l'instant, en se mettant à danser à la manière de son père. Puis le cercueil fut chargé sur un corbillard noir et commença alors une invraisemblable traversée de l'île entre

Les I Threes interprètent *Rastaman Chant*
lors des obsèques de Bob, le 20 mai 1981. © Globe-Photos

Kingston et Nine Miles, parcourant cette petite île verdoyante, empruntant une route au bord de laquelle des centaines de milliers de Jamaïquains saluèrent le passage du cortège. Chacun voulant à sa manière saluer celui qui avait bousculé la fatalité de ce petit pays. Certains brandissant des portraits, d'autres agitant des drapeaux tricolores ou lançant des bouquets de fleurs. Enfin le corbillard arriva sur la colline que Bob parcourait jadis avec son grand-père Omeriah, à Nine Miles. Le point de départ d'une vie passionnée, fulgurante, où il avait choisi de revenir pour y reposer. Une immense foule recouvrait les collines alentour, parcourues par les chants et le son des tambours. Mais lorsque le cercueil se mit à descendre dans le caveau d'un petit mausolée hâtivement édifié, ce fut dans un silence impressionnant. Furent alors prononcées les dernières paroles d'adieu. Rita et Cedella entonnèrent un dernier cantique. Le caveau fut scellé au son d'une cloche agogo par un prêtre venu du Nigeria. Puis à travers les haut-parleurs installés dans les arbres, retentit la voix de Bob qui chantait *Redemption Song*. L'écho vint se répercuter sur le flanc des collines avant de basculer dans les vallées voisines. Et dans la lueur déclinante du jour, des silhouettes se mirent à danser. ◆

CHAPITRE 16

LES HÉRITAGES

La disparition le 11 mai 1981 à l'âge de trente-six ans de Bob Marley fut aussitôt suivie d'un imbroglio juridique à propos de l'héritage du chanteur sur lequel Rita avait en tant qu'épouse et mère de trois enfants légitimes (Cedella, Ziggy, Stephen), plus deux adoptés (Sharon et Stéphanie), la priorité mais pas l'exclusivité. Selon la loi jamaïquaine, sans héritier désigné c'est la veuve qui hérite de 55 % des biens, le reste étant à répartir avec les descendants. Les autres enfants nés de mères différentes pouvaient donc eux aussi prétendre à leur part. Rita tentera dans un premier temps de les exclure de la succession. Face aux menaces des mères de Rohan, Janet, Makeda, Damian, Ky Mani et Julian, tous reconnus par le père, elle finit par céder. Pour Rita il s'agissait ensuite d'avoir accès aux nombreux comptes bancaires ouverts au nom de Bob aux États-Unis et dans différents paradis fiscaux des Caraïbes. Le seul à pouvoir l'aider dans cette démarche étant Don Taylor, elle reprit contact avec l'ancien manager. Taylor avait initié tous les placements de Bob dans des banques *off-shore* afin d'échapper à la forte fiscalité en vigueur en Jamaïque. La fortune de Marley était évaluée à 30 millions de dollars à son décès. Taylor fit aussitôt transférer la plupart des sommes déposées sur ces différents comptes au profit de la Rita Marley Music, une compagnie nouvellement créée et domiciliée sur l'île hollandaise de Curaçao. Ces opérations furent rendues possibles après que la veuve eut rédigé une fausse lettre de Bob, dont elle contrefit la signature, lui donnant procuration sur toutes les opérations bancaires.

En 1983, un premier album posthume, *Confrontation*, vit le jour sur lequel figurait *Buffalo Soldier* qui devint très vite un tube planétaire. Un an plus tard, Island édita une compilation, *Legend*, dont il s'écoula six millions d'exemplaires, soit l'un des disques les plus vendus au monde. Une seconde compilation, *Natural Mystic*, suivit.

Les Wailers en 1976. © Gary Merrin

DISCOGRAPHIE SÉLECTIVE

CONFRONTATION

1983, ISLAND

01. CHANT DOWN BABYLON
02. BUFFALO SOLDIER
03. JUMP NYABINGHI
04. MIX UP, MIX UP
05. GIVE THANKS
06. BLACKMAN REDEMPTION
07. TRENCH TOWN
08. STIFF NECKED FOOLS
09. I KNOW
10. RASTAMAN LIVE UP

La manne dégagée par ces sorties eut pour conséquence de relancer la controverse sur les droits d'auteur. Pour éviter de voir les royautés de ses chansons tomber dans l'escarcelle de Caïman Music, la maison d'édition de Danny Sims, Bob, sur les conseils de Taylor, en avait attribué la composition à des tiers – Rita, Mortimer Planno, Tata Ford, Alan Skill Cole etc. Jugeant cette pratique déloyale, Sims demanda des dédommagements. Dans un premier temps, Taylor conseilla à Rita de négocier. Les deux parties tombèrent d'accord sur une somme forfaitaire d'un million de dollars. Mais peu après, Rita se ravisa sur les conseils du cabinet d'avocats Steinbeck & Zolt de Los Angeles qui mit en évidence l'absence de preuves. Sims engagea aussitôt une action en justice dont il fut finalement débouté en 1988 après d'interminables recours. Dès lors, Sims n'eut de cesse de chercher compensation en sortant différentes compilations de morceaux qu'il avait produits avec Johnny Nash.

L'entente entre Rita et Taylor ne dura qu'un temps. Dans son autobiographie, *Guns & Ganja*, le manager explique son revirement envers Rita à cause de sa déloyauté. De quoi prêter à sourire connaissant les nombreuses malversations dont s'était rendu coupable celui que dans le métier on surnommait « Jaws », en référence au film *Les Dents de la Mer*. Taylor avance qu'Alan Skill Cole, Mortimer Panno et Tata Ford, l'ami de Bob de l'époque Trench Town, témoignèrent aussi contre elle pour les mêmes raisons lorsque l'épineuse question des droits d'auteur fut débattue devant une cour de justice. Il semblerait néanmoins que Taylor, qui avait facilité la signature par EMI des Melody Makers, le groupe des enfants Marley, ait cherché à se venger du peu de reconnaissance que Rita avait eu à son égard après ce coup de pouce qu'il jugeait décisif. Toujours est-il qu'il alerta les autorités au sujet du document falsifié autorisant Rita à transférer les avoirs des comptes de Marley sur celui de sa compagnie, la Rita Marley Music. Après expertise, la veuve fut contrainte de reconnaître la falsification. La cour suprême de Jamaïque ordonna aussitôt qu'elle renonce à ses pouvoirs d'administratrice et, en attendant un jugement, ordonna à la Mutual Security Merchant Bank de prendre le contrôle provisoire des intérêts Marley. Aussitôt la banque attaqua en justice le cabinet d'avocats

Steinberg & Zolt en invoquant le Rico Act qui protège contre les malversations dont le fisc américain pourrait être victime. Selon Taylor, Rita aurait alors cherché à se venger en mettant un contrat sur sa tête.

S'ensuivit une succession de procédures qui allait aboutir en 1987 à la mise en vente des droits d'exploitation du catalogue Tuff Gong par la Mutual Security Bank, droits pour lesquels Chris Blackwell, soucieux de préserver l'intégrité de l'œuvre de Marley, se démena afin qu'Island en fasse l'acquisition. Cette attribution fut reconsidérée en 1991. La cour suprême fut alors amenée à examiner plusieurs offres pour l'acquisition des droits ainsi qu'une partie du patrimoine comprenant la maison du 56 Hope Road, une usine de pressage et les éditions couvrant la période Island (Fifty Six Hope Road Music Limited). La famille Marley se mit dans les rangs ainsi que le label américain MCA. La fille du Président gabonais, Pascaline Bongo, fit de même. Blackwell emporta le morceau après que le clan Marley se fut finalement rangé derrière lui. Lors de l'audience, Blackwell insista auprès de la cour sur les avantages dont profiterait l'économie jamaïcaine à confier le bébé à Island par le simple jeu du reversement de taxes, manne que ne pouvait engendrer MCA, une compagnie américaine. Peu après Blackwell racheta les droits d'éditions de Caïman Music à Danny Sims contre 1,2 million de dollars. Dans les années qui suivirent plusieurs campagnes de rééditions de l'ensemble du catalogue permirent de mettre à jour un certain nombre d'inédits.

Depuis lors, le nom de Bob Marley a été associé à quantité de produits, preuve d'une marchandisation à outrance contraire à la philosophie du musicien. Une ligne de vêtements, du papier à rouler, du tabac, des briquets, du café furent tour à tour commercialisés, souvent par la famille ou avec son aval. Une attraction au Disneyland d'Orlando en Floride, proposant aux visiteurs une reconstitution du 56 Hope Road, fut ouverte. Aux Bahamas on inaugura un Bob Marley Resort, avec pour chacune des chambres le titre d'une chanson, moyennant de 600 à 1 500 dollars la nuit. En Jamaïque, certaines agences de voyages proposent des circuits Bob Marley qui passent par tous les lieux liés à sa carrière, de l'ancien Studio One au mausolée de Nine Miles en passant par Trench Town et le 56 Hope Road devenu un musée. Une opération de commercialisation tous azimuts qui mit en rage nombre de fans, certains regrettant que des projets plus utiles, tels qu'un orphelinat ou un hôpital au nom de Bob Marley, n'aient pas été mis en œuvre à la place. Désormais, l'argent semblait être la seule et unique préoccupation au sein du clan, l'idéalisme du chanteur n'apparaissant dans aucune de ses initiatives. En 1980, Bob affirmait : *« Le diable contrôle l'argent. Tous les malheurs du monde ont leur racine dans l'argent. »* En 1995, la poste jamaïquaine mit en circulation un timbre à son effigie. Plus ironique, la banque centrale jamaïquaine frappa une série limitée de pièces de 50 et 100 dollars JA à son nom.

Pendant ce temps, les anciens Wailers tentaient de s'en sortir. Après la mort de leur leader, Rita Marley et Chris Blackwell leur avaient fait comprendre qu'ils devaient dissoudre le groupe pour se consacrer à leurs carrières respectives. Une perspective qui n'enchantait guère ceux qui avaient rendu possible l'ascension du roi du reggae. Et même participé à la genèse de certaines de ses chansons. Dans un premier temps, Rita consentit à verser à chacun d'eux une somme mensuelle de compensation. Des versements qui cessèrent après qu'elle fut déchargée de sa fonction d'administratrice. Les frères Barrett et Junior Marvin tentèrent bien de trouver un accord avec Chris Blackwell une fois qu'Island avait repris le contrôle des affaires. Mais celui-ci resta inflexible. Une action en justice fut donc engagée. Au sentiment d'injustice que ressentait le groupe se greffa celui d'être poursuivi par le mauvais œil. En 1986, le batteur, Carlton Barrett, fut assassiné devant chez lui (l'enquête devait révéler que sa propre femme avait commandité le meurtre). Une tragédie suivie un an plus tard par le meurtre de Peter Tosh dans sa propre maison, attribué selon les versions à un cambrioleur ou à un dealer de cocaïne. Puis ce fut au tour de Junior Braithwaite, membre des Wailers des tout débuts, d'être abattu à Kingston. Dans le même temps, Junior Marvin fut arrêté et traduit en justice pour usage de stupéfiant. Pendant que, de leur côté, Tyrone Downie tentait de se défaire d'une addiction au crack et Family Man de payer les nombreuses pensions alimentaires auxquelles la justice l'avait contraint. L'amertume ressentie par l'ensemble du groupe fut à son comble

lorsque Bob Marley fut intronisé au *Rock'n'Roll Hall of Fame* sans qu'aucun membre des Wailers n'ait été invité à la cérémonie. En mars 2006, le procès opposant Family Man à la succession Marley et à Island pour « rupture d'obligation de versement de royautés » s'ouvrit dans des circonstances extrêmement pénibles pour le bassiste. La veille, son fils, Kymani, avait été assassiné lors d'une rixe dans la rue. Au bout de trois semaines d'audiences, le juge répondit par la négative aux vingt-trois questions posées. Le procès lui avait coûté 2 millions de dollars. Il se retrouvait ruiné. Lui, sa femme et cinq de ses enfants, menacés d'expulsion de leur maison. *« C'est comme si tout ce qu'on avait fait n'avait servi à rien »* dira fataliste Tyrone Downie.

Heureusement l'héritage artistique et spirituel de Bob Marley connut un meilleur sort. Avec lui le reggae est devenu, au même titre que le blues, un des langages musicaux les plus universels au monde. Parmi les marqueurs les plus remarquables de son influence à travers le temps se trouve bien sûr la diffusion ininterrompue de ses chansons, quel qu'en soit le vecteur, radio, internet, cd ou bons vieux vinyles. C'est aussi les innombrables et immanquables traces de sa popularité que portent des rues de toutes les villes du monde sous la forme de tags, de posters ou de T-shirts, dont Manu Chao a dit qu'ils sont plus sûrs que n'importe quel gilet pare-balles lorsqu'on traverse un quartier chaud de la planète. Son visage est devenu celui d'une icône œcuménique qui, à l'instar de ceux de James Dean ou de Che Guevara, dégage une puissance existentielle bien particulière, suggère une idée à la fois d'apostolat et d'insurrection. Celle d'« un martyr culturel » osera Hank Bordowitz dans l'introduction à un recueil d'articles. De quoi toutes ces manifestations sont-elles le nom, trente-huit ans après sa mort ? Certainement celui de la pertinence d'une musique qui sait englober l'humanité dans toute sa diversité avec sa syncope facile et rassurante. Mais aussi d'une coïncidence avec une accélération d'évènements qui, depuis le 11 septembre 2001, ont gagné en intensité, en gravité, tendant ainsi à certifier la qualité prophétique de certains de ses textes. Car Bob Marley reste à ce jour le grand témoin d'une souffrance universelle, un frère qui encourage à tenir bon, à survivre dans cet âge d'« inhumanité technologique ». Son véritable héritage est là. ◆

Portrait de famille en 1972 avec Rita, Sharon, Ziggy, Stephen & Cedella.

DISCOGRAPHIE COMPLÈTE

SIMMER DOWN AT STUDIO ONE

1994, HEARTBEAT RECORDS

WAILING WAILERS AT STUDIO ONE

1994, HEARTBEAT RECORDS

THE WAILING WAILERS

1965, STUDIO ONE

SOUL REBELS

1970, UPSETTER

SOUL REVOLUTION PART II

1971, UPSETTER

THE BEST OF THE WAILERS

1971, BEVERLEY'S

CATCH A FIRE

1973, ISLAND/TUFF GONG

AFRICAN HERBSMAN

1973, TROJAN

BURNIN'

1973, ISLAND/TUFF GONG

RASTA REVOLUTION

1974, TROJAN

NATTY DREAD

1974, ISLAND/TUFF GONG

LIVE!

1975, ISLAND/TUFF GONG

1965/1994

RASTAMAN VIBRATION

1976, ISLAND/TUFF GONG

EXODUS

1977, ISLAND/TUFF GONG

KAYA

1978, ISLAND/TUFF GONG

BABYLON BY BUS

1978, ISLAND/TUFF GONG

SURVIVAL

1979, ISLAND/TUFF GONG

UPRISING

1980, ISLAND/TUFF GONG

CONFRONTATION

1983, ISLAND

LEGEND

1984, ISLAND

REBEL MUSIC

1986, ISLAND

TALKIN' BLUES

1991, ISLAND/TUFF GONGW

PLAYLIST

01/ **JUDGE NOT**

02/ **SIMMER DOWN**

03/ **PUT IT ON**

04/ **SOUL REBEL**

05/ **DUPPY CONQUEROR**

06/ **TRENCHTOWN ROCK**

07/ **SLAVE DRIVER**

08/ **GET UP, STAND UP**

09/ **I SHOT THE SHERIFF**

10/ **BURNIN' & LOOTIN'**

11/ **NO WOMAN, NO CRY**

12/ **JOHNNY WAS**

13/ **WAR**

14/ **EXODUS**

15/ **NATURAL MYSTIC**

16/ **WAITING IN VAIN**

17/ **ZIMBABWE**

18/ **SO MUCH TROUBLE IN THE WORLD**

19/ **COULD YOU BE LOVED**

20/ **REDEMPTION SONG**

En 1976. © Peter Simon

NAL

Page de gauche : En 1978. © Newscom
Ci-dessus : En 1980. © Peter Simon

À PROPOS DE L'AUTEUR

Francis Dordor est journaliste musical, ancien rédacteur en chef du mensuel *Best* et reporter à l'hebdomadaire *Les Inrockuptibles*. Dans les années soixante-dix, il explore plus particulièrement la Soul Music et compte parmi les premiers en France à s'intéresser au Reggae. Il séjourne à de nombreuses reprises en Jamaïque, côtoyant les principales figures de la scène locale, notamment Bob Marley dont il réalise plusieurs interviews. Lors de son passage aux *Inrockuptibles* au milieu des années quatre-vingt-dix, il multiplie les reportages en Afrique, aux Caraïbes, en Amérique du Sud, en Asie Centrale et au Moyen-Orient.

REMERCIEMENTS

L'auteur remercie Guy et Jean-Michel pour cette épopée en Technicolor. À Anne-Marie pour le souffle vital.

L'éditeur remercie Dédé et Stéph. Big up à Christophe Conte !

CRÉDITS PHOTOGRAPHIQUES

Couverture : Michael Ochs Archives

Contenu (par ordre alphabétique) : AGIP, AP Photo, Ted Bafaloukos, Adrian Boot, Bridgeman Images, David Burnett, Alec Byrne, CBS, David Corio, Daily Express, Nathalie Delon, Ian Dickson, Lindsay Oliver Donald, Echoes, Everett Collection, Globe-Photos, Lynn Goldsmith, Kim Gottlieb-Walker, Gijsbert Hanekroot, Island Records, Colin Jones, K & K Ulf Kruger OHG, Eddie Mallin, Vincent McEvoy, Gary Merrin, Newscom, Michael Ochs Archives, Ian Patrick, Pictorial Press Ltd., Jonathan Player, Michael Putland, Rex Features, Ebet Roberts, Kate Simon, Peter Simon, SIPA, Charlie Steiner, Wayne Tippetts, David Vance, Watson, Zuma.

Certaines photographies ou illustrations contenues dans cet ouvrage ne sont pas référencées. Il s'agit de documents dont les auteurs n'ont pas pu être identifiés malgré nos recherches, nous remercions les personnes concernées de s'adresser directement à l'éditeur pour faire valoir leurs droits selon les usages de la profession.

CRÉDITS ÉDITORIAUX

Auteur : Francis Dordor
Direction éditoriale : GM Éditions
Direction artistique : Charlie chofflet
Coordination éditoriale : Jean-Michel Brunet
Coordination technique : Vito Messina
Imprimé par : Just Colour Graphic, Barcelone

Dépôt légal, date d'achèvement du tirage : Février 2024
Date de parution : 2024
Réédition de l'ouvrage publié en 2019